调查数据 经典案例 → 品牌建设工具

消费无国界

互联网时代的品牌传播与跨境消费

董妍 孔清溪 吕艳丹 等◎编著

透视解读消费认知数据　真实展示各国品牌形象
分析解析当下消费趋势　立体呈现跨境传播案例

中国市场出版社
China Market Press
·北京·

图书在版编目（CIP）数据

消费无国界：互联网时代的品牌传播与跨境消费／
董妍等编著. —北京：中国市场出版社，2016.12
ISBN 978 - 7 - 5092 - 1524 - 1

Ⅰ. ①消… Ⅱ. ①董… Ⅲ. ①网络营销—品牌营销—
研究 Ⅳ. ①F713.365.2

中国版本图书馆 CIP 数据核字（2016）第 235741 号

消费无国界 ：互联网时代的品牌传播与跨境消费
XIAOFEI WU GUOJIE：HULIANWANG SHIDAI DE PINPAI CHUANBO YU KUAJING XIAOFEI

编　　著：董　妍　孔清溪　吕艳丹　等
责任编辑：宋　涛（zhixuanjingpin@163.com）
出版发行：中国市场出版社
社　　址：北京市西城区月坛北小街2号院3号楼（100837）
电　　话：（010）68034118/68021338/68022950/68020336
经　　销：新华书店
印　　刷：河北鑫宏源印刷包装有限责任公司
开　　本：170mm×240mm　　1/16
印　　张：19.25　　　　　　　字　　数：310千字
版　　次：2016年12月第1版　　印　　次：2016年12月第1次印刷
书　　号：ISBN 978 - 7 - 5092 - 1524 - 1
定　　价：58.00元

本书为中国传媒大学重点和优势学科培育项目

《基于价值创造的产业互联网研究》

（项目编号：CUC14ZD03）

研究成果

20 世纪 90 年代开始，互联网技术进入中国，从最初的应用于通信与科研的专业领域，到与大众相关的媒体领域和电子商务，再到各个行业都以"互联网+"为行动导向的今天，互联网为消费者提供了便利的生活工具，改变了消费者的生活方式。截至 2016 年 6 月，我国网民规模已达到 7.10 亿，手机网民规模达 6.56 亿，位居世界第一。互联网的技术应用已经进入全方位、多层次、多元化、多模式、广渗透的新阶段，品牌传播渠道越来越畅通、传播速度越来越快。借助互联网，消费者能够有效摆脱空间距离与时间限制，第一时间获得来自世界各地的信息，通过网络购物、海淘、代购等方式足不出户轻松地获得来自世界各个角落的商品。

在被互联网所连接的平坦世界中，国家与国家之间的边界越来越模糊。无国界消费，正日益成为新的消费图景。在这种地域和国家的藩篱被打破，信息环境日益多元、丰富的消费环境中，消费者的消费理念进一步升级。

首先是消费行为的变化。一是消费者的信息接触更为扁平、碎片和去中心化：与以往围坐于客厅的电视机前，从传统媒体中获得权威的信息相比，今天的消费者更加依赖每个人手中的一块小屏幕，个性化地获取并分享亲朋好友和他们所信赖的专业人士的信息与观点；二是消费者购买依据去权威化：消费者不再轻信频频播放广告的"大品牌"，更多地通过朋友的实际体验与分享，或寻找他们认可的专业渠道佐证，选择真正适合自己的产品；三是消费者的购买方式进一步从实体转向虚拟：他们去实体店购物的次数越来越少，更多地在彼此的交流中就分享好的产品和体验，通过简单的链接迅速下单，享受心仪的产品与服务送至眼前。

其次是消费趋势的变化，尤其是消费者内心对生活和世界认知的变化。如今的中国年轻消费者，更加注重自我的感受而不是广告的吹嘘，更加注重产品的品质而不是营销噱头，更加注重品牌对自我个性的彰显而不是盲目的炫耀，更加注重品牌带来的体验与精神满足而不仅仅是简单的使用功能。

正是在无国界的消费潮流中，品牌成为人与世界的一种新的连接——人们通过个性化和差异化的消费行为重新建构着对世界的认知。选择同样的品牌，有同样生活方式、价值观念和兴趣爱好的消费者重新聚集在一起，构建出新的群体类别。消费者在品牌体验与互动中，成为各个领域的"专家"，并主动带动其他消费者共同参与品牌再造。

基于以上背景，本书分为四部分内容。第一部分，归纳分析互联网时代信息传播的变化和消费者决策流程的变化，分析互联网时代品牌建设的关键点，据此提出品牌运作流程、操作模式和具体的品牌建设工具；第二部分，通过消费调查数据的可视化呈现，展现当下中国年轻消费者对各国品牌的差异化认知；第三部分，在分析消费者对跨境品牌认知的基础上，梳理当下几种消费类型的趋势变化，归纳出消费者消费观念的转变；第四部分，结合在中国市场上获得成功的跨境品牌传播案例，全方位分析其品牌营销及与消费者关系的现状，以启示中国本土品牌如何在互联网时代中赢得消费者的认同。比较遗憾的是，我们最初的目标是通过中国消费者对跨境品牌的认知和品牌在中国的发展，来理清互联网时代无国界的消费趋势与品牌的跨境传播之间的规律，但最终的研究成果与这个目标还有一定的差距。

互联网时代的传播环境，使品牌必须及时改进传播方式以顺应消费者；同时，消费者逐渐开阔的视野和越发成熟的消费观念，也使得品牌必须有所坚守才能成为消费行为的引领者。在改进营销传播观念方式的同时，对品牌信念和产品品质的坚守，才能让品牌在无国界的消费潮流中走得更远、更长久。如果本书对正在迎接无国界消费潮流的本土品牌有所启示，那将是对课题组所有付出的最美好回报。

中国传媒大学中欧品牌研究中心主任

张树庭教授

2016 年 10 月

目录 BORDERLESS CONSUMPTION

第一章 BORDERLESS CONSUMPTION
互联网时代的品牌无国界传播

- 互联网时代的品牌传播之变
- 互联网时代的品牌建设运作流程
- 互联网时代的品牌建设操作模式
- 互联网时代的品牌建设工具

互联网技术的发展，让横亘于国家与国家、机构与机构、人与人之间的时空距离不断缩短。科技和通信领域如闪电般迅速的进步，让通畅而快捷的信息传播加强了世界各地的相互往来和互相理解，使全世界的人们可以空前地彼此接近。当今的中国消费者，能够依靠互联网技术不断拓宽眼界，随时随地接受全世界各国的政治、经济、文化等方面的信息，而他们也能够依靠互联网为基础的渠道购买到来自全世界的商品。

　　互联网时代让信息的流动速度更快、覆盖面更广，技术的进步在提升信息传播效率的同时，也改变了媒体与受众之间的传播格局。曾经被动的受众借助移动客户端和无处不在的网络，如今也能够成为信息的编码者，向外传递个性化的信息。媒体与受众间传统的传授关系的改变，也改变了消费者与企业品牌之间的关系。

　　对于消费者来说，更为透明的信息环境，更为丰富的选择范围以及更为主动的选择权利，让消费者的消费习惯、决策流程、消费特征都发生了巨大的变化。企业不仅需要在互联网技术的发展下不断调整品牌战略与营销传播策略，更要面对不断被冲破的时间与空间界限，通过各类传播方式维系与消费者之间的关系。

第一节　互联网时代的品牌传播之变

一、互联网时代品牌传播环境

网络的发展及社会化媒体的广泛应用，从根本上改变了人与人之间信息沟通和共享的方式。对于企业而言，社会化媒体的不间断运行、反馈及时，是一个进行持续传播的便捷工具，不仅能用来实现营销目标，还可以与消费者取得即时沟通并进行有效反馈。社会化媒体，在从信息平台向关系平台的转换中，成为品牌与消费者之间互相联系的重要沟通渠道。

1. 品牌传播实时化

网时代的品牌营销不再是通过广告投放向消费者持续"井喷信息"就能维系关系这么简单。现在，与潜在利益相关者直接、持续、及时的双向沟通，传播品牌信息并实时反馈，是企业品牌传播的新趋势。实时互动能激发企业不断进步和完善信息质量，并通过这一过程中的不断沟通和反馈，与目标消费者建立更深入的联系。

网络媒体的开放性使消费者对品牌体验的共享和品牌情感的宣泄成为可能。而通过网络媒体倾听和回应消费者，将有助于缩小消费者和品牌之间的距离，增强沟通时效，化解二者间可能产生的问题和隔阂。

2. 品牌传播扁平化

以网络为媒体的传播方式进一步打破了大众传媒与人际交流之间的界限，形成一种可称为大众自传播（mass self-communication）（Castells，2007）或称为共有媒体（胡泳，2008）的新型传播形态。信息的传递依托于关系编织的平台，灵性散乱的数据通过人与人的相互连接进入公共话语空间，形成聚沙成塔的力量。

本节执笔：吕艳丹、董妍、冯其圣。

扁平化的信息传播，不仅传递出企业正面的品牌形象，同时也不可避免地导致企业负面的品牌信息在更短时间内成为社会关注的焦点。网络上流传的任何负面内容都可能成为品牌危机的导火索；而新闻媒体由此展开的追踪报道还会迅速扩展到大众传播终端，信息的影响力将成倍增长。对于企业（尤其是消费类产品）而言，针对出现在网络媒体潜在消费者和利益相关者的服务，呈现全天候个性化的特征。

3. 品牌传播去中心化

网时代信息的传者和受者不再是拉斯韦尔的线性模式[1]，而是类似于奥斯古德和施拉姆的循环模式[2]，用户自身既是信息的传者又是受者，集编码者、释码者和译码者为一身，信息在关联的好友之间通过发布进行传播，又通过转发、分享的方式在非好友关联的用户之间实现网状开放式的传播。在整个传播网络中，不存在信息发送的中心点，只存在信息传递的节点。如图 1-1 所示。

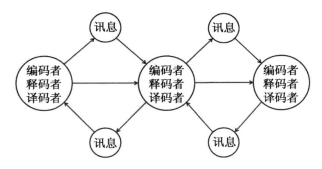

图 1-1　网时代信息传播模式

以微博、知乎、豆瓣等为代表的"新媒体中的媒体"已经从相对独立、封闭的虚拟社区转向开放的虚拟社会化媒体，它们正在深刻地影响着

---

[1]　美国学者 H. 拉斯维尔于 1948 年提出的构成传播过程的 5 种基本要素，后被称之"五W模式"或"拉斯维尔程式"，即：Who（谁），Says what（说了什么），In which channel（通过什么渠道），To whom（向谁说），With what effect（有什么效果）。
[2]　奥斯古德与施拉姆循环模式，是指传播过程中没有传播者和受传者的概念，传播双方都是主体，通过讯息的授受处于你来我往的相互作用之中。该模式的重点不在于分析传播渠道中的各个环节，而在于解析传播双方的角色功能。参与传播过程的每一方不同的阶段都依次扮演译码者、解释者和编码者的角色，并相互交替这些角色。

现实。新媒体在信息层面对各种传播模式的整合与在关系层面生成的人际连接，使得虚拟与现实被建构为一个没有边界的社会化媒体系统。

二、互联网时代的品牌传播特征

网时代的背景带来了传统信息传播方式的变革，呈现出以下新的特点：

1. "碎片化"之后的"重聚合"

我国社会目前处于传统社会向现代社会转型的过渡期，而这个过渡期的一个基本特征就是"碎片化"："传统的社会关系、市场结构及社会观念的整一性——从精神家园到信用体系、从话语方式到消费模式——瓦解了，代之以一个一个利益族群和'文化部落'的差异化诉求及社会成分的碎片化分割。"[1] 而"碎片化"的同时，社会化媒体却为实现"重聚合"提供了可能。一方面是心理上的"重聚合"：受众的划分以不同的信息需求为基础，形成众多相互独立而融合的"圈群"；另一方面是物理上的"重聚合"：网络环境中，往往囊括 BBS、SNS 等多种信息渠道，并从资源下载及上传延伸到购物、交友、无线增值服务等多种业务领域。

2. 多级复合传播引发链式反应

美国社会学家罗杰斯提出的"多级传播"模式中，大众传播被分为两个层面："信息流"及"影像流"。信息的传播可以是一级的，影响的传播则是多级的。传统媒介环境下，品牌信息影响流的多级传播在传播的速度和范围上都相对有限。而在网时代，开放性的网络释放了话语权，舆论领袖更加草根化、平民化。每个人成为话题的传播者和分享者，从而使品牌信息的影响流在多个受众群体内迅速扩散，形成一种散布型的网状传播结构。

3. "互向传播"效果增强

传统的媒介环境中，传播环节之间的信息互动和制衡受到诸多限制，大众媒体始终是议程设置的主角。在网时代环境下，信息来源呈现多元化趋势，公众参与表达意愿愈加强烈，"互向传播"效果增强，意见领袖、

---

[1] 喻国明. 解读新媒体的几个关键词 [J]. 媒介方法，2006（5）.

公众、媒体相互影响、调节和控制,三方互为信息源,以达到趋于平衡的动态过程。当来自公众和舆论领袖的信息形成了一定强度的舆论时,便能对媒体进行反向议程设置。

三、互联网时代的消费决策之变

实时化、扁平化、去中心化的信息传播环境中,消费者信息接收的方式及购物行为已经发生巨大的变化,消费者的决策路径随着时代的发展一直在演进,传统的消费者决策流程已经不再适宜今天的发展。而与此对应的是媒体的传播、企业品牌推广的流程与策略方法都将与之共同变化。

1. AIDMA 模型

1989 年,E. S. 刘易斯最早提出 AIDMA 模型。AIDMA 模型认为,在传统信息传播环境下,消费者相对于企业处于被动的信息接收地位,消费者从知晓信息到形成兴趣,到产生购买欲望、形成对信息的记忆,最终实行购买行为。在这种行为模式下,品牌传播更关注的流程是通过传统媒体广告吸引消费者关注和兴趣,从而促进购买。对信息的记忆在购买决策过程中扮演着非常重要的角色。

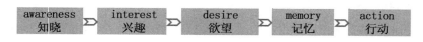

图 1-2　AIDMA 模型

2. AISAS 模型

互联网搜索功能的诞生让消费者获取信息更为便利,消费者不再是被动的信息接受者,而是积极主动的信息收集者。2008 年电通公司提出 AISAS 模型,关注和兴趣不足以刺激购买欲望,消费者会进入主动的信息搜索环节,与品牌深入接触。而最终的购买也并非购物的终点,对于购买体验的分享会对其他消费者的信息搜索和选择构成至关重要的作用,网络口碑起到重要作用。

图 1-3　AISAS 模型

3. 漏斗模型

根据市场研究公司 Forrester Research 在 2007 年研究报告的总结，消费者与品牌的关系可以分为五个阶段，被称为漏斗模型（the marketing funnel），即品牌认知（awareness）、筛选和考量（consideration）、好感（preference）、行为（action）和品牌忠诚（loyalty）。这五个阶段构成消费者决策流程三个重要的特点：连续、线性、自上而下。品牌可以在每个阶段对消费者施加影响，然而消费者的每一步决策都是对品牌的一次筛选，只有进入认知领域的品牌才有可能最终被选择。

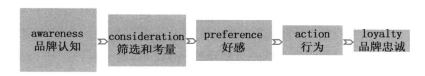

图 1-4　漏斗模型

4. CDJ 消费决策模型

到 2009 年，消费选择日益丰富，麦肯锡提出 CDJ（consumer decision journey）消费决策模型。这个模型重视品牌与消费者之间的纽带关系，它是环状的，由"购买环（purchase loop）"和"品牌忠诚度环（loyalty loop）"两个小环内切组成，包括考虑（consider）、评估（evaluate）、购买（buy）、享受（enjoy）、提倡（advocate）和互信（bond）等 6 个关键阶段。消费者首次选择某一品牌通过购买环的流程，经过考虑和评估最终形成购买。然而通过调查发现，60% 的消费者在购买产品后仍然会对产品展开调查，如果他们对产品感到满意，则会通过口碑传播推荐；如果对产品感到失望则会做出负面宣传，从而为其他消费者提供参考。因此，消费者在实际购买和使用产品后，会与品牌形成新的互动，加深与品牌之间的关系，与消费者形成新的品牌关系纽带，在下一次购物选择时会跳过考虑和评估这两个阶段，从而进入"品牌忠诚环"。麦肯锡的环状模型让消费者的购物流程从线性变为平面。

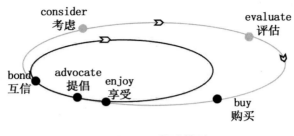

图 1-5　CDJ 模型

5. 全景空间型消费模型

2015 年，麦肯锡更新了 CDJ 模型，认为品牌重塑消费者决策流程的结果是，在消费者未经过传统决策流程圈，可以直接压缩甚至去除考虑和评估阶段。消费者有可能会选择一个根本不认识的品牌（省去认知），省去考虑和评估的过程，而仅仅因为购买的便利性或促销，跳过中间的一个或者多个流程而直接进行购买。

信息的充裕让今天的消费者从考虑到决定的过程更加复杂，也更加短暂。有研究表明，当消费者面临信息过载和选择过剩的时候，情感就会左右选择。[1] 在信息极其充裕的互联网环境中，消费的决策可能并不是基于对信息的获取和分析进行的理性判断，而完全是感性的选择。当人们评价一个品牌时，依靠情感（情绪和经历）也会多于信息（品牌信息和特性）。而今天的营销传播方式，也不再遵从一对多的大众传播套路，社会化媒体中的点、自媒体平台、亲朋好友甚至是特殊场景中的刺激，任意点都可能成为信息源头和需求刺激，信息从空间的四面八方涌来，影响甚至改变着消费者的决策流程。

因此，消费者的决策过程，不再遵循线性的漏斗模型，甚至带有连续性和封闭性的平面环状模型，也不再能够解释当下消费者的购物行为。消费者处于信息立体化全包围的信息环境中，处理来自多渠道、多层级、高密度的信息，并且由于购物的便利性，不再需要从线上走到线下，而是在

---

[1] Damasio, A; Carvalho, GB (2013). The nature of feelings: Evolutionary and Neurobiological Origins [J]. Nature reviews. Neuroscience 14 (2): 143-52.

各类信息经过大脑处理之后，就可以随时做出购物决策，用拇指的轻触完成支付与下单，或者跳跃一定的决策环节，或者跳跃进另一个决策环节。购物模型如图1-6：

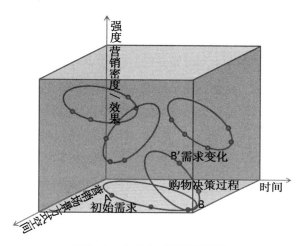

图1-6 全景空间型消费模型

在传统的以时间和空间为坐标轴的消费决策中，增加了营销的强度这一指标。因为移动互联的技术，让消费者的信息接触点不再是平面媒体、电视媒体、网络媒体等单一形式，而是能够在任何时间接触到包括各类媒体形式以及人际传播等不同强度的复合信息，这些信息为消费者的认知体系构成了立体的空间。

在消费者发现需求、寻找信息直到做出最终购物决策的过程中，会受到不同营销场景中不同的营销方式营造出的立体化信息的影响。消费者的原始需求在这个空间内获得大量的信息，这些信息压缩出一个沉浸式的空间，信息的易得性为消费者提供足以让他们做出理性决策的充分条件。面对庞大的信息量，消费者会基于大量信息的理性判断过程进入情感偏好的选择阶段，或者在大量的信息刺激中，在某个决策环节被新的信息刺激而改变流程，最终的决策可能与原始的购物目的发生偏离或者位移。例如图1-6中，消费者原始的消费需求A，如果按照理智的购物流程，会在时间和空间构成的平面上，理性筛选产品方案从而做出选择。然而各类新因素（新的营销刺激、购物渠道的便利性、促销的有效性、广告的趣味性）构成的立体化信息空间不停地刺激着消费者，新的需求和欲望被刺激后消费者改变了决策路径，进入另外一个决策流程从而形成决策 B′。

在新的购物决策空间中，消费者很难遵从理性的线性或环状的购物流程，而是迅速发现目标，迅速满足需求或者随时接受新的刺激。正是由于不受时间、空间影响，当消费者面临多样化信息来源和多样化购物渠道时，这便使得下文中所提到的跨境消费、享乐消费、原生态消费、粉丝消费等各类消费潮流成为现实。而消费者的决策流程，也会在信息接触、选择评估、促成购买、与品牌发生关系等流程中出现新的变化。

四、互联网时代购物决策的变革因素

在消费模型不断演变的过程中，互联网的搜索和分享功能改变了消费者的信息接触习惯，让消费者能够更主动地搜寻需要的信息，并主动分享，为其他消费者的信息收集提供了有用的网络口碑。正是由于信息获得的便利性以及购物平台的人性化，消费者理性思考的条件也变得越来越容易，也使感性因素显得更为重要。社会化媒体不但为消费者之间的沟通带来便利，产生新的意见领袖，还为品牌与消费者的互通创造了极大的便利性，让消费者与品牌能够直接沟通和对话，甚至参与到品牌的发展建设中去。而移动互联网推动信息流和物流合一，极大地改变了渠道的便利性，对消费者来说，可以在任意时间和任意地点获得产品。消费者从信息获取到方案选择、做出决策，再到购后行为，整个过程发生了一系列的变化。

表 1-1　不同传播环境下消费者的决策变化

时期	信息传播方式	消费诉求驱动	消费者核心诉求	消费者与品牌的关系
大众传播时代	一对多	信息有效则购买	产品的性能	被动接受
互联网时代	一对一	收集信息 理性筛选	品牌的价值	互动参与
移动互联时代	多对一	选项丰富 感性选择+偏爱	回归品质	直接参与 成为品牌的一部分

1. 需求的发生：信息接收从线性单向式到立体化的沉浸式

池田谦一[1]认为，沟通有三种形式。

第一种是信息通过对目标受众产生影响，既通常所说的通过一对多的大众传播传递讯息，是说服目的型。这种类型的传播方式主要发生在传统媒介为主的大众传播时代，传播过程是单向、一对多的，以阅读、收听、观看为主。品牌借助传统媒体进行传播，是一对多、点对面、单回路的传播方式。品牌是信息的编码者，通过大众媒体传播信息。消费者在传播环节中只是被动的接受者。

第二种是试图使传递方与目标受众之间通过经验、知识以及观点的共享，形成一种实际感受，称为形成实感型沟通。以互联网技术为平台的互动传播时代，传播过程是双向、互动的，能够形成分众的一对一传播。这也是近年来社会化媒体为民间草根提供话语空间，从而塑造的一种沟通模式。互联网的搜索技术能够让消费者表达个人化的需求信息，通过搜索来表达需求，品牌信息的传播过程从过去的一对多的推动到消费者有针对性的反向吸收，一对一的精准传播，极大地提升了品牌传播的效率。

第三种是无意识的，不受目标控制，通过传递信息实现沟通的方法，为信息环境形成型。我国研究者李沁[2]认为，人类将迎来或一定程度上已经迎来"第三媒介时代"，这是以泛网络为物理基础的、以沉浸传播为特征的传播时代。人同时生活在真实世界和虚拟世界中，媒介本身不再是收集和传播信息的中心，而是以人为中心，消解权威，又把人变为媒介连接所有媒介形态，无时不在、无处不在。[3] 在新的互动传播生态中，大众传播与互动传播同时存在，社会、环境和人本身都成为媒介，形成一对多、多对多、一对一的泛众传播格局。这就是今天，社会化媒体不仅能够同时提供大众传播一对多的信息传播方式和互联网逻辑下一对一的信息传播方式，更为重要的是，消费者信息搜集中最为看重的因素——口碑传

［1］ 池田谦一. 沟通［M］. 东京：东京大学出版会，2000.

［2］ 李沁. 沉浸传播的形态特征研究［J］. 现代传播，2013（2）.

［3］ 李沁. 沉浸传播——第三媒介时代的传播范式［M］. 北京：清华大学出版社，2013.

播，变得更容易实现。过去的口碑传播存在于人与人之间的面对面交流，而移动互联技术和社会化媒体，让人与人的交流随时随地发生。当前，来自社会化媒体中与消费者相关的亲朋好友、舆论领袖之间的信息，比来自于大众媒体和搜索引擎更为可信和有效。

在当下的传播生态中，能够对目标消费群起到影响力的不再是强势的大众媒体，也不仅限于精准定位的互动化传播，而是他们所沉浸的随时可以获取和分享信息、进行互动的传播生态环境。这个传播环境形成了多渠道、多回路的生态系统，所有媒介形态相连，各类沟通方式同时存在，将视觉、听觉、触觉、嗅觉统一整合，连续地、实时地让受众轻易地获取、传递及感知能够吸引自己的各类信息。生存于这个环境生态的受众能够被信息浸透起来，并沉浸在各种信息渠道营造出的生态之中。

因此，移动互联技术和社会化媒体的出现，让消费者沉浸于一种大众媒体与网络媒体、社交圈与互动信息共存的立体化信息空间中，各类信息交织共存，共同作用于消费者。

2. 消费方案的筛选：从理性选择到基于理性判断的情感偏好

网络信息的易取性让企业品牌与消费者之间的信息越来越透明和对等。信息不一致带来的消费方案选择会越来越少。技术的发展让消费者在筛选决策方案时，能够借助网络平台提供的各种便利技术，轻易地获得备选产品的各类信息，并能够轻松比较彼此的优劣。正是由于理性判断的简单便利性，依赖理性抉择的消费者在选取产品的决策过程中会越来越高效，从而使得能够被纳入理性判断的因素成为产品自身的一部分自有信息。而这部分信息，随着市场的细分，产品功能的细化会变得越来越庞杂。因此会出现两种情况，第一，消费者很容易地将备选方案进行理性判断比较，选出备选方案，然而由于产品的丰富和各类参数指标的复杂性，消费者最终还是会根据个人喜好或临时突发的其他原因在备选方案中做出选择；第二种情况是，消费者不愿意付出大量的时间和精力成本去做理性的比较与筛选，而是完全根据个人喜好或打折促销、设计包装讨巧、朋友口碑等其他临时出现的因素"随便"做出一个选择。正如俗语所说："杯子一样时，挑咖啡；咖啡一样时，挑杯子"。在产品时代，让消费者做出判断的是产品自身的属性，通过品质的高低、性价比来判断产品本身是否值得选取；而当产品自身属性明确，同样级别价格条件下的产品品质比较确定时，让消费者心动的因素恰恰不再是产品本身，而是影响消费者情感喜好的"杯子"。于是，在消费者购物方案的选择上，感性偏好这个因素的重要性凸显。

另外，互联网的发展让终端卖场从线下转到线上；移动互联技术让消费者的购物场所从商店、电脑前发展至随时随地。数据显示，网络购物移动端零售额已超过 PC 端，消费者只需通过智能手机，搜索、点击、下单，无缝对接的物流体系自然会将产品送到消费者手中。因此，移动互联网已经将消费者的购物决策时间大幅缩小，而所对应的决策流程也变得更为简单。然而，每一次消费的决策过程，消费者仍然不可避免地面对大量的商品信息——品牌的符号、生产地、包装、促销力度、出现位置、来自于消费者的一条评价、消费者所处的场景等，这些都可能导致某品牌在决策环节中胜出从而被选择。

因此，消费者的购物决策脱离了从信息接触到方案选择再到做出决策的线性单向过程，而是在立体信息空间内，任意时间点出现的新刺激，赢得消费者的情感偏好，让他们直接跳跃到购物决策的流程。

3. 消费的决策：从"大品牌依赖症"到自我需求的认知

在商品匮乏时代，产品选择有限，只要能够满足消费者的实际需求，依靠产品的功能为消费者提供使用价值，就能够获得市场。到了大众传播和互联网传播时代，信息的充裕和商品的丰富，让消费者可以依靠品牌做出选择，品牌不仅为消费者提供产品的使用价值，更有品牌的附加价值。品牌消费进入"符号消费"时代，很多时候人们并不是为了实际所需去消费，而是为了一个虚构的符号去消费。而品牌为消费者带来的心理满足、身份的建构以及社会的认同。消费者通过选择品牌来获得在社会中的存在感。传播的作用在于灌输一种观点、一种生活态度，甚至是一种价值观。

随着消费者经济水平提升带来的文化水平的提高以及自我意识的觉醒，他们更重视在消费过程中"自我"的重要性。对于品牌的消费，消费者不再需要通过使用或者拥有某种品牌来证明自己，而是以自我的高需求为中心，选择适合自己的品牌。他们更重视的是品质，看重产品的功能是否能提高生活质量，让生活更方便、安全、舒适。可以说，消费者的经济能力和自我意识的提升加之商品的成熟发展，让消费者的追求越来越回归本质。而回归本质并不意味着品牌不再重要，品牌恰恰是给予消费者信任和选择保障的重要背书，超出预期的品牌体验是消费者选择的根本。

对于品牌来说，要满足新时代消费者的需求，其附加价值与产品本身的性能同等重要。而在信息繁杂、竞争对手花样百出的时代，提供超出消费者预期的产品才可能赢得他们的心智。

4. 消费者与品牌的关系：从被动参与到主动改善品牌

在传统媒体时代，品牌信息推向消费者，消费者对品牌信息只能做出被动反应，没有直接的、通畅的传达需求和对品牌看法的渠道。

在互联网时代的互动传播系统中，品牌可以借助社会化平台建立更多对消费者直接沟通的接触点，从论坛到社交平台，品牌都可以直接建立与消费者的沟通渠道。在消费者完成购买决策流程后，形成对品牌的使用体验，通过表达对品牌的感受形成了一种与品牌的关系。消费者获得满意的品牌体验，则可能会在后期不断主动接收来自于品牌的相关信息以强化这种体验，并且可能将体验通过口碑分享出去，或者在社会化互动平台上与企业直接对话沟通，这样品牌与消费者之间便可以形成一种"绑定"的关系，消费者很可能会进行二次或多次消费。品牌化的产品是企业与消费者建立的关系基础，强大的品牌关系能够增加消费者对品牌的信任，从而形成品牌忠诚。双向传播渠道的畅通，不仅使得品牌信息传播得更有效率，还能帮助品牌及时找准目标消费群体，并倾听他们的声音。消费者在与品牌互动的渠道中表达对品牌的意见和个性化需求，从而帮助品牌更快速和准确地改进产品，满足消费者的需求。

在今天的传授关系中，消费者一改被动的地位，成为与品牌的互动者甚至是品牌的重要参与者。一方面，不少品牌通过多种传播方式，如建立论坛、公开账号等方式让消费者心甘情愿地参与互动，为品牌献力，如小米的论坛上有大量粉丝自愿为小米手机编写新的程序；另一方面，得益于大数据的使用让信息回收更为便利，品牌也可以通过大数据及时回收一线消费者的声音，如 Prada 在纽约曼哈顿旗舰店的试衣间中为每一件衣服植入芯片，在顾客穿着衣服进入试衣间后，试穿的时间、频率都会被一一记录下来，从而帮助品牌改善产品设计和销售。在立体化的信息包围中，消费者或心甘情愿，或不知不觉地就参与了品牌的再造。而与品牌保持密切关系的消费者，甚至能够参与到品牌传播甚至产品设计环节中，品牌能够吸纳消费者的智慧进行品牌创新。

技术的变革、信息传播方式的丰富、消费者主动性的提升等种种技术、经济和社会因素，促进了消费者购物决策流程的变革。新的消费时代，企业的营销与传播不仅是以消费者为中心，更是应该彻底改变营销传播的信息和价值流向，以消费者为本位和核心。

五、互联网时代品牌建设的关键点

随着互联网时代消费行为的变迁，品牌建设的发展也从 20 世纪五六十年代的"单向模式"发展至"双向模式"，并在今天这个以移动互联网和社交网络为核心的数字时代下，向"全时空模式"转变。互联网时代，移动互联网和社交媒体的兴起，对于品牌建设具有更深刻的影响。

移动互联网的出现，让消费者的沟通渠道从有限时间内的有限渠道转变为每时每刻都有可能把品牌的信息以精准的方式传达到消费者。社交媒体提供了一个企业同消费者直接沟通的平台，同时它又是对消费者的极大"赋权"，让信息更加透明，让消费者的消费体验能够成为品牌的一部分，影响其他消费者对品牌的印象。数字技术推陈出新，不断有新的技术被应用在品牌建设之中。这些技术变革扩展了品牌与消费者沟通时间和地点的灵活度，使得沟通和购买可能在第一时间进行，彻底地改变了品牌建设的环境。在这样一个环境下，企业品牌的内涵不断扩展，既要考虑企业给消费者"推送"的品牌定位和品牌形象，也考虑消费者"主动创造"的品牌内涵。企业品牌的宣传方式也更多样化了，特别是移动互联网等数字技术，可以为消费者创造全新的"消费者瞬间"。

由此可见，互联网时代的企业品牌建设并非如传统模式下的一成不变，而是根据消费者兴趣和行为的转移发生着变迁。在消费者生活、理念和需求都时刻充满变数的环境下，每一次的循环，品牌与消费者都会产生新的合作，品牌策略都会有新的改变，品牌建设一劳永逸的时代已经成为历史。企业需要重新审视网时代带来的挑战和契机，逆转其信息的弱势化，积极与消费者对话沟通，调整客户关系管理策略，与消费者一起在不断的循环中完善品牌建设。

1. 与消费者对话沟通

道格·凯斯勒曾说过："传统的营销是向人们侃侃而谈，而新时代的营销则是与人们对话沟通。"互联网时代的媒体社会化特征赋予消费者自身成为传播主体的条件，这同时也给予品牌及时获取消费者需求的渠道。通过聆听消费者在网络上的求助、讨论和评价，品牌能够深度理解和分析其中的内容，以洞察消费者的真实需求。品牌根据消费者谈论的相关内容找出合适的解决方案，以目标人群易于获取和乐于接受的互动方式传达品牌信息，消费者通过互动、参与能够对品牌有更深的体验，也更愿意将这种体验分享给其他人。其中，互动是基于宏观聆听基础上的深化沟通，品牌凭借这一过程全面掌握每个消费者的个性化需求，并强化与消费者的关系，收集消费者信息，为客户关系管理奠定基础（见图1–7）。

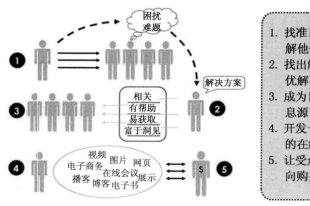

图1–7　与消费者对话沟通

2. 带给消费者超预期的价值

互联网时代消费者，获得品牌相关信息信手拈来，随时随地可以依靠网络搜索、口碑问询来获得关于品牌的有价值信息。即使当下来自于全时空的信息刺激更为丰富和杂乱，帮助消费者辨别品牌信息的技术手段和网络平台也层出不穷，购买流程很容易地出现在任何一个环节，其过程之简便，都难以对消费者构成障碍与风险。正是这个原因，当今的消费者从来不会缺少品牌信息或者获得品牌体验的渠道，消费者了解品牌、接触品牌变得更加容易。正是因为如此，消费者会将更多的注意力放在产品本身。

而互联网对于品牌来讲，其便利的传播通道，能够结合各类传播形式，利用社会化媒体的扩大化效应将一个品牌的知名度迅速推高，其速度和烈度甚至高于当年传统媒体时代央视"标王"的传播影响力。如近年来依靠社会化媒体传播的黄太吉、DW 手表，利用韩剧蹿红的韩国化妆品等。然而，互联网一直是一把双刃剑，消费者的体验和需求的满足才是衡量产品的唯一标准。如果没有过硬的产品，品牌知名度再高，也会迅速被消费者发现其"短"而消亡。

因此，鉴于当下的互联网环境，能够带来超预期的产品价值才能够长久地留住消费者，最终形成品牌忠诚。

3. 与消费者共同建立品牌

从 4P 理论到 4C 理论的进化过程中，品牌建设者已经开始意识到"一切以消费者为中心"的重要性。但在传统媒体环境下诞生的 4C 理论，其对消费者的认识局限在洞察其需求的基础上向消费者传递所需信息，虽然已经开始重视消费者的地位，却只是把消费者作为传播的终点，没有充分利用消费者的好奇心，并驱动消费者的互动和传播行为。

在"人人都是自媒体"的互联网时代中，虚拟与现实关系的无边界化、信息传递的多向性为 4C 理论这一局限带来新的突破。消费者依靠网络上建立的关系脉络和信息渠道获取所需要的一切，同时，他们不再是单纯的信息传递接收者，而成为品牌信息的二次生产者、传播者以及网络口碑的创造者。消费者在社会化媒体中形成一个互通有无的发声群体，通过各种渠道和方式展现关于品牌的话语和行为，他们比企业更加懂得自己的需求，也愿意主动提供和传播有趣的内容。

由于网时代信息传播的双向过程发生了逆转，企业不仅需要聆听消费者的声音，正确解读消费者的心理；还需要专注于消费者体验并激励其成为品牌信息的创造者和传播者，利用消费者的力量壮大品牌实力。唯有用源自民间的想法和创意去匹配消费群体的兴趣，才能最大限度地发挥消费者的价值和能动性，从而使企业在低成本的条件下获得最大的传播效果。

因此，当下的企业需要转变观念，摒弃自说自话的传播模式，转而与消费者携手联盟，让消费者自愿为品牌对他们身处的关系网施加影响，成为品牌代言人，才能在信息纷繁、关系复杂的网时代突破重围。

初次进入市场的新品牌尤其需要重视消费者的参与，消费者的参与能帮助品牌更好地确定其内涵和定位，以满足消费者的个性和需求，在众多的品牌中脱颖而出；而品牌形象已经深入消费者内心的大品牌亦不能故步自封，同样需要适应新的品牌建设模式，消费者的智慧和力量将有助于为品牌注入新的活力，迎合时代的新变化。无论是新品牌还是老品牌，与消费者共建的意义都在于能对品牌的内涵进行补充和修饰，让品牌走向更健康的发展之路，免于被市场淘汰抛弃之虞。互联网把传统渠道不必要的环节、损耗效率的环节统统省略，让服务商、生产制造商和消费者更加直接地对接。快速地通过网络反馈，消费者的喜好和建议能够迅速被品牌接受，从而接纳消费者参与，营造极致的产品体验的同时营造极致的用户口碑。近年来如小米等品牌，就是依靠大量且专业的用户参与，让用户对品牌具有"主人翁"之感，从而对品牌忠诚到底。

第二节　互联网时代的品牌建设运作流程

互联网时代的品牌建设是一个生态循环的过程，企业通过这一循环不断地强化品牌影响力，获取品牌资产值的最大化。传统传播环境下的品牌建设主体为拥有品牌的企业，一般化的流程为市场调查、市场定位、定价策略、营销传播计划和品牌管理，主要基于企业内部的运作和经营。

品牌建设进入网时代，其运作流程也发生了相应的转变，不再是企业

本节执笔：吕艳丹、冯其圣。

方封闭的内部行为，而是在与消费者相关的开放网络环境中进行的内外结合的过程（见图1-8）。互联网时代的品牌建设自始至终都不能脱离消费者的参与，消费者的问题和需求是品牌建设的起点和动力。因此，品牌建设从"聆听"开始，经历品牌定位、定价策略、媒体选择、内容发布，最后通过舆情监测再次回归到聆听环节中，并且对品牌内部流程进行再次的调整和完善，如此循环往复，以达到最优传播效果。

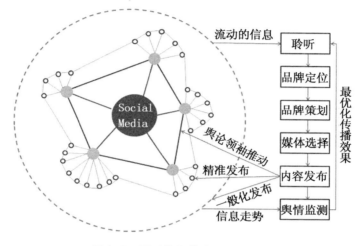

图1-8　网时代品牌建设运作流程

一、聆听

传统的市场调查实际上就是新媒体兴起之前企业对消费者的"聆听"过程，但市场调查往往容易受到调查者的主观干扰和环境中客观噪音的影响，很多时候并不能客观反映出消费者的实际需求和兴趣。真正的"聆听"是以旁观者的身份，不施加干扰和影响地收集消费者行为和话语信息。

互联网时代，每个消费者都是主动发声的自媒体，开放的社会化媒体环境和逐渐成熟的检测平台给企业提供了舆情监测的便利。消费者的网络足迹、讨论话题、疑难求助、关注对象、相关圈群、兴趣爱好等都可以通过数据挖掘和分析获得。品牌通过对关键词的内容分析，如频数排序、正负性质分类、话题分析等，能深层次理解消费者信息，更精准地完成市场细分，以此弥补传统的地理、人口统计、心理和行为细分等粗略细分方式

19

的不足。而目标消费者的需求也同时在这一分析过程中得到提炼，帮助企业获得对消费者需求的深刻洞见，从而有效地帮助品牌准确定位。

与此同时，品牌通过聆听还能了解整个市场的行情、品牌在消费者心中的认知，以及竞争者在消费者心中所处的位置，获取以其他方式难以得到的宏观资料和数据。例如，整个行业在全网的声量及各个品牌在其中的占比，可以描述出行业的整体情况以及品牌在其中所处的位置；品牌声量的正负面分析能够看出口碑的走势，并发现一些意想不到的机会和潜在威胁；聆听消费者发声中关于竞争对手的信息，一方面能够了解竞争者的情况，另一方面还能汲取对方的优点，以做到知己知彼，百战不殆。

二、品牌定位

网时代传播模式的改变并没有使品牌定位的本质发生变化，利用影响消费者选购产品时的有形因素及其给消费者带来的物质和功能性利益，以及产品的风格、文化、个性等无形因素及其给消费者带来的精神和情感性利益，来塑造企业及其品牌的独特而有价值的形象，以期占据有利的心理据点，仍然是品牌定位的核心理念。

网时代的品牌定位将与消费者合作，一方面，企业会以用差异化定位或需求细分定位来进行品牌的核心定位；另一方面，品牌定位将是一个与消费者共同参与，并随着消费者的偏好和兴趣不断更新完善的过程。

三、品牌策划

品牌策划是通过品牌对竞争对手的否定、差异和距离来引导目标群体的选择。它并非是一个无中生有的过程，而是把消费者对品牌的模糊认识清晰化的过程。

传统的品牌策划是企业基于对消费者的调查、对竞争对手的观察和对自身情况的分析而实施品牌战略的计划方案。网时代的品牌策划则是由企业与消费者两者共同完成的，企业赋予品牌的个性契合消费者的自我认同，从而使其产生品牌归属感和自豪感，成为品牌自发的代言人和创意源泉。

消费者的力量能激活品牌策划过程中的无限创意，如今的品牌策划趋势是为企业方提供一个让消费者发挥想法和创造力的舞台，让消费者成为品牌传播中发声的主体。

四、信息渠道选择

媒体选择就是寻找成本效益最佳的媒体，以便向目标受众传达预期的展露次数，而今天的媒体选择除了追求"量"之外，更多地对"质"提出了要求。媒体决策的目的就是经济有效地选择传播媒体。一般来说，正确选择传播媒体要依据产品特性、传播对象、媒体性质、传播成本、竞争态势进行选择。

"泛媒体"的网时代，营销传播衍生出了多种媒体形式，不同媒体都有自身的特点，扮演着不同的角色。过去单靠几条电视广告就能覆盖全国老百姓的思路在今天已经不适用了，消费者从大众媒体时代的高度集中，到互联网出现后的分散，又到网时代的重新聚合成松散的小群体，这一切都为媒体的选择、组合提出了更高的要求。

在媒体"碎片化"的传播环境下，除却传统的大众传播、分众传播外，信息技术的发展带来的数据挖掘为精准营销提供了可能，媒体的社会化让网络上的意见领袖也为品牌创造新的传播价值。内容发布的形式呈现多元化趋势，企业有效利用各种渠道进行整合传播才是今天的传播思维。但营销传播渠道更加丰富的同时，"用一种声音说话"将是品牌传播过程中更需注重的原则。

五、内容发布

渠道为王还是内容为王的争议自新媒体出现以来就一直存在于营销传播领域，事实上，渠道和内容是密不可分的两个阶段，内容的影响力离不开渠道的支撑，渠道本身不能天然地携带品牌信息，而只是一个信息的传播途径。所谓内容，是指任何关于品牌或目标消费者需求的信息，其形式可以是广告、公关软文、产品本身以及与消费者的互动沟通。内容的发布过程可以是一对多的传播，也可以是一对一的精确传播，甚至还可以是多对多的链式传播。

传统的广告和公关属于一般化的一对多发布，通过电视、广播、报刊、户外和网络等媒体传播品牌信息，这种发布形式能够有效到达大规模受众，使品牌进入众多消费者的认知领域。但稍纵即逝的品牌信息在初次曝光后，若没有及时跟进后续的深化传播，目标消费者将被主动搜寻的其他信息转移注意力，很快将之遗忘。

在一般化发布的基础上，精准发布则是一个双赢的过程。一方面有需求的消费者能够有效节省搜索时间，获得所需信息；另一方面品牌能够准确到达潜在目标消费者，提升传播效率，获得更高的反馈率。精准发布是传统数据库客户关系管理所带来的价值，品牌通过消费者的个人信息，向有特定需求和兴趣的消费者发送定制内容，以获得品牌细分目标市场的特别关注。

互联网时代的媒体社会化带来的不仅是关系本身的改变，还有关系创造出的价值变化。社会化媒体和移动媒体中建立起来的新关系增加了各种信息的曝光度和流动性，网络意见领袖有成倍扩散信息的能力，并拥有其关注者的高度信任和依赖。通过培养忠诚于品牌的意见领袖，借助意见领袖的力量推动内容的发布，企业将收到事半功倍的传播效果。

六、舆情监测

舆情监测是对互联网传播的消费者对品牌信息的讨论与评价而形成的有倾向性或影响性的观点或态度的一种监视和预测行为。

对品牌而言，舆情监测主要集中于传播效果监测、危机监测、日常监测几个方面。

（1）传播效果监测

传播效果监测的目的在于为以后的广告活动做出相应改进提供指南，监测内容包括本次广告活动参与的人数、参与者群体的分布、曝光的频次、消费者对活动的评价、消费者对品牌的认知变化等。对监测结果的内容分析将有助于企业全面了解活动的效果，为下一次的传播扬长避短。

（2）危机监测

危机监测是危机公关的内容，危机公关分为监测、预警、应对 3 个环节。企业事先对危机划分出几个层次，当在舆论环境中监测到一条可能引发危机的信息，会先判断属于几级预警，然后出台相应的方案以应对负面舆论，消除对企业可能的不利影响，维护品牌的正面形象。对于大企业而言，危机监测是舆论监测的一个重要部分，会请专业的代理公司或监测平台进行监测。

（3）日常监测

除了传播效果监测和危机监测以外，品牌还需对舆情进行日常监测，以了解一般情况下消费者对品牌的意见、态度和评价。消费者对品牌的积极态度和用户生成的内容都可以为企业所利用，成为新的传播创意和活动方案，携消费者的力量再次回到品牌建设的循环过程中，推动品牌的成长和完善。

第三节　互联网时代的品牌建设操作模式

进入互联网时代，网络的聚合作用不断滋生出新的媒介，为品牌营销发展带来新的机遇。新媒体的出现并不意味着传统媒体的告终，而是与传统媒体呈现出融合、渗透的趋势。以移动媒体为例，广告移动化已进入大互联互联网时代，我国网民的互联网接入方式呈现出全新格局，手机媒体的崛起，带来营销的数字化加速。手机因其不受时空限制的特点，迅速成为我国网民的第一大上网终端。

手持终端等新媒体与传统媒体及互联网平台的结合，是互联网时代品牌营销新的形式和手段，但是不论企业品牌营销的表面花式如何之多、变化如何之快，归结到营销的基本模式上都是万变不离其宗。我们将互联网时代品牌建设操作模型归纳为6种基础营销模式，即整合营销、内容营销、体验营销、数据库营销、社会化营销、移动营销，并将每种营销与其相应的接触点对应（见图1-9）。有效的品牌建设取决于各个要素的有机整合，而操作模型正是将各要素有效整合的有机体。

本节执笔：吕艳丹。

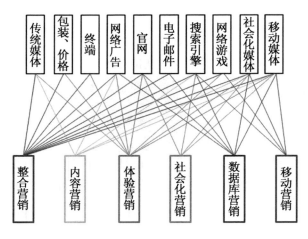

图1-9　互联网时代的品牌建设操作模式

一、整合营销

整合营销是以消费者为核心重组企业行为和市场行为，综合协调地使用各种形式的传播方式，以统一的目标和统一的传播形象，传递一致的产品信息，实现与消费者的双向沟通，迅速树立品牌在消费者心目中的地位，建立品牌与消费者长期密切的关系，更有效地达到广告传播和品牌营销的目的。以消费者为核心、资料库为基础，综合运用各种媒介手段进行传播，"以一种声音说话"，仍然是整合营销的本质。但是，在互联网时代复杂的媒介环境下，在视网融合、社会化媒体与移动媒体融合等趋势下，各种新的媒介形式应运而生，综合运用各种媒介手段成了最困难的部分。

既往的传播史表明，新媒体的出现虽然会引起传播形式的新变化和革命，但并不能完全替代传统媒体的存在。新媒体受到青睐的同时，传统媒体遭遇冷落是必然的，但受众并不仅仅接受单一媒体的影响，整合营销传播的意义就在于联合新媒体和传统媒体的力量，借助全媒体的一致性传播达到传播音量、范围和效果的最大化。如兰蔻"小黑瓶"在上市之初，就是先通过网络社区宣传炒热懒人护肤的概念，再结合时尚类平面媒体的专业力量进行相关市场活动造势，吸引大量消费者参与的同时继续在网络上进行病毒式扩散，最后辅以商场售点终端的配合，并回到互联网进行深度互动，将上市活动通过整合营销渠道共同完成。

二、内容营销

内容营销涉及传播或共享的内容，包括于所有的营销方式之内，目的在于接触和影响现有及潜在的消费者。事实上，所有与品牌传播相关的信息都可以被称为内容，无论是传统的广告、公关，还是网络媒体中的视频、图片、互动活动、在线游戏。此处的内容营销特指内容挂帅的营销方式，即以内容本身的娱乐性和吸引力获得关注和传播效果。

内容营销两种比较典型的应用分别为隐性植入和病毒营销。

隐性植入即策略性地将品牌相关信息融入内容产品中，在受众接触内容产品的同时，潜移默化地将隐含的品牌信息传递给目标消费者。成功的隐性植入需要精心选择内容产品并周密策划植入的方式，使品牌与内容高度融合，构成观众接收到的传播内容中不可分割的一部分，令有意回避传统广告的受众无处可逃，赢得消费者可贵的注意力，并形成对品牌信息的深度记忆。

虽然内容可以依靠不同的渠道传播，但只有开放的社交平台能让内容营销产生爆炸式的传播反应，即病毒营销。利用社会化网络用户之间的口碑传播关系网，信息能够像病毒一样传播和扩散，快速复制以到达数以百万计的受众。美国电子商务顾问 Ralph 博士将成功病毒营销的基本要素归纳为 6 个方面：提供有价值的产品或服务、提供无须努力向他人传递信息的方式、信息传播范围很容易从小向大规模扩散、利用公众的积极性和行为、利用现有的通信网络、利用别人的资源进行信息传播。

网络口碑环境的新变化疏通了病毒营销的扩散途径，但病毒营销成功的本质要素是内容的设计和制作，只有能激励分享和参与的好内容才能广泛调动大众的积极性，使其自愿成为"病毒"的携带者和传播者，协助品牌进行大规模扩散。

1. 互联网时代内容营销的特点

（1）需求即内容

如今传统硬性广告带来的只是表面效应，内容营销的目的是要直抵人心，一切以用户需求为基础。真正做到以培养用户群体的"人气"、与用户沟通的"情感"和以内容制胜的"味道"，即"人情味"为标准。寻找消费者所需、触动消费者心灵，才能激发消费者主动分享与传播。品牌应抓住良机，成为内容营销的主导。

（2）品牌即内容

品牌内容营销，需要达到品牌与产品内容的高度融合，借助内容载体进行传播，避免已有的品牌植入传播造成的生硬感，争取事半功倍的效果，这也是很多植入式广告希望达到的效果。内容营销的价值在于品牌信息传递的隐蔽性，让内容为品牌服务，使消费者在关注内容的同时自然接收"隐性"的品牌信息。消除受众抵触心理，从而达到内容娱乐性与品牌商业性的无缝结合。

（3）互动即内容

社交平台如今成为内容营销的标准平台配置。有社交平台参与的内容营销具有更强大的生命力。互联网时代环境下，企业、媒体、消费者的地位发生了变化。消费者口碑联通效应增强，传播层级不断扩大；媒体不再是单一媒体性质，而是与企业、消费者（意见领袖）共同成为社交平台的"内容供应商"；企业不再仅仅生产产品、提供服务，重要的是生产"内容"。通过"互动"激发用户主动分享，三者构成互为影响的循环圈。

2. 内容营销在互联网时代的应用

（1）内容层面

内容制胜是品牌建设的关键。企业品牌首先应基于互动，有针对性地为消费者创造有价值的内容。

（2）传播层面

互联网为内容营销提供了良好的应用平台。通过上接搜索引擎、下接SNS、对接垂直网站等接触点的方式，实现内容的有效传播。

国际搜索引擎营销专家组织主席杰夫·普鲁特（Jeffrey Pruitt）指出，"内容营销与搜索息息相关，搜索已经成为贯通整个内容营销流程的通道，并深刻地改变着整个网络营销领域的游戏规则"。相关调查证明，搜索可以使口碑营销的可信度提高25%，使传统营销购买的可能性提高17%。"内容营销+搜索引擎"，孕育着巨大的发展潜能。

社会化媒体与移动媒体的发展为人际沟通增添了快速渠道，通过易感人群扩散信息的"病毒式营销"已经开始转向"内容营销"。如品牌与知名公众号内容的合作，因其内容新颖、便于记忆，网友自发成为其品牌的宣传者。以 SNS 为代表的"内容+社交"的形式，丰富了内容营销的内涵。

三、体验营销

体验营销是以产品为载体，根据消费者情感需求的特点，向消费者提供有氛围的营销活动，在获得体验的同时扩大产品与服务销售。

1. 体验营销引入互联网时代的原因

（1）技术动力

技术发展是推动营销活动的基本动力。网络技术的进步和网络服务平台的拓展，为新时期营销活动提供了更为便利的途径。基于网络平台的社会化媒体与移动媒体加深了用户的分享与参与。LBS、QR、AR 等新技术的出现，使线上联合线下成为可能。营销活动脱离了时空限制，通过体验，品牌真正融入到了消费者的生活中。

（2）用户需求

首先，消费者的消费呈个性化趋势。当营销进入体验时代，人们开始追求更加个性化的消费，加速自我实现。而网络技术的进步，有助于企业为消费者创建差异化的营销传播环境，针对个人开展一对一的精准营销活动。其次，消费者的参与性增强。消费者希望与企业有更加深入的沟通互动，发挥自身的想象力和创造力，积极主动地参与到品牌建设中去，这也正是体验营销的核心。最后，消费者的感性需求增强。消费者越来越倾向于对品牌感性层面的精神追求，而新媒体的信息表现形态能够使消费者形成更加感性的品牌体验。

2. 体验营销在互联网时代的应用

体验营销发展之初，广泛运用于线下实体店铺和线上网络游戏营销。随着 SNS 社交网络、LBS 应用的发展，体验营销的形式更加多样。例如，用户可以通过 PC 或者移动终端"签到"，然后通过参与线下活动获得品牌体验，并且良好的品牌体验也会有利于口碑的再次传播。就像星巴克的早安闹钟活动一样，只要下载"早安闹钟"APP，在设定起床时间60分钟内赶到门店，即可正价购买饮料同时享受早餐食品半价优惠。虽然体验营销的形式很多，但从根本上来说，体验营销与消费者对接的接触点，主要还是体现在感官、情感、氛围、延伸体验等方面。

（1）感官体验

通过消费者直观视听、味觉等感受实现对品牌的主观认知。将感受现实化，体验主动化。第一时间让消费者亲自参与评价产品。增强消费者主导地位。

（2）情感体验

充分利用"情感牌"为消费者提供情感价值体验。将品牌情感融入消费者生活。引导消费者的感性认识，培养品牌感情，达到激发兴趣和增加品牌价值的目的。

（3）氛围体验

通过体验现场氛围管理、个性化设计，营造独特记忆深刻的氛围体验。赢得消费者喜爱，将氛围感受附加到产品价值中。

（4）延伸体验

产品上升至品牌，产品之外的社会价值体验，将地位、时尚、品位等价值融入产品意义中。

四、数据库营销

所谓数据库营销，就是企业在营销过程中搜集市场资料、人口统计资料、销售趋势资料以及竞争资料等各种数据，进行分类和统计等系统处理来获取所需信息，并在此基础上制定相应的营销策略。它具有3个基础特征：选择和编辑消费者数据，构建数据库；选择适当的消费者，有针对性地进行沟通；及时的营销效果反馈，分析市场活动的短期和长期效果，并提出改进方法。

互联网时代的数据库营销更加社会化、移动化，不仅数据来源更加广泛，数据类型更加多样，而且开始关注每个用户数据之间的联系。尤其是品牌社会化主页的兴起，例如品牌官方微博、品牌豆瓣小站、品牌人人公共主页，品牌将所有在互联网上互动过的消费者转换成粉丝"沉淀"到这些品牌社会化主页中，导致社会化 CRM 的出现。社会化的 CRM 除了管理着品牌的每一位粉丝外，还承担着培养舆论领袖、监测舆情、引导品牌正面口碑的重任。所以，互联网时代的数据库营销在品牌建设中显示出了其新的特点：

1. 从 CRM 到 SCRM 的转变

随着互联网时代到来，传统 CRM 开始向 SCRM（Social CRM）转变。传统的客户关系管理是企业单向的部署和操作，往往以大客户为管理重点，客户之间彼此没有联系，呈分散的状态。数字技术的发展及数据库运用的成熟，使大规模的客户关系管理得以实现，但是高昂的运营成本、对员工素质的要求、消费者对企业大量掌握自己信息的不满，让客户关系管理很难触及所有有价值的消费者。如何识别有价值的消费者，如何更方便地对他们进行管理，甚至让他们去管理其他的消费者，成为企业亟待解决的难题。

在互联网时代，客户之间通过社会化媒体形成一个庞大的关系网，每个人都通过某种方式与其他人产生一定的联系。互联网时代品牌的客户关系管理也随之社会化，将不再以传统的方式将大小客户划分类群，而是一方面寻找和识别可能的意见领袖，并管理其行为过程，将其培育为忠诚于本品牌的传播者和分享者，以其为节点实现多级传播，最终达到品牌信息成倍扩散的效果；另一方面借助社会化平台建设品牌自媒体，使许多参与过在线互动活动的消费者或者通过其他渠道受到邀请的消费者"沉淀"到自媒体中，成为品牌的粉丝。这些自媒体可以是官方微博，可以是人人品牌主页或者豆瓣品牌小站，还可以是优酷视频品牌主页。这些自媒体不同于传统的官网，只张贴着品牌单方面想推送给消费者的大量信息，它们将品牌拟人化，让品牌直接与消费者沟通、互动，将品牌的忠实消费者或者潜在消费者聚集起来，影响他们，同时让他们自发地去影响更多的人，形成链式的扩散效应。客户关系管理不再是企业单方面的行为，而是消费者关系网中牵一发而动全身的反应过程。意见领袖为品牌带来更广阔的传播空间，同时为企业节省管理成本，是协助品牌建设的强大势力。

互联网时代传统 CRM 到 SCRM 最大的转变在于数据搜集更加方便且来源丰富，利用社会化网络平台的开放，将 CRM 植入整个平台，通过平台引流、沉淀到自身的数据，最终汇总到完整的数据库系统，例如社交平台用户注册资料、百度的 COOKIES 追踪技术根据记录用户搜索关键词向用户推出相关关键词广告。将社会化网络的关系管理模式和交互方式与 CRM 的客户管理方法无缝对接。

2. 消费者助推数据搜集

互联网时代数据库营销最直接的变化在于消费者拥护与体验，即消费者互动参与性提高，成为企业品牌建设共同参与者。通过社交平台，消费者容易获取资源的同时，更加愿意主动分享自己的信息，例如通过注册和参与 APP 活动或游戏，将个人评论反馈回网站，与其他网友互动形成品牌的二次传播。企业可以与用户建立关系，从主动变为被动，将数据库信息取决于用户自身，这种基于用户互动结果主动沉淀信息的数据库变得更为可靠与精确。

3. 精准营销管理再上台阶

精准营销关心客户细分、客户价值与客户忠诚度，着重于客户的增值和裂变。精准营销的 CRM 体系强调对企业与客户之间的"关系"的管理，而不是客户基础信息的管理。新时期信息呈现出高度聚合趋势，受众也将被深度细分和聚合，企业需要按照受众需求进行个性化定制。精准营销真正实现了消费者导向原则，实现了顾客与企业的深度互动。有针对性的传递信息，基于精准受众信息的数据库营销将成为趋势。

五、社会化营销

社会化营销是指利用社会化平台的用户好友关系网络开展的营销活动。其本质在于找准用户的真实诉求，顺势而为地引发用户参与、讨论和分享，为品牌信息赢取用户基于社交关系的自传播。

社会化营销的本质在于获得用户对品牌的好感和兴趣，并以适当的互动活动驱动高质量的自传播，其优势在于通过消费者的转发和分享，使品牌信息通过链式反应到达更多目标受众，这种对线上关系的利用还能提高消费者对品牌信息的关注度和信任度。

1. 互联网时代社会化营销的特点

社会化营销是一种对话式的双向传播，需要精确瞄准消费者的需求，吸引消费者的高度卷入和参与，并成为信息的主动传播者。社会化营销的三个关键优势被总结为精准、互动和口碑，其关键不在于如何运用社会化媒体技术，而在于品牌文化与消费者的良好融合。尽管目前而言，社会化营销还只是主流传播手段的补充，但随着社会化媒体的不断发展，它在企业整合营销传播中的地位将会越来越重要。

2. 社会化营销在互联网时代的应用

（1）积聚"同质"力量——社区营销

网络社区是互联网上特有的一种社会形态，通过将具有共同兴趣或特征的访问者集中到一个虚拟空间，使拥有同质性的消费群体建立起某种经常性的联系，为其提供自由交流的平台。随着互联网时代的发展，网络社区逐渐实现了从线上到线下的互动转变，成为一个真正意义上的聚集场所。

参与程度高、心理归属感、互动性强是社区营销的特点。人际关系的强大使社区拥有几何倍数增长的传播力量；归属感的存在使社区易形成稳定的忠诚度；互动影响使参考群体的意见愈加重要，尤其表现为社区中舆论领袖对于产品及品牌的影响力。

（2）让用户告诉用户——口碑营销

建立在亲人、朋友、同事及新媒体环境下的社区同伴之间口口相传的营销方式，更具有可信度与忠诚度。借由促销、公关等吸引消费者注意的"眼球经济"效应已经发生改变。口碑营销针对性强，更具亲和力，在社会化营销中发挥着重要作用。社交网络、移动应用的发展，为口碑营销提供了快捷途径，口碑效应通过网络评价平台使影响层级迅速扩大。

（3）消费者不再是消费者——自媒体

互联网时代消费者地位已经发生改变，参与性的增强使消费者与意见领袖、媒体、企业共同成为社交平台的"内容供应商"。消费者即企业的社会资本，企业需要汇聚消费者的力量，让客户参与到品牌创作、建设过程中。

六、移动营销

移动营销是基于移动通信网络或无线局域网络，以手机、平板电脑、便携式电脑或其他专用接入设备为载体的营销模式。移动营销是网络营销的"无线"延伸，为市场营销创造出"无限"应用新理念，也称为"A 的立方"概念，即人们可以在任何时间（Anytime）、任何地点（Anywhere）、做任何事情（Anything）。

移动营销带来的不仅是一种营销渠道的更新，更是营销战略的创意革命。移动终端"随时随地"的网络接入、用户碎片时间的最大化激活、移动定位服务对线上与线下关系的连通，使得互动性成为移动营销最重要也是最突出的特点。

1. LBS（基于位置的服务）

LBS 是利用用户位置信息进行增值服务的一种移动通信与导航融合的服务形式，其最大魅力在于能给所需的用户随时随地发送精准信息。据调查表明，个人位置、交通和购物信息搜索和推送是移动媒体上最受用户欢迎的服务。

LBS 的应用价值在于通过位置将线上的虚拟环境与线下的实际行为更好地结合，为用户提供有用的信息和更为新鲜的互动方式。周边生活服务信息通过位置搜索精准到达附近用户，提升了信息传播效率，为消费者及时提供备选商户信息。地理位置签到（check in）应用以积分、勋章、区域领主等方式激励用户主动签到，以满足其虚荣感，当这些虚拟的荣誉与合作商家相联系时，就能使用户获得特定的优惠或折扣奖励。基于地理位置的游戏是引起消费者狂热追捧的另一种互动性质的位置服务，现实生活中的商家和热门地点通过虚拟报到、虚拟道具、虚拟交易等方式与游戏玩家完成信息交流。

2. SoLoMo（"立体化"移动营销）

SoLoMo，即"Social + Local + Mobile"，是社会化媒体与移动媒体的结合混搭形式。虚拟的社会化关系网络与实际的地理位置共同融合于移动终端，形成了"位置+服务+关系"的全新链条，这是 SoLoMo 概念的核心体现，更为企业营销带来了前所未有的新机遇。

Social 以大量的用户群为基础，并且用户之间的关联密切，能够形成强大的消费者数据库；Local 以技术为核心底层，可以确定目标用户的地理位置；Mobile 以移动互联为载体，提供平台，并且可以通过结合个人信息或者判断机型来筛选目标消费者。SoLoMo 的出现，带来了社会化、本地化、移动化这三个看似不同的概念的融合，"LBS+SNS"将这种融合搬到了可操作的舞台上。精准营销、随时随地的线上线下对接服务、移动的口碑营销以及创新的互动体验都是 SoLoMo 创造的巨大价值的体现。

第四节　互联网时代的品牌建设工具

随着科技、信息技术的跨越式发展，企业越来越多地开始整合应用多种媒体作为其提升品牌知名度、增加品牌附加值的手段。从传统的广告推送到互联网的互动沟通，从企业官网图文广告到 SNS 社交网络的品牌主页广告，从视频网站的微电影广告到二维码扫描网址链接广告、品牌官方微博、LBS 签到广告……各种新兴媒介形式已逐渐成熟，成为互联网时代备受企业青睐的营销工具。

新的媒体形式普遍具备极大的信息承载量和多元的传播手段，既为品牌的营销传播提供了广阔的平台，但同时也为品牌的塑造带来更多挑战。企业需要抓住互联网时代的任何一个能够与消费者接触的环节，差异化地进行营销传播，才能在信息爆炸的网络世界中突显自身的品牌信息。以下试从消费者品牌

本节执笔：吕艳丹、陈珊珊。

接触点的角度对互联网时代各种主要的品牌传播工具做盘点式解析，以期为企业更好地管理品牌接触点、提高传播效率提供借鉴（如表1-2所示）。

表1-2　互联网时代主要品牌接触点概览

接触点		主要形式	传播特性	主要运营商	目前应用行业	成功案例
产品	包装	印刷在产品本身外观；随产品附赠宣传单	不受地域限制；具粘黏性；易吸引注意力；传播成本低	产品生产商	各行各业	农夫山泉；可口可乐经典红色；蒙牛新装
	价格	返券，价格广告；直接折扣；赠券促销；积分打折广告	直观，易引起注意；时间成本低	产品生产商	酒店；旅游；电子产品为主	沃尔玛超市宣传单广告；哈根达斯优惠券
销售	终端	店面与货架柜台；悬挂式；专卖点；POP包装；新型参与式活动将产品广告植入活动中	易吸引注意；直观；形式灵活	批发；零售商（超市）	快消品PMCG（服饰、食品饮料、保健品为主）	可口可乐印刷在冰箱、汽车的售点广告；果粒橙售点广告
	电子商务	硬性广告（横幅、按钮、图文链接、全屏、弹出式广告）；软性广告（视频广告、信任评级、评论广告）	互动感官性；创意丰富；针对性强；信息统一性；时间随意性；高效；低成本	B2C：京东、天猫、凡客、当当网、卓越网、尚品网、聚美优品、唯品会；B2B：阿里巴巴、华企网；C2C：淘宝网	各行各业	卡地亚TRINITY投放豆瓣评论；路虎-揽胜极光投放豆瓣书评；多米诺比萨（Domino's Pizza）绝妙网络广告
传统媒体	电视	节目中或节目间隙插播TVC；节目内容植入广告；冠名广告	直观；覆盖面广；声音文字视听效果结合充分；注目率高	官办电视台、民营电视台	各行各业	可口可乐春节系列；耐克运动系列；欧莱雅系列广告
	广播	广播节目内容中植入或节目间隙时间插播的广告；广播稿广告	线性传播；广泛性；高音质；声音有较强感染力和传情性；受众便利性	官办电台、民营电台	各行各业	湖北人民广播电台交通频道《小灵通》，《新东方学校》
	报纸	根据版面位置大小划分报眼、通栏等广告；软性广告；夹页广告	保存性强；读者选择性强；受众稳定且集中	官办报社、民营报社	各行各业	万科地产系列广告；劳斯莱斯报广；美的空调

续　表

接触点		主要形式	传播特性	主要运营商	目前应用行业	成功案例
	杂志	根据版面位置大小的封面、封底等常规广告；赠品广告；嗅觉广告；隐形广告	画面高品质；保存性；内容多样；分众对位性	官办杂志社、民营杂志社	各行各业	美的空调投放在国际广告的平面广告；芮迷化妆品平面广告
	户外	大小型广告看板；移动交通类（火车、地铁、飞机等内外置广告）；室外POP类（购物场所等）；户外投影、液晶广告（利用led技术集中在商圈）；大型宣传推广类型广告（户外舞台搭建推广活动）	内容丰富；具有一定强迫性；易于传播；反复性	官方户外媒体、民营户外媒体	各行各业	奥利奥观光电梯广告；麦当劳投影广告
新媒体	网络广告 品牌图文广告	横幅广告；按钮广告；旗帜广告；页面浮动广告；弹出式广告	传播范围广；内容丰富；互动性强	百度网盟；谷歌AdWords等	各行各业	上海大众汽车；淘宝；京东；海尔空调；三星手机
	富媒体广告	视频类（产品外、画中画、焦点视频形式）；扩展类（下拉上升形式）；浮层类；其他（地址栏、网页背景）	多媒体运用内容丰富容量大、强互动性、强曝光、自动化追踪用户行为	百度网盟等	各行各业	法国娇兰：INSOULENCE——恣意自我，心随熠动；361°在QQLIVE客户端"勇敢做自己"
	官网	品牌展示广告；公司介绍；站内产品展示；视频；线上活动；客户服务；留言板；讨论区	全方位；立体式大量传达企业信息	各企业自建自营	各行各业	可口可乐网站；宝洁网站；海尔网站；Nike网站；百事可乐网站
	电子邮件	以电子邮件为传播载体，广告以邮件的形式发给邮箱用户或在邮箱页面上刊登广告	针对性强；信息传递最直接、最完整	QQ邮件；网易；新浪；搜狐；21CN；TOM；雅虎	各行各业	贝塔斯曼、当当网通过邮件向注册会员分发宣传册和电子传单，招贴
	搜索引擎	竞价排名广告；关键词广告；品牌专区；品牌地标；网站登录/固定排名广告；址栏搜索广告（网络实名）	消费者自动寻找信息的途径；自觉自发；高卷入度	百度；谷歌；腾讯；搜狗；必应；有道；雅虎；狗狗；中搜；奇虎	各行各业	百度；Google；雅虎；新浪；搜狐；中国网站

35

续　表

接触点		主要形式	传播特性	主要运营商	目前应用行业	成功案例
新媒体	网络游戏	游戏墙体式广告；游戏道具式广告；游戏情节式广告；游戏促销式广告；玩家购买工具可在现实中继续使用	游戏内容场景与广告高度融合；具有娱乐互动性；视觉性，灵活性，新鲜性，目标性	网易；盛大；九城；腾讯；征途；金山；光通；中华网；天联世纪	主要目标消费人群为年轻群体的行业，例如食品、服饰行业	米其林轮胎作为《极品飞车》内置配件；Sony BMG与Second Life巨幅广告展示合作；耐克与《街头篮球》的广告内置合作
	电子期刊	采用先进的 P2P 技术发行，以 Flash 为主要载体；硬性广告（旗帜、按钮、图文链接广告）；软性广告（软文广告、电子索引、随机注释、视频类软广）	信息承载量大；多媒体；深度交互；针对性、统计性好	ZCOM；Xplus；MagBox；iebook第一门户；龙源期刊网	娱乐时尚；汽车；图书；旅游；服饰；数码产品；快速消费品等	美宝莲、三星、康佳、TCL、自然堂 等 在《PocoZine》上投放广告
	社会化媒体 — 网络社区	品牌社区；置顶帖子；公关贴；活动贴；视频广告（浮动显示）；弹出窗口；登录页图片；视频贴；贴间广告；频道冠名/新开版面；站内群发消息；在线调查	低成本见效快；易形成口碑传播；易反馈；主题特定；参与性和心理归属感强	天涯虚拟社区；发展论坛；猫扑；新浪等各大门户网站论坛版块	日用；汽车；电子产；企业推广	妮维雅、娇兰、薇姿、美涛等品牌在网易社区女性论坛长期建立品牌俱乐部
	社会化媒体 — 视频网站	品牌视频主页；硬性广告（图文广告）；视频广告；视频贴片广告；插播广告；视频暂停间隙广告；微电影；病毒视频	用户点播；自行决定播放时间和内容；主动性强；内容丰富	优酷网；悠视网；土豆网；青娱乐；优度网；搜狐；新浪；My Space；YouTube	各行各业	大众银行微电影《梦骑士》；益达微电影《酸甜苦辣 I》、《酸甜苦辣 II》
	社会化媒体 — 社交媒体	品牌公共主页；视频广告；栏目广告；增值服务附带产品广告；评论版块集中广告；互动游戏广告；软性引流广告；线上活动	受众多、传播广；影响方式多样；目标客户精准	人人；豆瓣；开心网；QQ空间	银行；制造；医疗；政府；零售；公用事业	屈臣氏在人人网打造美丽课程修炼平台"我的美人计"

续　表

接触点			主要形式	传播特性	主要运营商	目前应用行业	成功案例
新媒体	社会化媒体	博客	品牌博客；博客页面投放（幅式、插页、广告游戏）；以博客形式发布的广告；公关软文	针对性强；交互性强；传播能力广；时效性；多媒体方式；易被接受	新浪博客；百度空间；天涯博客；网易博客	IT行业；汽车行业；快速消费品行业等	AMD选择徐静蕾博客进行营销推广；IBM在公司内部网上提供博客系统以鼓励员工使用；奥迪借助博客进行A3跑车上市推广
		微博	硬性广告（登录页面广告、顶部广告、快讯置顶栏目条、底部广告）；软性广告（右侧活动广告、右侧话题广告、微博名称后面icon广告、模板广告、APP游戏植入广告）；原生广告（feed流）；微访谈；微刊；活动网站；活动页面	立体化；互动性强；时效性；利用网络上的社会关系引爆一个点，把营销理念迅速传递出来，在用户之间的互动中实现快速的爆发；受众广，易形成口碑效应	新浪；腾讯；搜狐；网易	各行各业（服饰；汽车；日用；食物饮品等）	辣妈征集令赢联想乐PAD；星巴克早餐咖啡邀请券
		wiki	正文内容广告；URL连接广告；图片；图片文字注释广告；相册广告；名片广告（百度百科特有形式）	利用wiki权威性吸引注意，面向人群精准	百度；维基；互动；搜搜百科；wikipedia	各行各业	通用汽车安心道路计划；强词夺理赢三星NOTE
		问答	问答网页广告；问答软文广告	受众人群多；话题新颖；时代感强；互动性	知乎；百度知道；新浪爱问；雅虎知识堂；QQ问问；天涯爱问	各行业通过搜索链接推广	中国移动校通讯；凡客诚品季度风
		即时通讯	对话框窗口（图文广告）、通讯窗口投放广告；视频链接等待广告；迷你首页广告；主菜单广告；消息通知形式广告	覆盖面广，受众范围广；聊天工具使用时间长，曝光率高	微信；陌陌；腾讯QQ	非生产资料行业	联想、润洁、当当在QQ聊天窗口投放促销广告

续　表

接触点		主要形式	传播特性	主要运营商	目前应用行业	成功案例
新媒体	社会化媒体	团购网站	团购广告；活动广告；品牌图文	受众范围广；用户主动性强	拉手网；美团；糯米；爱帮；窝窝团；聚划算	电子产品；服饰美容；食物饮品；娱乐行业；旅游行业	淘宝在团800的动态广告投入
		评论网站	硬性广告（图文、弹出广告、动态滚动广告）；软性广告（热门部落、点评公关贴、视频内容、品牌专区、优惠券、签到广告、文章内置广告、商家发布的好评广告）	互动性强；影响范围广；易形成口碑传播	大众点评网；和讯评论；优品点评网	食物饮品；电子产品；服饰；图书；旅游业	汉莎航空在商业评论网打造的"Nonstop you——一路为你"
	移动媒体	传统移动社交应用（手机QQ；手机微博；手机人人）	客户端开屏广告；顶部条框广告；关键词广告（漂浮）；线上及线上结合线下活动；二维码扫描（QR码）；AR码	易形成病毒传播；软件内置广告	新浪；腾讯；豆瓣；开心网	利用社交媒体的各行业（移动设备限制）	淘身边；天气通置入新浪微博广场
		新型移动社交应用	将logo放入查找附近人等功能中；二维码扫描（QR码）；线上及线上结合线下活动；AR码	传播范围广；形式新颖；基于好友的群体影响力互动强；内容分享；时效性强	微信；Line；谷歌 GtalkI；陌陌	实体商铺；电商	招商银行的"爱心漂流瓶"用户互动为自闭症儿童献爱心；超级星播客首播与移动互联端合作语音播报；美丽说登录微信开放平台做口碑营销；星巴克中国微信
		LBS应用（街旁；打车助手；Social Listing）	硬性广告（图文；动态横幅；全屏广告；Banner互动）；软性广告（广告活动页互动）；签到广告；线上及线上结合线下活动；QR码；AR码	线上结合线下；广告与用户位置高度相关；更高点击率；深度挖掘用户信息传播更精准	Vpon LBS移动广告联播平台	快销品；奢侈品；餐饮业；金融银行业；娱乐；汽车	倩碧精华霜在Vpon LBS移动广告平台派发小样；麦当劳"76融融套餐"活动与LBS合作效果

续 表

接触点		主要形式	传播特性	主要运营商	目前应用行业	成功案例
新媒体	移动媒体 APP	硬性广告（传统横幅等形式静态网页广告；页面；封底；loading等）；植入广告	视觉冲击力与触觉交互结合；趣味性；持续性高；精准度高；线上线下结合	APP软件商	电子商务；餐饮；服饰	美图秀秀推广欧莱雅化妆品的广告；Weico推荐星巴克的广告；路易威登退出APP客户端Amble
	通讯	电话广告、短信广告	速度快；群发性；投资省；精确性；蔓延性；灵活性；打扰性；私密性；促销性	移动；电信；联通	政府；房地产；运营商；服装；商场；其他服务业（餐厅、会所、整形医院等）	万科房地产的短信广告

第二章 BORDERLESS
中国消费者的无国界品牌认知 CONSUMPTION

- 中国消费者的跨国品牌认知状况
- 国家形象与品牌形象认知关系
- 中国消费者对国家形象的个性化认知

当下，中国已成为全球商品消费增长最快的市场。越来越多的国外企业将中国视为重点市场开拓地区，他们以各种传播渠道和营销方式，将更丰富的品牌、更细分的产品种类带入中国市场。互联网时代的中国消费者，不再只是被动地接收跨国品牌推送相关产品信息，更会依靠互联网技术手段催生出的各类信息渠道，主动地了解来自世界各地的品牌信息。同时，他们还能够借助发达的物流和交通系统，轻而易举地购买到全球各处的产品，通过产品的使用与品牌的体验，一次次与各个国家"亲密接触"，并把这些体验与感触通过互联网搭建的社会化媒体平台继续传播下去。当前的中国消费者，比以往任何时代都有能力对各国的品牌形成广泛而深入的认知。互联网"连接一切"的特质，将国家与国家之间的屏障打通，让消费者对于品牌的认知跨越国界。在这样一个无国界的消费环境中，各个国家与生俱来的特质又为它们的品牌打上深深的烙印，以在消费者心目中形成千差万别的品牌形象认知。

第一节 中国消费者的跨国品牌认知状况

在互联网环境中成长起来的中国年轻消费群体，尤其是大学生，他们在消费观念和媒介接触习惯上发生了巨大的变化，对国外品牌的认知也与老一辈有了很大不同，这对跨国品牌未来在中国市场的发展有着不可忽视的影响。

根据"2015 国家与品牌形象"调查数据[1]显示，当前中国很多年轻人获取商品信息的方式绝大部分来源于互联网，如图 2-1 所示。而仅次于互联网的则是来自于朋友的推荐，朋友间的口碑传播某种程度上也会依赖于基于互联网的社会化媒体。因此，网络成为年轻人获取信息的主要渠道，正是网络的开放性，让中国的消费者得以了解来自全世界的品牌。

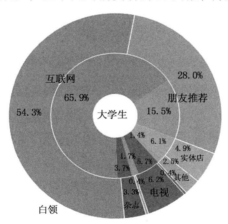

图 2-1 中国年轻人获取新产品信息的主要途径

本节执笔：董妍、孔清溪。

[1] 本调查是于 2015 年 1 月在北京地区进行的线下定量和定性调查。定量调查的有效样本量为：包括北京大学、清华大学、中国人民大学等 15 所高校的在校大学生 322 个，并选取 22 ~ 40 岁职场白领样本 262 个作为对比研究。调查范围涉及德国、荷兰、英国、法国、瑞典、瑞士、意大利、西班牙、俄罗斯、美国、日本和韩国等 12 个国家。并选取了在品牌消费和信息获取行为上具有代表性的大学生和白领进行深度访谈。本调查参照的对比数据来自 2000 年于北京进行的定量调查"国家与品牌联想"研究。调查对象为北京 15 所高校的在校大学生，有效样本 400 份。调查涉及包括美国、日本、韩国、俄罗斯、意大利、法国、德国、英国、荷兰、巴西、澳大利亚、加拿大在内的 12 个国家。本书中所有数据除特别说明外，均来源于此次调查。

　　选择北京地区的大学生为考察对象，是因为他们生活在中国的经济、文化和政治中心，拥有开阔的眼界和良好的知识基础，同时有更多的机会接触到全球化信息，是中国新生代消费力量的典型代表。表2-1通过对他们的定量和定性调查，洞察中国年轻消费群体对跨国品牌和产品的认知与评价，并深入挖掘其内在影响因素。

一、消费者无国界品牌认知概况

　　近年来，中国年轻消费群对来自世界各地的产品和品牌更加了解，尤其是与"2000年国家与品牌形象"调查的数据相比，无提示情况下，他们对产品联想和品牌联想的回答更为丰富。

　　如表2-1所示，大学生对德国、法国、日本和韩国的产品填答率都高达80%以上。英国产品填答率提升最为明显，为307%，其次为德国，提升147%。不仅如此，他们对各国的产品品类认知也更加丰富。如在"2000年国家与品牌形象"调查中，大学生对英国的产品认知主要停留在"牛肉及奶制品、老式汽车和皮包皮鞋服饰"上，而在2015年的调查中，中国年轻消费群对英国的旅游业、奢侈品、护肤品、红茶等都有较多的提及。

表2-1　大学生对各国产品联想填答率（%）

产品联想填答率	2015 年	2000 年	增长率
德国	90.06	36.50	146.75
荷兰	65.22	45.30	43.97
英国	67.08	16.50	306.55
西班牙	45.34	—	—
法国	84.16	60.50	39.11
瑞士	79.19	—	—
意大利	65.84	45.50	44.70
瑞典	30.75	—	—
俄罗斯	68.63	52.80	29.99
美国	79.81	40.50	97.07
日本	85.71	52.00	64.84
韩国	86.65	41.00	111.33

表 2-2 中，各国的品牌联想填答率也大幅提升，品牌填答率提升最高的是英国，提升 225%。

表 2-2 大学生对各国品牌联想填答率（%）

品牌联想填答率	2015 年	2000 年	增长率
德国	86.96	76.30	13.97
荷兰	36.02	29.30	22.95
英国	56.83	17.50	224.76
西班牙	29.50	—	—
法国	77.02	75.00	2.69
瑞士	64.29	—	—
意大利	40.99	23.00	78.23
瑞典	22.98		
俄罗斯	12.11	10.80	12.15
美国	90.68	85.50	6.06
日本	89.44	92.50	−3.31
韩国	82.92	78.00	6.31

与 16 年前相比，当下中国年轻消费群对不同国家的品牌有了更广泛的认知。如"2000 年国家与品牌形象"调查中，大学生对荷兰的品牌只了解飞利浦（19%）、壳牌（6.8%）等，且提及率低（如图 2-2 细线条）；而在 2015 年，喜力（15.1%）、多美滋（9.3%）、TNT（3.5%）等更多领域的品牌也被大学生群体所知晓，并且所提到的所有品牌提及率普遍提升（如图 2-2 粗线条）。

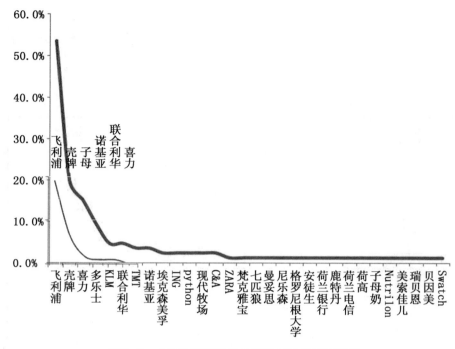

图 2-2 大学生对荷兰的品牌认知数量及提及率

注：各国品牌报告中存在品牌与国家不对应现象，以消费者认知为准。下同。

大学生对不同国家的品牌联想个数也大幅增加（见表 2-3）。消费者不仅了解更多的品类、更多的品牌，对同一品类下的不同品牌细分也了解得更多。2000 年调查中，大学生对德国家电类品牌的认知只有西门子一个品牌，而现在的消费者会接触到更细分的产品类别，如小家电品牌博朗、双立人牌刀具等。2000 年调查中，大学生对英国的汽车品牌仅有劳斯莱斯，而现在他们还提到了路虎、宾利、捷豹等多个汽车品牌。

表 2-3 大学生对各国的品牌联想个数

品牌联想个数	2015 年	2000 年
德国	53	18
荷兰	30	6
英国	85	13
西班牙	31	—
法国	79	31

续　表

品牌联想个数	2015 年	2000 年
瑞士	49	—
意大利	48	17
瑞典	15	—
俄罗斯	18	5
美国	116	46
日本	77	32
韩国	67	11

二、消费者无国界品牌认知特征

1. 各国的产品特色认知更为清晰

中国年轻人对于世界各国不同优势产品的认知已经日益清晰，各个国家的优势产品、知名产业已经在他们的头脑中形成一张清晰的版图。

表2-4　各国提及率最高产品统计

国家	提及率最高的产品	提及率（%）
德国	汽车	81.40
荷兰	奶制品	28.60
英国	服装	8.80
西班牙	服装	17.80
法国	香水	52.00
瑞士	手表	74.50
意大利	高级服装	25.90
瑞典	家居产品	15.20
俄罗斯	军工	18.10
美国	苹果手机	28.40
日本	汽车	42.00
韩国	手机	28.90

如表2-4所示，大学生对美国的手机、荷兰的奶制品、日本的汽车等产品提及率都非常高。而在这些国家中，德国汽车、瑞士制表和法国香水的提及率都达到50%以上，且集中度非常高，排名第一的产品提及率远高于排名第二的产品，如表2-5所示，说明消费者对于各国的优势产业有较为清晰的认知。消费者选择相关产品时，会将产品的来源国信息作为一种辅助判断的因素，从而帮助他们制定消费决策。

表2-5　德国、法国、瑞士的产品联想（%）

	产品	提及率		产品	提及率		产品	提及率
德国的产品联想	汽车	81.40	法国的产品联想	香水	52.00	瑞士的产品联想	手表	74.50
	啤酒	26.20		服装	24.70		军刀	31.80
	电器	7.80		化妆、护肤品	17.00		银行业	18.00
	机械类产品	7.20		旅游业	15.10		巧克力	9.80
	电子产品	4.10		葡萄酒	13.30		滑雪	4.70
	足球	3.10		奢侈品	12.50		度假	4.70
	香肠	3.10		餐饮	6.60		金融业	3.90
	刀具	2.80		名牌包	6.30		瑞士糖	3.10
	工业	2.80		电影	3.00		食品	1.60
	精密仪器	2.40		汽车	2.20		电子产品	1.60

2. 差异化的产品评价

（1）德国、瑞士：高质量、高技术带来的好品质

在调查中，中国大学生对于德国和瑞士的产品在工艺、技术和质量方面的评价明显高于其他国家（如图2-3）。无论是家电、厨具还是器械、汽车，"德国制造"代表着耐用、务实、可靠、安全、精密。德国人的"严谨"和"做工细致"早已让他们的产品在中国消费者心中形成了结实耐用的形象，扎实的技术基础和精细的工艺让德国制造业成为世界制造业的典范。"瑞士制造"在世界腕表行业中象征着品质和标准，代表着工艺精湛、走时精准，更代表着可信的技术质量。

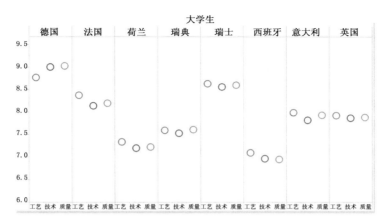

图2-3 大学生对各国产品工艺、技术和质量评分

（2）法国、意大利：时尚、浪漫带来的好设计

法国和意大利有很高的相似度，两国在产品联想上都以旅游观光景点和奢侈品为主；两国品牌提及率前十名中，奢侈品品牌占据半数以上。同时，在大学生对法国和意大利的产品各项指标评分中，"设计"、"工艺"和"价格"得分较为显著（见图2-4）。有被访者认为："法国和意大利等一些欧洲国家的品牌，有更深厚的文化积淀和历史底蕴，与美国的'快品牌'有很大不同。"中法之间频繁的文化交流让大学生明显对法国品牌更加了解，他们对法国产品和品牌的填答率比意大利更高（见表2-1、表2-2），对法国产品的各项评价也高于意大利。

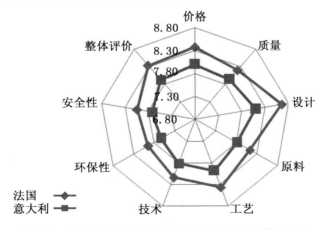

图2-4 大学生对法国和意大利产品/服务各项指标评分

（3）荷兰、瑞典：优美自然环境赋予的高安全与环保性

荷兰和瑞典的产品和品牌认知度与其他国家相比较低，一方面由于这两国距离中国较远，且不属于欧洲的核心国家如英、法、德国一般被中国消费者了解，消费者对荷兰和瑞典的了解仅停留在奶粉、宜家家居等几个产品或品牌；另一方面这几个小国不如德国、美国、日本和韩国等国的品牌进入中国时间早，出口产品多。然而，消费者仍然通过对这些国家地理环境、自然物产等方面的了解，做出了这些国家产品的安全与环保性较高的评价。如图2-5所示，瑞典和荷兰的产品在环保性和安全性的评分高于其他项目得分。

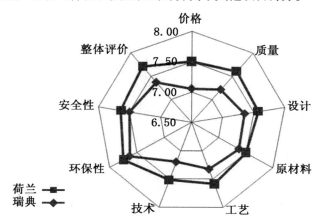

图2-5 大学生对荷兰和瑞典的产品/服务各项指标评分

3. 强大品牌的单品牌优势

大学生对荷兰、瑞典和西班牙的产品和品牌了解有限，品牌和产品填答率不高（见表2-1、表2-2），所了解的品牌数量较少（见表2-3）。但是大学生对飞利浦（53.5%）、宜家（53.8%）和 ZARA（58.8%）的品牌提及率却非常高。对于中国大学生来说，这三国不是旅游和留学大国，他们与中国之间的文化交流也较少，大学生对这三国的国家形象认知基本来源于书本、媒体等二手资料。但是，这些品牌能够被半数以上被访者提及，足见其品牌影响力。对于不少中国年轻消费者来说，正是由于 ZARA 这个品牌的出现，让西班牙在他们心中的形象不仅限于斗牛，还会有与设计相关的快时尚。而在中国发展18年的宜家家居，则把北欧的设计风格和

装修理念带给了中国消费者，影响了一整代中国年轻人的家居风格。

另外，美国的苹果、法国的香奈儿、英国的 Burberry 等品牌的单个品牌提及率都远高于其所在的行业提及率。这些品牌的高知名度，不仅能够带动国家相关行业被消费者熟知，更逐渐成为这个国家新的消费文化符号。

表 2-6　各国提及率最高的品牌及其所对应的产品（％）

国家	提及率最高的品牌	提及率	品牌所在的产品类别	提及率
德国	奔驰	60.30	汽车	81.40
荷兰	飞利浦	53.5	电器	1.60
英国	Burberry	23.50	服装	8.80
西班牙	ZARA	58.80	服装	17.80
法国	香奈儿	63.70	香水	52.00
瑞士	劳力士	47.80	手表	74.50
意大利	古驰	22.00	高级服装	25.90
瑞典	宜家	53.80	家居产品	15.20
俄罗斯	米格	10.30	军工	18.10
美国	苹果 \ iphone	59.20	苹果手机	28.40
日本	丰田	30.60	汽车	42.00
韩国	三星	74.20	手机	28.90

4. 产业与品牌认知分化

德、英、法、意、瑞士的品牌与产品联想关联程度强。如在大学生对德国产品的联想中，被访者提到汽车（81.4%）的比率很高；对德国的品牌联想中，提到奔驰（60.3%）、大众（33.2%）等汽车品牌的比例同样很高。同样，大学生对瑞士手表（74.5%）这一产品的提及率极高，而品牌提及率前十名中80%的品牌为钟表品牌，可以看出瑞士"钟表之国"的称号名副其实。

相比之下，荷兰、西班牙、瑞典的产品联想与品牌联想之间对应性较弱。如荷兰的产品联想提及率最高的是花卉、郁金香（28.6%），但在品牌联想中并未发现花卉品牌；品牌联想度最高的飞利浦属于家电产品，但在产品联想中却几乎没有提到相关品类。西班牙品牌联想度最高的品牌 ZARA（58.8%）对应的服装产品（17.8%）提及率不及单个品牌的1/3。瑞典品牌提及率第一的宜家（53.8%）所对应的家居产品（15.2%）、H&M（43.1%）对应的服装（10.1%）、沃尔沃（35.4%）对应的汽车（15.2%）

产品，其提及率均远不如单个品牌。可见，对于中国年轻消费群而言，这些国家同一品类中只有单个品牌知名度较高，并未形成优势产业。

产品与品牌之间的相关度，使得二者间能够相互促进，会让产业为品牌形成一种背书效应，同时，也可以让强大的品牌作为行业的领头羊带动一批相关品牌的发展。

5. 品牌原产地认知模糊

在本次调查中，一些国外品牌虽然享有较高的知名度，但大学生却经常混淆其原产地。如来自德国的阿迪达斯，与同为年轻人喜爱的运动品牌耐克的相似程度很高，因此经常被误认为是美国品牌（见图2-6）。来自瑞典的轻时尚品牌H&M和荷兰的C&A，设计更新和产品更迭速度快，被误认为是美国品牌（见图2-7、图2-8）。在荷兰的品牌联想中，提及率排前两位的飞利浦和壳牌，也被大量被访者误认为是美国品牌（见图2-9、图2-10）。

图2-6　adidas 的品牌来源国识别

图2-7　H&M 的品牌来源国识别

图2-8　C&A 的品牌来源国识别

图2-9　飞利浦的品牌来源国识别

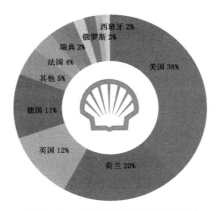

图 2-10　壳牌的品牌来源国识别

很多欧洲品牌如阿迪达斯、壳牌等都被误认为是美国品牌，然而在本调查中，来自于美国的产品在各项消费者评分中得分并不高，因此，美国的来源国形象可能会弱化自身品牌形象。对于一些美国不具优势的产业，如奢侈品、工业制造产品等，加强品牌原产地的传播有一定必要。

二、品牌认知的影响因素

从个体内在因素的角度来看，认知环境、认知途径以及认知结构对于消费者品牌认知的形成至关重要。本次调查发现，国家的文化、国家的优势产业和品牌的关联度、网络的口碑以及来源国形象已成为影响中国年轻消费群对国外品牌认知的重要因素。

1. 潜移默化的文化渗透

调查发现，中国年轻消费群对各国产品的联想中出现了很多文化相关产品，如英国的英剧（10.2%），美国的电影（15.2%），韩国的韩剧、明星（32.5%），日本动漫（30.4%）等，以上这些国家的产品和品牌联想的填答率也都相对较高。可见，各类文化形式的广泛传播能够对所在国的产品和品牌起到一定的宣传作用。

以韩国为例，韩国是 15 年间大学生对其产品及品牌认知改变最大的国家。曾经以家电（8.3%）、汽车（10.3%）和料理（14.3%）为代表产业的韩国，如今的产品联想中被整容（35%）、化妆品（27.8%）、韩剧（22%）、影视娱乐业（32.5%）占据主要位置。在大学生和白领品牌联想提及率前十名中，有半数的化妆品品牌，而这些品牌会经常在韩剧或韩国的各类综艺节目中有所植入，深刻地影响到它们在中国的受众群。因此，近年来韩国对中国韩剧、电视节目、流行天团的文化娱乐业输出带动了一大批相关产业在中国的发展。

另外，英国产品和品牌的认知度获得巨幅提升，在很大程度上得益于英国强大的文化传播。制作精良、题材广泛的 BBC 纪录片是许多中国大学生认识世界的窗口；以《神探夏洛克》为代表的英国电影和电视剧更是受到无数年轻粉丝的追捧。电影《Kingsman：The Secret Service》在中国上映后，电影中的 Mackintosh waxed 夹克、Cuter and Gross 眼镜、Swaine Adeney Brigg 雨伞、George Cleverley 鞋履等品牌迅速被炒热。另外，各类文化交流和展会活动也是欧洲品牌展示的绝佳舞台，如法国在中国举办文化年、法国文化之春等活动，多次将来自法国的艺术品、电影带来中国巡展，香奈儿、迪奥也相继在中国举办过品牌展，成功吸引了中国年轻人的关注。

相比较而言，荷兰、西班牙、瑞典、意大利等国与中国的文化传播交流较少，其电影、电视剧及其他文化活动也显得非常小众，中国的年轻消费者缺乏足够的认知渠道。但值得关注的是，在被调查的 9 个欧洲国家中，有 5 个国家的联想中"足球"这一项都排在前列，分别为德国（29.7%）、英国（13%）、意大利（20.6%）、荷兰（18.7%）、西班牙（33.2%）。世界杯、欧冠、欧洲杯及各大足球赛事在中国的传播范围之广、热度之高，使得和足球相关的事物或许能够成为国外品牌撬开中国市场的支点，借助球赛的赞助、球星的代言可能会对品牌推广具有一定的带动作用。

2. 产业与品牌的关联度

在迈克尔·波特的《国家竞争优势》一书中提到，国家的影响力通常针对特定的产业或产业环节，而不是个别企业。形成产业集群的国家才更具竞争力。产业集群是在某一特定区域下的一个特别领域，存在着一群相互关联的公司、供应商，关联产业和专门化的制度和协会，集群能够降低交易成本，提高效率，创造出信息专业化制度、名声等集体财富[1]。

---

[1] 迈克尔·波特. 国家竞争优势 [M]. 北京：华夏出版社，2002：9.

在国家的产品联想中，德国的汽车、啤酒、电器等产业提及率高，是国家的优势产业。与此相对应的，汽车、电器行业也有多个品牌被提及。荷兰的奶制品、花卉产业提及率高，属于优势产业，与此对应的奶制品行业中也有多个品牌被提及。但是从数据上来看，德国的汽车、家电业的产业提及率远高于荷兰的奶制品和花卉；奶粉品牌的提及率普遍较低，也远低于德国奔驰、大众等品牌（根据产品提及率和品牌提及率，做出图2-11和图2-12）。来自德国的产业更具全球化传播的消费品特质，涉及更广泛的用户群，而荷兰奶制品的消费对象较窄，花卉产业则更难以在中国普通大众的日常生活中形成影响力。

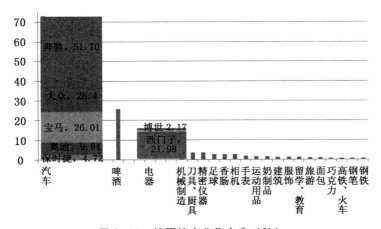

图2-11 德国的产业集中度（%）

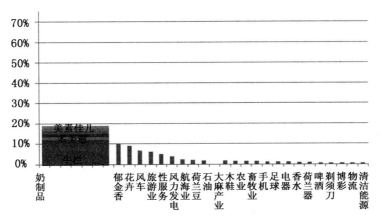

图2-12 荷兰的产业集中度

由此可以看出，德国的强势产业推动了强势品牌的发展，而品牌的传播反过来又能够为产业形象增加好感度。而荷兰的强势产业中，单个品牌的影响力还不够，奶制品行业中的牛栏、子母等品牌提及率都非常低，而品牌提及率最高的飞利浦却属于家电行业，荷兰的家电行业中却没有其他相关品牌与飞利浦共同形成产业集群，因此，飞利浦甚至会被误认为美国或者德国品牌。

可见，一国拥有强势产业后，还需要有与之相关的强势品牌与产业之间相互呼应，才能将这一优势带给同产业的其他品牌，为相关产业的品牌产生背书效应。而如果一国的优势产业与强势品牌之间的相关性不强，则很可能被消费者误认，二者之间则无法相互借力。

3. 来自社交网络的口碑传播

互联网的发展对中国消费群体在信息接触和购物方式上产生巨大的影响。麦肯锡最新发布的《2015年中国数字消费者调查报告》表明，中国成为全球最"热爱社交"的国家之一，中国人每天花在社交媒体的平均时间是78分钟，超过美国人的67分钟。中国消费者50%的人群依赖亲友推荐，而美国仅有40%。中国互联网络信息中心（CNNIC）2015年2月发布的《第35次中国互联网络发展状况统计报告》显示，有60.0%的网民对于在互联网上的分享行为持积极态度。借助网络空间，网民在信息和资源方面互惠分享，不仅降低了交易成本，也创造了新的价值。10～29岁的年轻人相对于其他群体更乐于在互联网上分享，随着未来这个群体逐步成为社会的中坚力量，互联网对互惠、分享、合作和创新的推动作用将表现得更加明显。社会化媒体的发展不仅改变了媒体传播格局，更改变了中国的消费形态。

传统媒体的传播增加了品牌的知名度，而口碑传播则是营造和改变品牌形象最有效的手段。除了亲朋之间的口碑传播，近年来在中国逐渐兴起的各种购物论坛、代购网站、时尚达人的微博、微信公众号也发挥了越来越大的影响力。生活在国外的留学生、出国旅游的年轻人、在某方面有特长的民间"达人"都可以随时通过社交网络分享国内外相关信息和生活、旅行体验，并影响着与他们相关的人群。

自媒体平台的便利性让"购物达人"在网络上聚集大量人气，成为品牌消费的舆论领袖，对中国青年群体的品牌认知和购物决策具备很强的影响力。另外，当下如"什么值得买"等集媒体、导购、社区、工具属性为一体的消费决策网站，能够搜罗来自全世界的品牌，并客观中立地为消费者推荐性价比最优的商品。随着大量用户在社交媒体上分享他们的购物体验，品牌评价等信息被大量聚集，其权威性和影响力不断增大，能进一步影响更多消费者的决策。同时，互联网让信息的发布者和传播者可以根据受众分类提供定制化、个性化信息服务。在互联网信息渠道中，微信、微博和搜索引擎是他们最常用的工具。

企业品牌在社交平台上近距离地与消费者接触，网络平台上已有使用者的使用体验、熟人之间的交流、专业买手以及在特定方面有所擅长的舆论领袖的产品推荐，都会对大学生的品牌认知产生很大的影响。

4. 品牌来源国的形象背书

品牌来源国会长期地给市场灌输某种形象，消费者对该国品牌的认知就会形成固有模式（stereotyping），影响消费者对品牌的评价。如大学生对德国的联想有严谨（20.6%）、产品质量好（6.9%）和工业发达（8.1%），他们对该国产品的评价中，德国的质量和技术都非常突出（见图 2-13）。而在国家形象上对英国女王（18%）、绅士（12%）和王室（10.4%）等象征贵族词汇的提及率较高，因此，被调查者对英国产品的评分难免会认为价格昂贵。被访者提到法国想到的是浪漫（32.7%）、和时尚（10.3%），因此对该国产品的评价在设计和工艺上更为突出。国家形象可以为产品形象背书，同样也可以为品牌背书。例如，荷兰的国家形象联想中对风车（59.5%）和郁金香（31%）有很高的提及率，在很多中国潜力消费者心中是"环境优越的农业国家"，所以大学生对荷兰的评价中，环保性比较突出，消费者也非常认可来自于荷兰的乳制品。但是由于荷兰的国家形象中没有关于"设计"和"技术"的背书，所以飞利浦和壳牌就很容易被误认为是美国或德国的品牌。

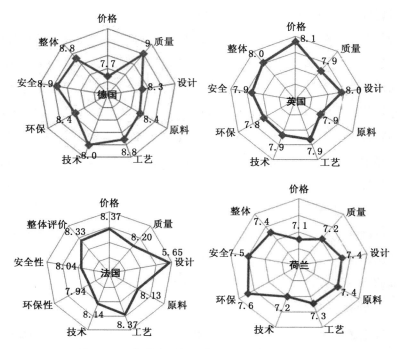

图2-13 大学生对各国产品/服务各项指标评分

德国和美国作为经济实力全球领先的国家，擅长生产高科技产品，并且都是品牌强国。根据 Interbrand 2015 年最佳全球品牌排行榜数据，全球最佳品牌100强中，有52个品牌来自于美国，10个品牌来自于德国。[1] 在汽车、电子产品、工业制造等诸多领域，两国都有竞争品牌，各有优势，这也使得消费者经常会混淆来自于德国和美国的品牌。在中国消费者心目中，来自于这两国的产品意味着设计感强、技术先进。然而，两次调查数据却能反映出消费者对德国和美国的品牌依然存在明显的认知差异。首先，从2000年到2015年，在产品和品牌联想方面两国都所增长。2000年调查中，美国的产品联想填答率高于德国，而到了2015年，德国则大幅超过美国，产品联想填答增长率超过美国50%左右；在2000年和2015年两次调查中，美国的品牌联想填答率均高于德国，但是增长幅度率低于德

————————

　[1] Interbrand. 2015 全球品牌排行榜［OL/R］. http：//interbrand. com/wp-content/uploads/2015/12/BGB2015-report. pdf

国，两国品牌联想填答率呈现差距缩小的趋势（见表2-7）。其次，在消费者对德国和美国产品的评价上，德国不仅在整体产品评分上高于美国，在具体指标中，德国产品的质量、安全性、工艺、环保性、技术和设计上都远高于美国，只有在价格和设计两个指标上两国产品得分较为接近（见图2-14）。

表2-7　2000年和2015年美国、德国的产品和品牌联想填答率（%）

产品联想填答率	2015 年	2000 年	增长率
美国	79.81	40.50	97.07
德国	90.06	36.50	146.75
品牌联想填答率	2015 年	2000 年	增长率
德国	86.96	76.30	13.97
美国	90.68	85.50	6.06

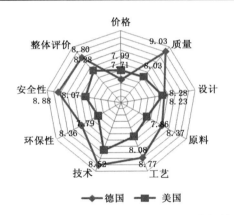

图2-14　消费者对美国和德国产品各项指标的评分

在此次调查的深访过程中，不少消费者提到，只要是来自于德国的产品，大到汽车、家电，小到厨具、洗发水、婴儿用品，"只要是德国产品，都值得信赖"。而对于美国产品，消费者则认为美国品牌在营销方面更胜一筹："产品全球化销售，重视营销和广告，产品质量反而得不到保障"。究其原因，很大程度来源于消费者对于德国和美国的国家形象认知。由于当前消费者对于品牌信息的获取渠道越来越多，品牌的各方面信息和动向都更为透明，消费者可以清晰地了解到不同品牌背后的技术力量、员工素质、社会形象等要素。美国对于大部分中国消费者来说，除了自由开放的环境，还有非常多元化的国家形象构成。而德国的国家形象则比较专一，大部分被访者提到德国，想到的都是"严谨"和"认真"。根据消费者对德国和美国国家形象联想中提到的关键词进行分析，将所有提及一次（提及率大于0.5%）以上的词汇和短语进行编码，再根据词性进行归类，整理如图2-15、2-16所示：

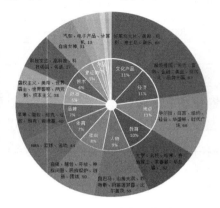

图2-15　美国国家形象联想

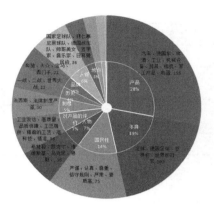

图2-16　德国国家形象联想

　　国家形象的多元化构成，能够让更多人更全面、更完整、更立体地认识到一国的形象。在对外传播中，丰富的国家形象能使传播达到千人千面的效果。然而，当国家形象作为产品来源国时，国家形象中与产品和品牌相关的特质才能更好地为国家品牌和产品背书。美国的国家形象涉及文化、经济、地理、教育、社会制度、体育等17个类目，每个类目的提及频次非常平均，涉及文化产品、经济、地点、教育、人物、社会、体育、品牌、政治、技术等，项目间提及率相差较小，并且彼此间关联性不强，可以说美国的国家形象在中国消费者心中的了解程度很高，但是构成十分分散和多元化。然而对于品牌来说，如产品来源国形象过于丰富，某些方面的国家形象甚至会减弱国家为产品或品牌背书的效果。如美国的经济强大、发达、高科技会为美国的产品贴上创新、科技含量高等正向标签，但是自由、随性、霸权等联想则可能会让消费者对美国产品产生品质不高的认知。

　　与美国相比，德国的国家形象描述主要集中在产品、体育、国民性等三大方面。德国的汽车、工业制造等产品，结合严谨、认真的国民性，都能够反映出这个国家在良好产品质量上做出的努力。因此，德国的国家形象构成相对更为集中，并且国家形象的构成中有大量关于国民性以及对产品的评价，都与产品和品牌直接相关。如此集中、统一的国家形象，能够为德国产品产生正面的背书效果。

基于这一原因，不少国家在对外形象传播过程中，会重点加强一个着力点进行宣传，让国家的形象更加集中和特色鲜明。如，韩国为改变其产品"折价"的形象，2009 年推出 "Advanced Technology & Design Korea（韩国技术和制造）"标语，结合动感韩国的国家形象进行推广，帮助汽车、电子等品牌进行国家层面的宣传，从而改变韩国国家及产品形象；新西兰提出"纯净新西兰"的国家形象口号，在打造其廉洁政府形象的同时，能够让"纯净"的感觉为其生鲜农产品产生背书。可见，来源国的形象不在于其丰富性，而在于其独特的个性和较为专一的形象，这样才能更容易地为品牌进行背书。

第二节　国家形象与品牌形象认知关系

在"2015 国家与品牌形象"调查中，消费者对于不同国家的产品与品牌形成了差异化的认知：来自德国的品牌做工精致，质量有保障；来自意大利的品牌设计好，处于潮流前端；美国的品牌给人以高科技之感；英国品牌总是会有一种皇家和贵族的气质；日本品牌的工匠精神让人叹服；法国的品牌自带浪漫气息；荷兰品牌给人以环保、安全性好的感觉……

全球化的今天，消费者能够接触和使用来自于全世界的产品和品牌。一个品牌从设计、生产到营销，最终送到消费者手中，会在各个国家经历不同的设计、生产和销售环节。最初以"Made in…"来确认的产品来源国信息[1]，到今天被品牌注册地、品牌总部所在地、产品生产地、产品组装地等

本节执笔：董妍、孔清溪。

[1] Dichter E. The World Consumer. Harvard Business Review [J]. 1962: 51-60.

诸多因素所影响。品牌不仅限于生产与制造，其来源国的经济实力和历史、文化等因素一同影响着消费者对于品牌的认知，不同国家的国民素质、经济发展、宗教信仰、教育水平等因素，都会为这些品牌烙上深深的国家印记。

一、消费者如何认识品牌——来源国效应

对于国家形象对品牌的影响，在学术界已有大量学者进行研究，并将其归纳为产品的来源国效应。[1] 来源国效应是消费者对来源国形象认知在品牌消费认知上的综合反应，涉及消费者如何看待来自某个特定国家的产品的问题，是指产品的生产国对产品购买者的产品评价、态度以及购买意图等方面的影响。[2] 学者研究发现，来自经济发达国家的产品比来自经济较不发达国家的产品更受欢迎。[3] 当前，不断有中外学者对品牌来源国的形成、效用机制、构成要素、国家形象与品牌形象之间的关系进行研究，并在此基础上形成了来源国效应对消费者认知影响的信号假说、独立性假说、概构模型和弹性模型等多种机制，来解释消费者如何通过对国家形象的认知来形成对产品的认知。

表2-8　来源国效应作用机制的研究总结

作用机制	代表人物	主要内容
信号假说	Han，1989	来源国可以成为消费者决策时的一种信号[4]。在产品相关信息不充分，或消费者对产品了解不够时，可以将产品来源国作为信号（具体作用为刻板印象[5]或光环效应[6]）而推断产品的质量，进而影响消费者对产品的评价，以来源国为依据推断产品的属性信息

　　[1]　Bilkey W J, Nes E. Country‐of‐origin Effects on Product Evaluations [J]. Journal of International Business Studies, 1982 (13)：89-99.
　　[2]　Roth M, Romeo J B. Matching Product Category and Country Image Perceptions：A Framework for Managing Country-of-origin Effects [J]. Journal of International Business Studies, 1992, 23(3)477-497.
　　[3]　Schooler R D. Product Bias in the Central American Common Market [J]. Journal of Marketing Research, 1965 (2)：394 -297.
　　[4]　Han C M. Country Images：Halo or Summary Construct? [J]. Journal of Marketing Research, 1989, 26 (2)：235-256.
　　[5]　Meyers-Levy J, Tybout A M. Schema Congruity as a Basis for Product Evaluation [J]. Journal of Consumer Research, 1989, 16：39-54.
　　[6]　Janda S, Rao C P. The Effect of Country-of-origin Related Stereotypes and Personal Beliefs on Product Valuation [J]. Psychology& Marketing, 1997, 14 (7)：689-702.

续　表

作用机制	代表人物	主要内容
独立性假说	Meyers Levy & Tybout, 1989	在消费者进行决策时，将来源国当作一个产品属性，使之与其他属性一起影响产品评价[1]，为消费者提供决策依据，在某些特定时期，来源国能够成为产品的属性起到关键作用[2]
概构模型	Agrawal & Kamakura, 1999	当消费者熟悉产品相关信息，可以通过对来自于同一国家的不同产品或品牌经验形成对产品或品牌的属性信念，消费者从这些信念中抽象出来源国的形象，从而影响消费者对产品或品牌的态度[3]
弹性模型	Knight & Cal-antone, 2000	不管消费者对产品的了解程度如何，来源国形象和产品信念都在不同程度上直接影响着品牌态度，并影响消费者产品信念的形成，但来源国和产品信念如何影响消费者购买决策以及影响大小，还需要结合文化因素来考虑[4]

以上几种模型是不同学者对特定国家和特定产品类别进行定量分析和验证之后得出，其作用机理根据研究的与时俱进正在逐步完善中。由于当时的研究背景，产品的来源国效应更多地解答国家形象对于产品使用价值的背书，体现在产品的质量、设计、技术性等元素，而对于品牌中包含的企业组织、文化、创始人、精神、文化和历史等软性价值并没有涉及。如果说产品来自于企业的制造，那么品牌的建构则来自于消费者的认知。消费者是如何通过对不同国家形象各个侧面的认知，来影响对于品牌不同方面的认知？国家形象的构成包含各种元素，通过这些元素可以分析其中哪些因素会影响消费者对品牌的认知形成。

[1]　Hong S T, Toner J F. Are There Gender Differences in the Use of Country-of-origin Information in the Evaluation of Products? [J]. Advances in Consumer Research, 1989, 16: 468-476.

[2]　LI WK, WYER R S. The Role of Country of Origin Effects in Product Evaluations: Informational and Standard-of-Comparison [J]. Journal of Consumer Psychology, 1994, 3 (2): 187-212

[3]　Han C M. Country images: Halo or Summary Construct? [J]. Journal of Marketing Research, 1989, 26(2):235-256.

[4]　Knight G A, Calantone R J. A flexible Model of Consumer Country-of-origin Perceptions [J]. International Marketing Review, 2000, 17 (2): 127-145.

二、消费者眼中的国家形象构成

表2-9通过消费者对国家形象的认知，将德国、荷兰、法国、英国、意大利、瑞士、瑞典、西班牙、俄罗斯、美国、日本和韩国等12个国家的形象认知描述进行分析，把消费者对所有国家的联想的关键词进行属性分类，归纳成表2-9中的国民性、地理位置、国家相关人物等18个种类。

表2-9　消费者对于国家形象的描述词汇归类

国民性	严谨、古板、热情、奔放、时尚、浪漫、绅士、好斗、变态、执着、惬意
地点	巴黎、马德里、巴塞罗那、伦敦、斯德哥尔摩、米兰、威尼斯、华尔街、纽约
体育运动	足球、西甲、英超、滑雪、NBA、法网、棒球、乒乓球、体操
产业	汽车、工业、啤酒、产品质量、香水、时装、奢侈品、葡萄酒、手表、军刀、巧克力、瑞士糖、皮鞋、家居用品、化妆品、电子产品、互联网
人物	希特勒、默克尔、拿破仑、女王、贝克汉姆、王室、费德勒、伊布拉希莫维奇、海盗、普京、美女、帅哥
景点	香榭丽舍大街、大本钟、阿尔卑斯山、红场、富士山
建筑	埃菲尔铁塔、罗浮宫、凯旋门、巴黎圣母院、比萨斜塔、白宫
气候	阴冷、寒冷、雾、阳光、极光、冰天雪地、温暖
饮食	海鲜饭、香肠、法国大餐、意大利面、寿司、汉堡、泡菜
节日活动	巴黎时装周、斗牛节、啤酒节、
文学艺术	堂吉诃德、拉丁舞、弗拉明戈、福尔摩斯、英剧、好莱坞大片、动漫
社会体制	法西斯、殖民国、高福利、落后、民主、霸权主义、大麻合法、移民国
历史	世界大战、二战、工业革命、文艺复兴、十月革命、南北战争、侵华战争
教育	大学、剑桥大学、牛津大学、留学、诺贝尔奖
语言	法语、英语、西班牙语、德语、日语、多语言
标识	国旗、红色、橙色、郁金香、大风车、自由女神、樱花、靴子
自然资源	地大物博、矿产丰富、面积大、森林、牧场、田园、页岩气、石油大国
地理位置	北欧、北美、岛国、英伦三岛、世界中心

已有的研究将国家形象的构成要素划分为国家的社会制度、民族文化、经济、政治局势、国际关系、领袖风范、公民素质、文化、技术发展等。而在与产品和产品相关的来源国形象维度上，有学者认为，可以根据国家的政治、经济、文化和科技四个要素来对产品来源国形象进行测量[1]，而这四个要素也是构成刺激消费者购物决策的外在环境因素[2]。有学者认为，一个产业的发展甚至一个品牌的发展，同样能够构成来源国形象。[3] Parameswaran 和 Pisharodi（1994）认为，除了整体国家形象和整体产品形象，某一企业的广告手段、促销措施同样也会改变消费者对整个国家形象的认识，因此，来源国形象包括整体国家形象、整体产品形象和具体产品形象。刻板印象内容模型（stereotype content model，SCM）认为，人们对社会群体的评价普遍会在感知能力（competence）和感知温情（warmth）两个维度上存在固定的偏向。[4] Kramer（2008）将刻板印象内容模型理论用于来源国研究，把原产国刻板印象内容分解成能力印象和温情印象，并且得出，感知能力水平较高的原产国刻板印象对于实用性产品评价更有利，感知温情水平较高的原产国刻板印象对于享乐产品的评价更有利。[5]

根据学者之前的研究，可以把调查中消费者对于国家形象的认知如国民性格、体育运动、人物、景点、饮食、节日、历史、文化、语言等归纳为国家的文化方面；把包括产业发展、自然条件、地理位置、教育水平、社会体制等可以被衡量的归纳为国家的实力方面；把颜色、形状、代表性

[1] Nagashima A. A Comparison of Japanese and U. S. Attitudes toward Foreign Products [J]. Journal of Marketing Research, 1970, Vol. 34: 68–74.

[2] Nagashima A. A Comparative "made in" Product Image Survey Among Japanese Business Men [J]. Journal of Marketing [J]. Vol. 41 (3): 95–100.

[3] Allred A., Chakraborty G, Miller S. J.. Measuring Images of Developing Countries: A Scale Development Study [J]. European Journal of Marketing, 1999, Vol. 8 (3): 29–49.

[4] Fiske S T, Cuddy A J C, Glick P, et al. A Model of (Often Mixed) Stereotype Content: Competence and Warmth Respectively Follow From Perceived Status and Competition [J]. Journal of Personality and Social Psychology, 2000, 82 (6): 878–902.

[5] Kramer T. Chattalas M, Takada H. et al. Competent versus Warm Countries of Origin: The Influence of National Stereotypes on Product Perceptions [C] Acevedo C R. Hernandez J M C. Lowrey T M. Proceedings of ACR Latin American Conference. Duluth: Aeenciatinn fnr Cnneumer Research. 2008: 170–172.

标识等概括为国家的整体性、概括性特色方面。结合调查及学者的研究，将国家形象划分为以下几个层面：

1. 国家的整体形象

包括国家的政治、经济、文化和技术层面的客观实力在消费者认知过程中形成的总体的、系统的、概括性的印象，包括消费者对于一国的标识、特产、国民性等总体的印象。

2. 国家的实力形象

包括一国自然资源、教育、体制、优势产业等方面的构成，消费者可以通过一国的经济实力、军事实力、科技实力、文化教育实力、进出口额、国民生产总值、科技创新数量、地理自然资源、人口资源等进行量化的判断，有固化型特征，相对比较明确，也易于鉴别，具有外在表现性[1]。这种形象是消费者对于国家是否具有生产某种高质量产品能力的认知，这种认知主要体现在国家的科技、制造等国家竞争力层面，表现为国家的实力。

3. 国家的文化形象

即消费者对于国家的国民素质、价值观念、意识形态、文学艺术、文化礼仪等软性层面的感知，指不能量化和难以明确固化的形象因素构成的国家形象体系。消费者对于国家文化形象的判断主要体现在对于国家的情感和态度上。

三、国家形象的构成影响消费者品牌认知

在本次调查中，将消费者提到的对被调查的 12 个国家的国家形象联想的词汇进行梳理，并将与产品和品牌相关的词汇全部提取后进行归类。对一国的联想中，与品牌和产品相关的词汇几乎包括产品类型、品牌名称以及与产品和品牌相关的评价三个方面。

----

[1] 李晓灵. 国家形象构成体系及其建模之研究 [J]. 北京理工大学学报：社会科学版，2015, 17 (2)：136-141.

表2-10 与品牌相关的国家形象联想

国家	产品方面	品牌方面	与品牌相关的评价	
德国	汽车、啤酒、工业制造、机械设备、电器、厨具、钢铁、相机、军工业、手表、土豆酒、刀、机床	奔驰、西门子、施德楼、舒雅	质量好、工艺精良、有规矩、高科技、精细、精密、安全、专注、严谨	理性的、关于产品性能方面的评价
美国	汽车、汉堡、金融、快餐、电子产品、计算机、IT、油炸食品、农业、手机	苹果、迪士尼、微软、耐克、谷歌、别克、肯德基、通用、可口可乐、麦当劳、蒂芙尼、花旗、锐步、NB、通用电气、Facebook、UPS、Twitter、联邦快递	高科技、设计好、转基因	
日本	汽车、电子产品、化妆品、食品、电器、相机、清酒、制造业茶、马桶、单反、芥末、精密器械、服饰、小点心、木偶、冰箱、小家电	索尼、丰田、三菱、优衣库、佳能	科技发达、精致、精细、品质、传统	
瑞士	手表、军刀、银行、巧克力、糖、食品、电子产品、精密仪器、服装、包、咖啡、曲奇、汽车	无	严谨、精细	

续　表

国家	产品方面	品牌方面	与品牌相关的评价	
英国	汽车、衣服、飞机、雨伞、化妆品、手表、游艇	劳斯莱斯、Hollister、保时捷、路虎	皇室范儿、英伦风、贵族范儿、古韵、学院风	感性的，关于产品风格、特性方面的评价
法国	香水、红酒、奢侈品、时装、化妆品、薰衣草、飞机、箱包、火箭、火车、高跟鞋	香奈儿、老佛爷、碧欧泉、米其林、兰蔻	浪漫、时尚、艺术气息、各种高大上、风情、散漫、优雅、奢侈、潮流	
意大利	皮革、奢侈品、手工皮鞋、服装、冰激凌、跑车、皮具、巧克力、香水、手工制品、红酒、奶酪、番茄酱	法拉利、GUCCI	高品质、潮流、时尚、悠闲、古典、浪漫、轻奢、设计感、优雅	
西班牙	红酒、时装、香水	ZARA	热带风情	概括性的评价
韩国	整容、泡菜、化妆品、电子产品、手机、服饰、化妆品、汽车、面膜	三星、LG、起亚、现代	时尚、新兴、精致、潮流	
瑞典	手表、车、肉丸、家居用品、军工、服装、游艇、牛奶	宜家、H&M、诺基亚、沃尔沃	贵、高科技、北欧风情、休闲	
荷兰	鲜花、牛奶、奶酪、自行车、船、玻璃、木屐、石油、刮胡刀、衣服、糖果、风力发电	Python、诺基亚、飞利浦、荷兰皇家银行、东印度公司	环保、新鲜	
俄罗斯	俄罗斯套娃、伏特加、酒、重工业、墨水屏手机、烈酒、火车、格瓦斯	YotaPhone	粗糙	

　　我们发现，来自于德国、美国、日本和瑞士的国家联想中，提到的大部分产品为汽车、电器以及与工业制造相关的产品，提到的品牌也与之相关，而对应的评价，也以"质量好""高科技""工艺精良""设计好"等注重产品自身性能相关，评价比较理性。而消费者提到的关于英国、法国、意大利的形象，提到的大部分产品为香水、奢侈品、时装、豪车、红

酒、巧克力等与生活和享受相关的产品，对应的评价则以"浪漫""时尚""艺术气息""优雅"等形容产品风格和特性的词汇为主，评价比较感性。还有一些国家如瑞典、西班牙、俄罗斯等，消费者对于国家相关的具体品牌联想较少，对于其品牌方面的联想大多来自于消费者对这个国家概括性的整体感知。

1. 国家整体形象：作为信号推及不熟悉的品牌

国家形象与品牌形象具有极强的相关性，消费者眼中的国家形象会影响来自于这个国家的品牌形象。尤其是当消费者对于一国的品牌还比较陌生时，会更加依赖其来源国信息。

来源国国家形象虽然是一个复合型因素，但是对于大多数消费者来说，对于他们不够了解的国家，基于媒介传播和他人的口碑影响，国家形象会在他们脑海中形成一个模糊的印象和概括性的认知，可以帮助他们对国家形象做出整体性和系统性的判断（如消费者对于北欧等国家了解程度低，则更容易做出"荷兰农业发达"、"瑞典干净舒适"等简单的概括性判断）。来源国形象对于消费者是一种已经形成的关于国家认识的刻板印象，消费者会利用这种刻板印象来评价他们不熟悉的新产品。有研究证明，当消费者知道了某产品来自一个以生产高质量产品著称的国家，那么他就会基于这一认识对该产品进行评价，而不会考虑其他产品信息。[1]

而对于一些消费者比较了解的国家来说，消费者会将对来源国的印象总结归纳，并自动将与品牌相关的特质相关联，国家形象中与品牌相关的特质会被当作一种"光环"来推断一个陌生外国品牌的产品质量（如消费者认为美国科技发达，那么他在推断一个科技型新品牌时则会利用其科技发达的"光环"来推及这个品牌的技术性能）。

因此，无论消费者对于来源国的国家整体形象是否熟悉，在面临不熟悉或者信息不足的产品或品牌时，都会将其作为启发性线索对产品和品牌

---

[1] Meyers-Levy J, Tybout A M. Schema Congruity as a Basis for Product Evaluation [J]. Journal of Consumer Research，1989，16：39-54

评价产生影响。国家整体形象对于品牌认知的影响过程，符合信号假说，即来源国可以成为消费者决策时的一种信号，在产品相关信息不充分，或消费者对产品了解不够时，可以将产品来源国作为信号而推断产品的质量，进而影响消费者对产品的评价，以来源国为依据推断产品的属性信息。

2. 国家实力形象：产业对于品牌的溢出效应

有学者在研究原产国效应时把原产国刻板印象内容分解成感知能力和感知温情两个维度，探讨原产国刻板印象内容与产品类型（实用品与享乐品）二者之间的交互作用。结果发现，感知能力水平较高的原产国刻板印象对于实用性产品评价更有利，感知温情水平较高的原产国刻板印象对于享乐产品的评价更有利。[1] 国内也有学者将产品类型细化为技术类产品和非技术类产品，发现原产国感知能力内容特征与消费者对技术类产品的态度呈正相关，而原产国感知温情内容特征与消费者对非技术类产品的态度呈正相关。[2] 如果说擅长技术制造的德国、美国和日本属于能力型国家，消费者对这几国的国家联想中提到的产品也几乎为汽车、家电、IT 等技术和实用型产品，因此，国家的实力形象能够更好地为技术制造类产品背书。

国家的实力形象与产业竞争力密切相关。一国在某一产业具有竞争优势，则容易形成产业集群。集群企业间既竞争又合作的关系，有助于企业发挥自身的比较优势，建立起优势互补的协作关系，同时也有助于企业专精于技术创新或工艺改造，营造出学习和创新的机制氛围，共同推动集群的可持续发展。德国的汽车业、家电业，美国的 IT 业、互联网产业以及日本的家电、制造业，源于技术和制造业均已形成产业集群和产业优势，而来自于这些国家的相关类型品牌能够借力国家的产业形象进行技术和产品

---

[1] Kramer T. Chattalas M，Takada H. et al. Competent versus Warm Countries of Origin：The Influence of National Stereotypes on Product Perceptions［C］. Advances in Cousumer Researeh. Volume：Latin American Vol2，170–172.

[2] 龚艳萍，吕慧. 国家固有印象对消费者态度的影响——基于原产国效应的研究［J］. 当代经济与管理，2008，30（2）：30–33.

质量上的背书。同时，这些品牌在对外传播时，会刻意强调来源国信息，以形成更形象、更直接、更广泛和更持续的国家品牌背书效应。[1]

消费者会将国家实力形象作为一种要素信息来判断品牌的产品实力。产业优势这一要素通常会与价格、渠道、促销等其他要素并列，共同影响消费者的判断。消费者会将国家形象当作品牌的一个属性，使之与其他属性一起影响品牌认知，为消费者提供决策依据，在某些特定时期，来源国能够成为品牌的属性起到关键的作用。

3. 国家文化形象：文化对于品牌的情感迁移

自约瑟夫·奈提出软实力概念之后，近年来国家的文化实力成为国家形象构成中越来越重要的部分，因为它既是文化传统的保护和传承、文化创新力、文化生活质量、文化内容和文化结构、文化制度和文化观念的集中体现，也表征着国民素质、民族性格和精神风貌，是判断国家的国际影响力和美誉度的重要标尺。一国的文化与他国的文化在价值、情感、审美和伦理层实现共振，才能带来文化理念和价值观的同步，从而让一国的国家形象容易被理解而不是被误解。

国家文化传播所带来的理解和认同，能够进一步被印证在品牌认知上。品牌之所以不同于产品，就在于品牌能够提供给消费者除了使用价值以外的精神文化价值。英国学者迈克·费瑟斯通认为，品牌文化作为一种典型的消费文化，能以其独特的方式为消费者制造更高层次的精神享受。另外，品牌所凝练的价值观念、生活态度、审美情趣、个性修养、时尚品位、情感诉求等精神价值，是其与竞争品牌形成差异化的重要原因。尤其对于一些享乐型产品（如奢侈品、香水、服装、箱包等），在生产能力旺盛、产品同质化极高的经济环境中，产品的使用价值和功能不分上下，消费者的最终决策更多来自于对品牌的偏爱与信任。而品牌文化内涵形成的差异化的品牌个性，是能够让消费者产生信任和喜爱的重要条件，借此可以将其对于国家的情感迁移至与国家相关的品牌。

---

[1] 梁文玲. 基于产业集群可持续发展的区域品牌效应探究 [J]. 经济经纬，2007 (3)：114–117.

在温情评价上较高而在能力评价上较低的国家，在享乐品和高接触性服务产业中具有来源国的优势效应。本调查中也发现，消费者对英国、法国、意大利和韩国产品及品牌的评价，多以感情层面的风格化词语评价为主。"女王""绅士"和"王室"成为英国国家形象的关键词，其文化背书让消费者在考虑其他客观理性因素之外，还因为文化方面的相关联想而产生一种感性认识。英国与王室的关联、法国与浪漫的联系，让"王室御用"、"法式浪漫"这些产品本身以外的光环成为产品的附加价值，让消费者在品牌认知时会启用对享乐型产品的感性判断机制。

国家文化形象之所以能够为品牌背书，也得益于英国、法国等各类文化形式多年来在中国的传播，如英剧、BBC 制作的纪录片、法国的各种艺术展、韩国明星和韩剧等在中国的长时期传播所承担的国家文化展示，为这些品牌增加了文化光环。鲜明的国家形象和特色，对于相关产业的品牌能够进行正面背书，但是对于其他产业的品牌态度背书效应则不强。如来自法国的奢侈品属于享乐型产品，可借助来源国文化形象关联性进行背书；而来自法国的汽车、电器品牌，则难以借助国家文化形象。

综上所述，一国的国家形象如果特征鲜明，能够在一定程度上为该国的相关品牌形象进行背书：表现在产业实力方面的国家实力形象，能够更好地为品牌在产品自身质量、技术等性能方面进行背书；而一国的文化形象，则通过其文化形象对于品牌的附加价值，包括精神文化方面进行情感的迁移。

第三节　中国消费者对国家形象的个性化认知

来源国形象是消费者对于各国品牌认知的重要影响因素之一。互联网时代中，基于各种媒体、文化形式的传播，中国消费者对世界各国的了解日益丰富并越来越深入。通过对各国产品、品牌的了解，以及对于不同国家在经济、体制、国民性、自然资源、地理环境等方面的认知，中国的消费者对于各国的认知形成了各具差异的国家形象。在"2015 国家与品牌形象"调查中，以开放式提问让被访者描述德国、荷兰等 12 个国家分别在他们心中的国家形象。通过对消费者针对每一个国家提到的不同词组进行编码，统计频数后进行总结归纳，描绘出当下中国年轻消费者心中不同国家的画像。从消费者回答的短语和词汇中能够看到，消费者眼里 12 个国家形象各异，如同一个个性格鲜活的人，有着不同的外貌与气质、不同的爱好与特长，以及不同的过去与现在。而对于国家形象的认知，则在一定程度上影响着消费者对于该国产品和品牌的认知状况。

一、中国年轻消费者对不同国家的消费意愿

在"2000 年国家与品牌形象"调查中，大学生最希望去留学的国家是美国，并且达到了 63% 的超高比例。2015 年，美国虽然仍然排名第一，然而其集中度却被英国、德国等其他国家瓜分；荷兰、意大利、韩国等国家在 2000 年调查时被选择比例极低，现在其提及率也有一定的增长。对其他国家的了解与向往，说明了今天年轻人眼中的世界更为多元，他们认可美国的教育水平，同时也对其他小众国家的文化、专业领域的特长等有了更多的了解，因此才有了去学习的意愿。如图 2-17 所示。

本节执笔：马红娟、董妍。

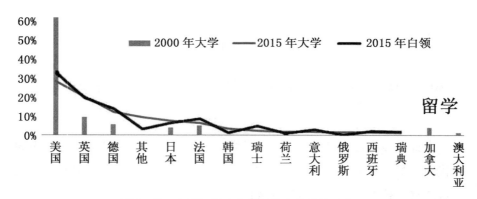

图2-17　中国年轻消费群最想去留学的国家

在中国年轻消费者最希望去旅游的国家中，也呈现出同样的特征：2000年调查时，法国是被选择最多的国家，而当下其选择已经被英国、美国、德国等分割。出国旅游在16年前对于大多数大学生来说可能仅仅是一个美好的愿望，他们对于法国、意大利等国家的认知更多来源于书本和媒体，纸面上的客观描述让他们对那些遥远的国度充满向往。而现在，出国旅游甚至成为大学生每年的规划，旅游目的地也根据消费者的个人兴趣、爱好而变得千差万别，因此在这一项中，各个国家频率比较分散，如图2-18所示。

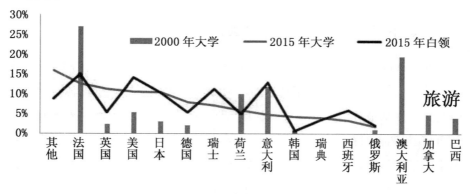

图2-18　中国年轻消费群最想去旅游的国家

在年轻人愿意去居住的国家中，美国、瑞士成为新的热点国家。优越的经济环境和良好的社会福利，让更多中国年轻人对那里心向往之。而日本、英国、德国等曾经的"冷门"国家，现在也得到了年轻人的垂青，可见当今中国年轻消费者爱好的多元性。如图 2-19 所示。

图 2-19　中国年轻消费群最想去居住的国家

　　美国、法国、韩国和日本是中国年轻消费者最愿意去购物的国家。日本和韩国是中国的邻国，对中国有天然的距离优势，是中国消费者境外游最常去的国家，因此境外购物也会伴随发生；法国作为奢侈品品牌第一大国，加之国外奢侈品与中国市场的巨大差价，因此让法国也成为消费者最愿意去购物的国家；而美国的物价低廉，产品丰富，能够让消费者在那里购买到来自世界各地的便宜商品，因此最受年轻消费者青睐。如图 2-20 所示。

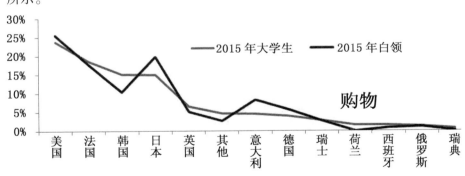

图 2-20　中国年轻消费群最想去购物的国家

二、中国年轻消费者眼中的各国形象

1. 德国——严谨帅气的机械师

表2-11　中国年轻消费群体对德国的国家认知[1]

提到德国，你能想到什么？	2015 年				2000 年
	大学生	提及率（%）	白领	提及率（%）	科学家、艺术家和战争狂人并存的国家
	足球	29.7	严谨	37.9	国民素描：正面——缜密、务实、严格；反面——教条、好斗、野蛮。文化：历史；第二次世界大战噩梦、纳粹、盖世太保和党卫军，对历史反思深刻。饮食：啤酒、香肠、面包、土豆。经济：发达的资本主义、汽车、精密仪器值得信赖。人物：希特勒、爱因斯坦、贝多芬、德彪西、黑格尔、马克思
	汽车	25.6	足球	23.8	
	严谨	20.6	汽车	21.1	
	啤酒	17.2	啤酒	19.5	
	工业	8.1	工业	10.3	
	两次世界大战	6.9	产品质量好	6.9	
	希特勒	6.3	第二次世界大战	6.5	
	纳粹、法西斯	5.6	纳粹、法西斯	5.0	
	香肠	3.8	希特勒	3.4	
	法律制度严谨	3.8	古板、刻板	3.4	

图2-21　中国年轻消费者眼中的德国画像[2]

[1] 因篇幅所限，每个国家的国家联想只选取提及频率排名前十位。

[2] 根据消费者对德国的国家联想关键词绘制。出现的词汇频率越高，则图中展现的字体越大、重复频率越高。下同。

他们严谨自律、准时、守时；做事细致认真，注重细节和品质，专注稳重，整体素质高；守规矩、守秩序，制定并遵守严谨的法律制度。

· 经济实力：经济稳定，科技水平高，工业发达。擅长机械制造、汽车制造、精密仪器等机械工业，以工艺精良、精准、精细著称，高品质产品使人放心、有安全感，其中以奔驰为代表的德国汽车品牌闻名天下。

· 爱好特长：热爱并擅长足球运动，实力强悍，曾4次夺得世界杯冠军，被称为"德国战车"；球队还以高颜值著称，被称为"男模球队"，其中最为球迷喜爱的球星有穆勒、克洛泽、厄齐尔、诺伊尔等；整个国家的足球氛围浓厚，有着包括拜仁慕尼黑在内的众多足球俱乐部。

· 历史事件：历史上，德国以两次世界大战的失败而载入史册，发动第二次世界大战的纳粹党希特勒始终被人熟记；冷战时期，柏林墙依然是大家心目中的标志性建筑；代表人物是现任总理默克尔。

· 文化修养：德意志民族历来被称为"哲学的民族"，德国的哲学为人类文明做出巨大贡献，涌现出许多杰出的哲学家。

· 美食：德国美食以啤酒和香肠最为著名。德国啤酒是纯正啤酒的代名词，有着深入国家文化骨髓的啤酒文化，每年会举办啤酒节，准备自制的鲜酿啤酒，搭配德国独有的各式各样的香肠。

经济能力指数[1]：★★★★★　　外貌指数[2]：★★★

魅力指数[3]：★★★　　美食人气指数[4]：★★

品牌力指数[5]：★★★★　　综合实力指数：★★★★

---

[1] 根据该国的经济、技术能力概括，五颗星说明与其他11国相比该国的经济技术能力最强，一星说明最弱。下同。

[2] 根据该国的自然风光、环境概括，五颗星说明与其他11国相比该国的自然风光和地理环境最好，一星说明最不好。下同。

[3] 根据该国的文化发展、旅游风光概括，五颗星说明与其他11国相比该国的文化发展和旅游风光最好，一星说明最不好。下同。

[4] 根据该国的饮食受中国消费者欢迎的程度概括，五颗星说明与其他11国相比该国饮食受欢迎程度和消费者提及度最高，一星为最低。下同。

[5] 根据该国的品牌发展情况概括，五颗星说明与其他11国相比该国的知名品牌最多，一星说明最少。下同。

2. 荷兰——内心不羁的文艺女青年

表 2-12　中国年轻消费群体对荷兰的国家认知

提到荷兰，你能想到什么？	2015 年				2000 年
	大学生	提及率（%）	白领	提及率（%）	飘着乳香的农业小国
	风车	59.5	风车	52.3	国民素描：快乐天性。 文化：历史上是海上强国、海盗风格。 体育：橙色足球队服、阿贾克斯。 政治：欧洲小国、政治地位不高。 经济：农业繁荣、乳牛很多、奶制品美味可口、造船业极其发达。 地理：围海造田、阿姆斯特丹、空气清新、渔港星罗棋布、田园风光、旅游胜地。 特色事物：风车、木鞋、郁金香、拦海大坝、乡村民俗、美丽的包着头巾的农村姑娘、荷兰特色的民族服饰。 其他：与荷兰无关的联想——荷兰猪、荷兰豆
	郁金香	31.0	郁金香	45.0	
	足球	15.2	足球	17.4	
	同性恋	6.0	阿姆斯特丹	6.6	
	奶制品	2.5	橙色	5.8	
	阿姆斯特丹	3.8	奶牛、牛	5.4	
	鲜花	3.5	牛奶	5.0	
	橙色	2.8	大麻合法	4.7	
	大麻合法化	2.5	鲜花	4.7	
	奶牛、牛	2.5	色情业	4.7	

图 2-22　中国年轻消费者眼中的荷兰画像

他们生长在有风车和郁金香的田园风光中，空气里飘散着清新的味道和淡淡的奶香，绿色的田园风光加之宽容自由的社会风气，让荷兰像一个内心自由外表清新的姑娘。她的家乡就是这片"欧洲花园""鲜花之国"。在天然淳朴背后荷兰又有着自由不羁的另一面：全球第一个同性婚姻与安乐死合法化的国家，在大麻合法化、红灯区色情业等方面也给予国民最大限度的自由。

· 经济能力：畜牧业发达，人均一头牛、一头猪，跻身于世界畜牧业最发达国家的行列，牛奶、奶粉、奶酪等奶制品闻名世界。除此以外，设计师文化浓厚，整个国家非常重视个人设计和当代艺术，荷兰设计周在设计领域很受欢迎。

· 爱好特长：爱好足球，荷兰队的橙色球衣别具一格，被称为"橙衣军团"，历史上曾3次获得世界杯亚军，被誉为"无冕之王"，代表球员有罗本和范佩西。

· 文化修养：综艺娱乐发达，蜚声海外的《荷兰好声音》被中国购买版权；艺术大师凡·高和他的作品《向日葵》闻名世界。

· 地理环境：气候湿润、低海拔，田园风光，花园国家，风景如画；大街小巷随处可见自行车，被称为"自行车之城"；风力发电，环保、干净，休闲舒适，适合人类居住；围海造田工程享誉中国，以阿姆斯特丹、鹿特丹等港口城市闻名。

· 历史事件：作为昔日的"海上马车夫"，航海业发达，称霸海洋从事海外殖民掠夺，控制大批殖民地；一度控制东西方航海贸易，是曾经的海上贸易中心，荷兰商人创造了传之后世的经商法则。

经济能力指数：★★★　　外貌指数：★★★★★

魅力指数：★★★★　　美食人气指数：★★

品牌力指数：★★★　　综合实力指数：★★★

3. 英国——冷幽默文艺的绅士

表2–13　中国年轻消费群体对英国的国家认知

<table>
<tr><th colspan="4">2015 年</th><th>2000 年</th></tr>
<tr><th rowspan="12">提到英国，你能想到什么？</th><th>大学生</th><th>提及率（％）</th><th>白领</th><th>提及率（％）</th><th rowspan="12">阴雨连绵的昔日帝国
国民素描：古板。
文化：代表文化——绅士、淑女、皇室、王子王妃、皇家芭蕾音乐。
流行：披头士、美国塑造的英国超级特工 007、福尔摩斯。
体育：英超、曼联。
自然：气候为雾多、阴雨连绵、潮湿寒冷。
代表人物：贝克汉姆、欧文、丘吉尔、牛顿、戴安娜、莎士比亚。
特色事物：牛津、剑桥、伦敦桥、古堡、教堂、苏格兰裙、BBC 新闻台</th></tr>
<tr><td>女王</td><td>18.0</td><td>女王</td><td>25.0</td></tr>
<tr><td>绅士</td><td>12.0</td><td>足球</td><td>18.5</td></tr>
<tr><td>王室</td><td>10.4</td><td>绅士</td><td>16.9</td></tr>
<tr><td>伦敦</td><td>9.5</td><td>贝克汉姆</td><td>10.0</td></tr>
<tr><td>大本钟</td><td>9.2</td><td>剑桥</td><td>8.1</td></tr>
<tr><td>足球</td><td>8.9</td><td>伦敦</td><td>7.7</td></tr>
<tr><td>剑桥</td><td>8.2</td><td>王室</td><td>7.3</td></tr>
<tr><td>牛津</td><td>5.4</td><td>大本钟</td><td>6.9</td></tr>
<tr><td>贝克汉姆</td><td>4.7</td><td>雾都</td><td>6.9</td></tr>
<tr><td>福尔摩斯</td><td>7.6</td><td>福尔摩斯</td><td>3.8</td></tr>
<tr><td>腐国</td><td>4.1</td><td>英国国旗</td><td>3.5</td></tr>
</table>

图 2–23　中国年轻消费者眼中的英国形象

　　他们做事认真，又不同于德国的严谨，而是有一点保守和对新鲜事物的谨慎态度。他们规规矩矩，生活古板、刻板，具有独特的冷幽默；讲究穿戴，只要一出门必然衣冠楚楚，养成一种传统的高贵的"绅士""淑女"风度，给人一种古典、优雅的文艺气息；待人彬彬有礼，讲究礼仪、礼貌，然而其"闷骚"的性格和影视剧中同性恋文化流行，被戏称为"腐国"。

·经济能力：汽车行业比较突出，英国车一直被认为是代表着汽车工艺的极致以及品位、价值、豪华、典雅这些词语在汽车上最完美的体现；英国的金融业一直很发达，是英国支柱产业之一；高科技也处于世界领先地位。

·爱好特长：喜欢踢足球，有世界著名的万人迷球星贝克汉姆，世界上最好的联赛英超联赛和欧洲乃至世界最具有影响力、最成功的球队之一——曼联足球俱乐部，但是英国的足球流氓也造成了不好的影响；盛行斯诺克台球运动；曾多次举办伦敦奥运会。

·文化修养：文学历史传统深厚，文化创意产业领先。文学方面，从莎士比亚巨著到福尔摩斯；电影电视剧方面，《哈利·波特》《唐顿庄园》《国王的演讲》《007》《憨豆先生》等一大批影视作品风靡全球。另外，伦敦西区的戏剧、BBC 的纪录片都很著名。

·教育背景：以牛津大学和剑桥大学为首的名牌大学带来留学教育盛行，但相对来说留学费用比较贵，需要通过雅思英语水平考试。

·代表人物：女王、绅士、皇室、贵族、伊丽莎白女王、威廉王子、王妃、首相、卫兵、维多利亚女王、凯特王妃、戴安娜王妃、皇家空军。

·外貌特质：苏格兰格子裙、英伦学院风服饰、洋装礼服，无处不在的米字旗图案，英音、伦敦腔，衬托英国人绅士风度的标志性雨伞，英伦摇滚、街头代表符号巴士。

·地理环境：由英格兰、苏格兰和爱尔兰构成的英伦三岛，全年温和湿润，多雾；有白金汉宫、伦敦、大本钟、剑桥、泰晤士河、伦敦眼、伦敦塔等著名景点。

·历史事件：工业革命发端，殖民地众多，获得"日不落帝国"的称号；第一个建立君主立宪制的国家，议会成为国家权力的中心；曾经的辉煌过后，老迈的帝国成为美国的"小弟"。曾经环境污染严重，伦敦被称为"雾都"；1840 年发动侵略中国的鸦片战争，1900 年以其为首的八国联军发动侵华战争；有着世界上历史最悠久、规模最宏伟的综合性博物馆——大英博物馆。

·美食：鱼和薯条代表英国的快餐文化，而下午茶则代表着高雅的精英文化；威士忌酒作为闻名世界的佳酿，主要产地是英国的苏格兰。

经济能力指数：★★★　　　外貌指数：★★★

魅力指数：★★★★★　　　美食人气指数：★

品牌力指数：★★★★　　　综合实力指数：★★★★

4. 西班牙——多才多艺的热情舞者

表2-14　中国年轻消费群体对西班牙的国家认知[1]

	2015 年			
	大学生	提及率（%）	白领	提及率（%）
提到西班牙，你能想到什么？	斗牛	67.1	斗牛	65.4
	足球	33.2	足球	32.3
	热情	3.8	热情	6.6
	拉丁舞	3.8	西班牙海鲜饭	6.2
	西班牙语	3.5	弗拉明戈	5.4
	巴塞罗那	3.2	巴塞罗那	5.1
	早期殖民国	2.6	拉丁舞	3.5
	西甲	2.6	美女	2.7
	弗拉明戈	2.6	奔放	2.3
	大航海时代	2.2	马德里	2.3

图2-24　中国年轻消费者眼中的西班牙形象

---

[1]　2000 年国家与品牌形象调查中没有涉及西班牙，因此没有 2000 年数据比较。下同。

他们热情似火、激情奔放，不论是斗牛士手中的红斗篷，还是西红柿狂欢节中飞溅四射的红色番茄汁液，抑或是弗朗明戈舞者飞扬的红色裙摆，都是西班牙人热情与激情的缩影；对斗牛等运动的狂热爱好显示出其热情大方、浪漫活力、激情友善，西班牙女郎更是自然不做作，浪漫热情，充满异国情调。

· 经济状况：经济相对薄弱，从 2009 年遭遇经济危机以来一直疲弱不振，衰退的经济拖欧盟后腿。

· 业余爱好：热衷于有着好几个世纪甚至上千年历史的斗牛运动；热爱足球，曾夺得南非世界杯冠军，西班牙足球甲级联赛是培养"足球先生"和金球奖的摇篮，著名的足球俱乐部有皇马、巴萨等；篮球运动中，西班牙的实力也可以排进世界前三，知名人物有加索尔；著名网球明星纳达尔为整个网球运动做出了贡献。

· 文化修养：艺术风格鲜明。音乐上，带有东方色彩，热情奔放，为人所熟知的有西班牙舞曲；舞蹈上，弗朗明戈是与斗牛齐名的民间艺术，并且与南美的探戈并驾齐驱；艺术上，高迪设计的圣家族大教堂、米拉之家，毕加索的抽象派作品、塞万提斯的《堂吉诃德》等作品，都证明了西班牙人的多才多艺。

· 地理环境：地处欧洲与非洲的交界，东临地中海与意大利隔海相望，西北、西南临大西洋，海岸线长，"阳光海岸"位于西班牙南部的地中海沿岸，长 200 多千米，被誉为世界六大完美海滩之一，阳光充足，气候温和；著名的城市是巴塞罗那。

· 历史事件：中世纪被阿拉伯人占领，所以南部城市中有很多伊斯兰风格建筑，在欧洲人眼中充满"异域"风情。伴随着新航路的开辟，哥伦布大航海时代发现美洲新大陆，西班牙进行了殖民扩展和掠夺，成为曾经的"海上霸主"。

· 美食：有着与法国蜗牛、意大利面并列西餐三大名菜的西班牙海鲜饭，产量居世界第三位的葡萄酒，闻名世界的有一千多年历史的西班牙火腿。

经济能力指数：★★   外貌指数：★★★★

魅力指数：★★★★★   美食人气指数：★★★★

品牌力指数：★★   综合实力指数：★★★

5. 法国——浪漫奢华的优雅女士

表2-15 中国年轻消费群体对法国的国家认知

				2015 年	2000 年
提到法国，你能想到什么？	大学生	提及率（%）	白领	提及率（%）	充满激情的浪漫之都
	浪漫	32.7	浪漫	42.0	国民素描：正面——浪漫、热情、爱情；反面——奢侈、浪费。 文化：历史——大革命、巴黎公社、封建王朝。 代表文化：绘画、雕塑、建筑、电影、《三个火枪手》。 流行：化妆品、时装、香水。 饮食：大厨、法式面包。 体育：1998 年世界杯。 经济：空中客车。 人物：拿破仑、戴高乐、卢梭。 特色事物：埃菲尔铁塔、罗浮宫、凯旋门、香榭丽舍大道、塞纳河、马赛曲、美女、葡萄酒、高卢鸡、玫瑰、骑士
	埃菲尔铁塔	26.8	埃菲尔铁塔	28.4	
	香水	20.2	巴黎	14.4	
	巴黎	17.1	葡萄酒	12.1	
	时尚	10.3	香水	11.7	
	葡萄酒	7.5	罗浮宫	8.6	
	法国大餐	5.6	奢侈品	7.4	
	奢侈品	4.7	时尚	7.0	
	时装	4.7	凯旋门	6.6	
	罗浮宫	4.0	拿破仑	5.4	
	凯旋门	4.0	艺术	5.4	
	巴黎时装周	3.1	法国大餐	5.4	
	香榭丽舍	3.1	时装	4.0	

图2-25 中国年轻消费者眼中的法国形象

他们被称为世界上最浪漫的群组族。他们慵懒散漫、风情万种，演绎着无数的爱情经典；优雅精致，引领时尚潮流，充满艺术气息；高冷、傲慢，所以显得有些排外。巴黎女郎时尚优雅，从骨子里散发出不经意的美。巴黎被称作"浪漫之都"。

·经济状况：盛产奢侈品，其香水、时装、化妆品、箱包都有严格且传统的奢侈品行业准则；巴黎时装周是全球四大时装周的压轴大戏。

·业余爱好：热爱足球，有世界足球先生齐达内、法国足球先生本泽马和一代传奇巨星亨利；有着世界赛事法国网球公开赛。

·文化修养：人文方面的文化遗产非常丰富，注重传统与传承。首都巴黎被人们誉为世界文化艺术之都，艺术文化风格出众，包括电影、文学、歌剧都很出色。开创了印象主义画风的马奈，哲学家福柯，作家雨果、罗曼·罗兰、莫泊桑和法国启蒙运动的代表人物伏尔泰、卢梭等一大批艺术家，至今都影响着中国人的文化生活。法语被认为是一种浪漫的语言。

·地理环境：众多的名胜风景和建筑让法国成为旅游旺地，哥特式的巴黎圣母院，收藏有举世瞩目的蒙娜丽莎、维纳斯、胜利女神的罗浮宫、凯旋门和屹立于塞纳河畔的埃菲尔铁塔是巴黎及法国的标志，凡尔赛宫、爱丽舍宫、薰衣草之乡普罗旺斯等早已闻名天下。

·历史事件：经历大革命的法国有着史诗式的转变，发生了一系列战争，拥有战争之神拿破仑、军事家戴高乐将军、法国前总统萨科齐等著名人物。

·美食：有世界著名的葡萄酒，法式大餐至今名列世界西菜之首，马卡龙、硬式面包法棍都是法式餐饮的代表。

经济能力指数：★★★　　　　外貌指数：★★★★

魅力指数：★★★★　　　　美食人气指数：★★★★

品牌力指数：★★★★　　　　综合实力指数：★★★★

6. 瑞士——独立平和的高富帅

表2-16   中国年轻消费群体对瑞士的国家认知

	2015 年			
	大学生	提及率 (%)	白领	提及率 (%)
提到瑞士, 你能想到 什么?	手表	58.4	手表	45.0
	瑞士军刀	18.7	瑞士银行	20.3
	瑞士银行	17.4	雪	20.3
	中立国	9.4	瑞士军刀	19.1
	巧克力	8.4	滑雪	17.1
	雪	7.4	中立国	14.7
	滑雪	5.8	阿尔卑斯山	8.4
	高福利社会	4.2	巧克力	6.8
	瑞士糖	3.9	自然环境优美	5.2
	阿尔卑斯山	3.2	旅游	4.8
	费德勒	3.2	富有	3.2

图2-26   中国年轻消费者眼中的瑞士形象

他们富有而平和，低调而中立，由于自 1815 年以来一直奉行中立政策，不介入战争，他们独立、平和、公正的形象深入人心。他们素质高、讲诚信、守时，做事始终保持严谨、精确的态度；拥有良好的社会福利体系，是全球不折不扣的"高富帅"。

·经济实力：瑞士是世界上最为富裕的国家之一，人均收入处在世界最高行列，同时有着很低的失业率和财政赤字，社会福利也高度完善。瑞士的手工艺发达，擅长制作高端手表、钟表、精密仪器，如被世界认可的"品质王牌"瑞士军刀；银行业是瑞士经济最重要的分支之一，瑞士是全球最大的离岸金融中心，安全的金融体系、银行的保密体制和政策的长期性使其资产安全处于非常高的水平。

·爱好特长：瑞士并不是一个体育强国，但是瑞士人平均体育水平很高。瑞士的强项是网球和冬季运动，费德勒是男子网坛历史上最优秀的网球运动员，位于阿尔卑斯山脚下的地理环境使得瑞士人酷爱滑雪等冬季运动。

·地理环境：地形高峻，阿尔卑斯山占到了总面积的60%，纬度高，夏季不热冬季很冷，山上常年积雪形成连绵的雪山，空气好、风景优美，注重环保，市容干净整洁；安静，夜生活很少，晚上10点之后禁止大声喧哗。最大城市为苏黎世。

·美食：巧克力是除了钟表和军刀外的瑞士特产。数据显示，瑞士人平均每人每年要吃十多千克的巧克力，瑞士糖有"软糖始祖"之称。

经济能力指数：★★★★★　　　外貌指数：★★★★

魅力指数：★★　　　　　　　　美食人气指数：★★

品牌力指数：★★★★　　　　　综合实力指数：★★★★

7. 意大利——时尚懒散的艺术家

表2-17 中国年轻消费群体对意大利的国家认知

	2015 年			2000 年
	大学生	提及率（%）	白领	提及率（%）	美食与艺术王国

	大学生	提及率（%）	白领	提及率（%）	美食与艺术王国
提到意大利，你能想到什么？	意大利面	31.5	足球	34.0	国民素描：很灿烂的性格、热情浪漫、幽默乐观。 文化：代表文化——文艺复兴、绘画、古老文明、电影节、歌剧、《我的太阳》、教皇。 流行：服装。 饮食：通心粉、面条、比萨饼、冰激凌、馅饼。 体育：足球、意甲、AC米兰、意大利防守。 自然：地理——威尼斯、佛罗伦萨、西西里岛、阿尔卑斯山、地中海地区的旅游胜地。 人物：巴乔、画家拉斐尔。 特色事物：皮草、靴子、古罗马决斗场、古堡、比萨斜塔、手工艺品、玻璃制品、小提琴。 其他：社会问题——黑手党、暗杀、暴力。
	足球	20.6	意大利面	13.4	
	罗马	10.9	罗马	9.9	
	威尼斯水城	9.3	比萨	9.5	
	比萨	8.0	威尼斯水城	7.9	
	文艺复兴	7.1	黑手党	7.9	
	米兰	5.8	时尚	7.5	
	美食	5.1	文艺复兴	7.1	
	黑手党	4.8	时装	6.3	
	比萨斜塔	4.2	比萨斜塔	6.3	
	奢侈品	4.2	米兰	5.1	
	手工皮鞋	3.9	手工皮鞋	4.7	

图2-27 中国年轻消费者眼中的意大利形象

他们自由洒脱,又总能闪现出艺术的光芒;与生俱来的古罗马艺术气息,加之追逐潮流时尚,将古典艺术与时尚完美结合;有点儿懒散,守时和集体观念较差;热情奔放,浪漫阳光,优雅帅气。

·经济能力:盛产手工奢侈品,手工皮鞋、服饰、时装、皮具、皮包、香水等,纯手工打造独一无二、极致、专享,有被认为是世界时装设计和消费的"晴雨表"的国际四大著名时装周之一的米兰时装周;汽车设计居世界领先地位,爱玩儿有想法的意大利人从改装汽车开始,逐渐形成了世界闻名的跑车产业,法拉利、兰博基尼、玛莎拉蒂等品牌成为跑车行业的佼佼者。

·爱好特长:意大利被誉为"世界足球王国"之一,曾赢得4届世界杯冠军,被称作"蓝衣军团";意甲联赛是欧洲五大联赛之一,一度被公认为是世界第一足球联赛,被誉为"小世界杯",有足球名将皮尔洛、被誉为意大利足球未来希望的马里奥·巴洛特利,人称"巴神"。

·文化修养:文化遗产非常丰富,历史遗迹留存完好。文艺复兴在佛罗伦萨开始,让意大利的歌剧、文学艺术、绘画、雕塑、建筑艺术、宗教艺术等都得到繁荣和发展,涌现出达·芬奇、米开朗琪罗、拉斐尔等一大批知名艺术家。

·地理环境:处于欧洲南部地中海北部,大部分地区属于亚热带地中海型气候,旅游业高度发达,有古代世界最大的都城古城罗马、水上都市威尼斯水城、文艺之都米兰、比萨斜塔、保存最好的圆形竞技场古罗马斗兽场,以及地中海上最大的岛屿、自然风景与人文风景融合为一体的西西里岛。

·历史事件:罗马历史厚重,是古罗马帝国的发祥地,因建城历史悠久而被昵称为"永恒之城"。意大利佛罗伦萨作为文艺复兴的发祥地,在诗歌、绘画、雕刻、建筑、音乐各方面均取得了突出的成就;1980年,罗马的历史城区被列为世界文化遗产;在第二次世界大战中的糟糕表现被称为"二战的笑柄";另外,注重家族与血统的意大利黑手党起源于意大利的西西里岛。

·美食:有西餐三大名菜之一的意大利面、在全世界风靡并且申请入选世界文化遗产名录的比萨、最著名的甜点冰激凌、意大利名点通心粉、巧克力、产量占世界1/4的葡萄酒、意大利经典热狗。

经济能力指数:★★★　　　外貌指数:★★★★

魅力指数 :★★★★★　　美食人气指数:★★★★★

品牌力指数:★★★★　　　综合实力指数:★★★★

8. 瑞典——冰天雪地中的世外高人

表 2-18　中国年轻消费群体对瑞典的国家认知

	2015 年			
	大学生	提及率（%）	白领	提及率（%）
提到瑞典，你能想到什么？	高福利国家	11.8	宜家家居	18.2
	伊布拉希莫维奇	6.3	寒冷	10.7
	北欧国家	5.4	雪山	8.9
	北极光	5.0	高福利国家	8.4
	诺贝尔奖	4.5	北欧国家	6.1
	斯德哥尔摩	4.5	斯德哥尔摩	5.6
	滑雪	4.5	汽车	5.6
	寒冷	4.1	伊布拉希莫维奇	4.7
	手表	3.6	维京海盗	4.2
	雪山	3.6	家居用品	3.7
	环境优美	3.6	肉丸	3.7
	瑞士	3.6		
	宜家家居	3.6		

图 2-28　中国年轻消费者眼中的瑞典形象

他们惬意、和谐，素质高，幸福指数高。作为典型的北欧国家，瑞典人生活富裕，人均国内生产总值（GDP）高居世界前列，具有社会自由主义倾向以及极力追求平等，设立许多社会福利制度，福利体系健全，犯罪率极低。瑞典在两次世界大战中都宣布中立，斯德哥尔摩为该国首都，也是第一大城市。每年12月10日诺贝尔逝世纪念日，瑞典国王亲自给获诺贝尔奖者授奖。瑞典王室的平民化生活也非常引人注目。

·经济状况：瑞典擅长技术集约度高的机械工业和化学工业，大力发展信息、通讯、生物、医药、环保等新兴产业，旅游业发展得也非常好。作为一个北欧国家，其家居用品品牌宜家和汽车制造业品牌沃尔沃以及服装品牌H&M广为人知，是北欧的品牌强国。

·业余爱好：足球是瑞典最受欢迎的体育运动之一，瑞典队一直是欧洲足坛一支重要力量，著名球星有伊布拉希莫维奇。滑雪等户外运动也是瑞典人的最爱。乒乓球也是瑞典人的强项，本格森率领的瑞典队曾3次战胜中国队，建立起乒坛的瑞典王朝，其中在瑞典和中国都很受欢迎的是瓦尔德内尔，被中国观众亲切地称为"老瓦"。

·地理环境：位于北欧斯堪的纳维亚半岛的东部，大部分地区属亚寒带针叶林气候，寒冷，形成很多雪山，纬度高可以看到北极光，靠近海洋地区受大西洋暖流影响，冬季温和多雨。瑞典是环保典范、绿色之邦，其森林覆盖率达到54%，环境优美、风景秀丽，干净清洁；瑞典是世界上最早认识到环境问题并将之纳入政府重要事务的国家之一。

·美食：最受欢迎的是瑞典的肉丸。除此以外，面包和马铃薯是他们的主食，在一张大桌上摆上几十种菜，按自己的爱好分取，称之为"海盗席"。

经济能力指数：★★★★　　　　外貌指数：★★★★

魅力指数：★★　　　　　　　　美食人气指数：★★

品牌力指数：★★★★　　　　　综合实力指数：★★★

9. 俄罗斯——好酒量的彪悍大哥

表2-19　中国年轻消费群体对俄罗斯的国家认知

2015 年				2000 年
大学生	提及率（%）	白领	提及率（%）	处于低谷的雄狮
普京总统	35.8	普京总统	30.5	国民素描：正面——彪悍、淳朴、憨厚、豪爽、热心肠、勇敢忠诚、刚强不屈。反面——固执、野蛮、刻板。
美女	13.0	寒冷	22.4	文化：历史——沙皇、十月革命、侵略扩张、共产主义、红军、东宫、苏联、卫国战争、美苏争霸、苏联解体。
寒冷	12.3	伏特加	14.6	代表文化：民歌、芭蕾、戏剧、传统舞蹈、《三套车》《莫斯科郊外的晚上》。
好斗	10.1	美女	13.0	饮食：烈性酒、伏特加、面包、土豆、牛肉、熏肠、大马哈鱼、鱼子酱。
套娃	7.3	红场	11.4	体育：体操。
红场	6.6	套娃	11.0	政治：不民主、贫穷、落后、战乱、车臣问题；政治盟友；侵略野心、大国沙文主义；强大时欺负中国，弱小时求助于中国。
苏联老大哥	5.7	好斗	6.9	军事：武器发达、核武器、核协议、军火、军工品、望远镜、坦克、黑海舰队、与美国抗衡。
石油大国	5.7	冰天雪地	6.9	经济：困难、混乱萧瑟；处于低谷的雄狮、瘦死的骆驼比马大；经济改革；重工业发达、汽车、火箭、拖拉机、精密仪器、笨重却实用的重型机器、冰箱、宇宙空间站。
卢布暴跌	5.4	石油大国	6.1	自然：地理——西伯利亚、冻土地带、能源丰富、石油、林木、广漠寒冷。
面积大	4.7	苏联老大哥	5.3	人物：列宁、斯大林、叶利钦、普京、保尔、普希金。
军事	4.4	熊	4.1	特殊形象：皮货、马车、莫斯科红场、白桦林

提到俄罗斯，你能想到什么？

图2-29　中国年轻消费者眼中的俄罗斯形象

他们是"战斗民族",是中国人曾经的"老大哥"。他们身材高挑,性情彪悍,爱喝酒,蛮横、硬朗,也是最富凝聚力的民族。他们外交手段强硬,被比作"北极熊";国防力量雄厚,是军事强国、核武器大国、航天大国;有着偶像领导人,其中最受欢迎的是"全才总统"普京。

· 经济实力:在全球金融危机和国际油价暴跌的双重夹击下,俄罗斯经济萧条,卢布大跌;资源丰富,有世界最大储量的矿产和能源资源,是最大的石油和天然气输出国;工业发达,核工业和航空航天等军工占世界重要地位,但结构不合理,重工业发达,轻工业发展缓慢。

· 文化修养:从 19 世纪下半叶开始,俄国逐渐成为欧洲芭蕾的中心,并在芭蕾史上占有一定地位;最有名的工艺品是俄罗斯特有的木质套娃;文学源远流长,出现了列夫·托尔斯泰、普希金等世界驰名的大文豪和作家;俄罗斯民歌、交响乐具有鲜明的民族气质,奔放豪迈,《喀秋莎》是第二次世界大战时苏联的经典名曲,传唱至今。

· 地理环境:国土面积大,地广人稀、地大物博;冬季严寒漫长,到处冰天雪地,西伯利亚气候寒冷,有着北半球的两大"寒极"。红场是莫斯科最古老的广场,是重大历史事件的见证场所、著名旅游景点;莫斯科克里姆林宫是俄罗斯国家的象征,有着"世界第八奇景"的美誉;莫斯科是俄罗斯首都,迄今已有 800 余年的历史,是世界著名的古城。

· 历史事件:十月革命以后,苏维埃成为俄国新型政权的标志;列宁继承了马克思主义,并与俄国革命相结合形成列宁主义,对中国的社会主义起步给予帮助;在斯大林领导期间出现大国沙文主义错误,是世界霸权主义的典型;冷战时期与美国争霸。

· 美食:俄罗斯人爱喝酒是世界闻名的,在各种烈酒、洋酒中,最重要的酒类当属伏特加。大列巴(大面包)是俄国人传统的主食。

经济能力指数:★★　　　　　外貌指数:★★

魅力指数:★★★　　　　　美食人气指数:★★

品牌力指数:★　　　　　综合潜力指数:★★

10. 美国——自由民主的霸道总裁

表2-20　中国年轻消费群体对美国的国家认知

2015年				2000年
	大学生	提及率（%）	白领	提及率（%）	霸道的超级大国

	大学生	提及率（%）	白领	提及率（%）	霸道的超级大国
提到美国，你能想到什么？	奥巴马	12.3	自由	38.7	国民素描：正面——乐观、高效率；反面——自私、冷血、唯利是图。文化：历史——没有历史和文化；流行——好莱坞、百老汇和迪士尼。饮食：快餐、到处都是的麦当劳政治：霸道的国际警察、狂妄自大；民主、自由；军事实力强大、航空母舰、北约；老跟中国过不去、轰炸中国大使馆、台湾问题。经济：经济繁荣、国力富强、股票市场发达、电脑软件业领先世界、微软公司。人物：比尔·盖茨、克林顿、莱温斯基。特色事物：星条旗、鹰、山姆大叔、牛仔、白宫、金门大桥、自由女神。其他：犯罪率高、社会治安混乱、枪击事件、总统性丑闻
	自由女神像	9.8	自由女神像	14.5	
	NBA	8.9	美国大片	9.7	
	科技发达	8.9	纽约	6.5	
	自由	8.5	超级大国	6.0	
	苹果	7.9	好莱坞	5.6	
	好莱坞	7.9	美剧	5.6	
	一流大学	5.7	奥巴马	5.2	
	华尔街	5.7	NBA	5.2	
	白宫	5.4	科技发达	4.8	
	枪械制造	5.1	白宫	4.0	

图2-30　中国年轻消费者眼中的美国形象

他们争取民主、自由的崇高理想，自由女神像是其象征，包容性强，平等开放。人人都有一个美国梦，相信只要在美国经过不懈的奋斗便能获得更好的生活，是一个巨大的造梦者工厂；个人主义是美国文化的核心，思维发散、个性粗犷活跃，尊重创新。

·经济实力：美国有高度发达的现代市场经济，是世界第一经济强国。科技发达，有电子、计算机等高新技术王国"硅谷"、全球最大的电脑软件提供商微软、以创新闻名世界的苹果公司、全球最大的搜索引擎谷歌。有对整个美国经济具有影响力的金融市场和金融机构华尔街。美国的汽车制造业也非常发达。美国是品牌大国，有耐克以及商业领袖比尔·盖茨、乔布斯等。

·爱好特长：职业体育发达。起源于美国的篮球是最受欢迎的项目之一，NBA 是世界上水平最高的篮球联赛，也是社交媒体上最受欢迎的体育联盟之一。

·文化修养：美国大众文化丰富多元，文化产业发达，但文化积淀不深厚。美国大片电影、美剧、流行音乐受到世界人民的追捧，好莱坞是世界闻名的电影中心，同时拥有世界顶级的娱乐产业和奢侈品牌，引领并代表全球时尚的最高水平，比如迪士尼、20 世纪福克斯、哥伦比亚影业公司、索尼公司、环球影片公司、WB（华纳兄弟）派拉蒙等电影巨头，还有顶级唱片公司都汇集在好莱坞的范畴之内。

·教育背景：高等教育水准极高，有着世界一流的大学，最著名的当属世界一流的理工大学麻省理工和常青藤盟校哈佛大学、普林斯顿大学、哥伦比亚大学等，是中国留学生扎堆地。

·国家背景：是高度发达的资本主义超级大国，其政治、经济、军事、文化、创新等实力领衔全球，社会发展程度高，其高等教育水平和科研技术水平也是世界第一；是当代的世界霸主，推行霸权主义和强权政治，态度强硬，积极干预国际事务充当"世界警察"；是一个移民国家，民族大熔炉，种族问题严重，法律严格禁止种族歧视；是总统制国家，白宫作为总统官邸，是美国政府的象征，在总统选举上实行两党制，包括共和党和民主党；现任总统奥巴马是美国历史上第一位非洲裔总统，2009 年诺贝尔和平奖得主；纽约是其第一大城市，人口最多；华盛顿作为首都，是政治中心；星条旗是个人自由的象征，身着星条旗纹样的礼服、头戴星条旗纹样的高礼帽、身材高瘦、留着山羊胡子、鹰钩鼻、精神矍铄的"山姆大叔"，是美国的拟人化形象和绰号。

·历史事件：历史较短，经历了两次独立战争后在反抗殖民统治中获得独立，1776 年《独立宣言》宣告了美国的诞生，南北战争不但使美国恢复了统一，还废除了奴隶制度；进入 21 世纪，"9·11 事件"给美国经济、政治和美国民众的心理带来巨大损失。

·美食：美国式饮食不讲究精细，追求快捷方便，也不奢华，比较大众化，最出名的当属汉堡，有着在世界范围内受欢迎的快餐品牌肯德基、麦当劳。

经济能力指数：★★★★★   外貌指数：★★

魅力指数：★★★★   美食人气指数：★★

品牌力指数：★★★★★   综合实力指数：★★★★

11. 日本——谦和又偏执的手工匠人

表2-21　中国年轻消费群体对日本的国家认知

2015 年				2000 年
大学生	提及率（%）	白领	提及率（%）	没有地位的富翁
樱花	28.2	樱花	25.0	国民素描：正面——客气、有礼貌、礼仪多、精明、讲信用、女性温柔、拼搏实干、工作狂、工作效率高；反面——矮个子、大男子主义、变态色情、小气、自负又自卑、虚伪、偏狭、奸诈、野蛮。
动漫	27.2	富士山	14.5	
富士山	13.9	动漫	11.3	
成人片	9.5	成人片	8.9	历史：鬼子、南京大屠杀、沾满鲜血的双手、战犯、靖国神社、军国主义。
抗日战争	7.6	电器电子	8.8	代表文化：武士道、剖腹自杀、忍者、天皇、相扑、和服、茶道、重视教育、中西交融。
和服	7.3	城市干净	6.9	流行：娱乐圈、流行音乐、流行服饰、偶像剧场、卡通形象。
安倍晋三	7.0	寿司	6.5	饮食：日本料理、生鱼片、寿司。
汽车	6.6	和服	6.5	经济：电器、轿车、电子技术、企业文化。
寿司	5.7	汽车	6.0	自然：地理——小、岛国。
电子产品	4.7	温泉	5.6	特色事物：樱花、富士山、太阳旗、新干线、扇子。
岛国	4.4	变态	5.6	其他：被美国文化强奸的东亚国家。一个成功的民族，但永远不可能成为世界强国。没有地位的富翁
钓鱼岛	4.1	抗战	5.2	

（注：左侧竖排文字：提到日本，你能想到什么？）

图2-31　中国年轻消费者眼中的日本形象

他们性格矛盾又复杂，既爱美又尚武，既文雅又蛮横，既和善又好斗，有西方学者将日本称为"精神分裂的民族"。一方面，日本国民素质高，高度自律，忠诚敬业，工作态度认真细致，追求完美，勤勉、执着、务实，并且善于学习；为人严谨守礼，谦虚、有礼貌，守规矩、有秩序；团结，有民族凝聚力。另一方面，又极端自负，崇尚武士道精神，等级森严，刚烈偏执，狂妄自大。

· 经济实力：日本经济高度发达，是仅次于美国、中国的世界第三大经济体。日本产品质量好、做工好，高科技发达，电子、数码、汽车、电器产品做得非常好，尤其是日本汽车，凭着节油、经济实用、性价比良好的优势赢得全球很大市场。日本的化妆品市场也非常成熟，受到中国人的追捧。日本的 AV 业也相当发达。

· 文化修养：二次元盛行，日本是世界第一动漫强国，二次元影响着中国大量"90 后"年轻人，最受欢迎的作品之一是《名侦探柯南》；日剧表现的东方文化审美情趣也深受欢迎；和服是日本人的传统民族服装，也是日本人最值得向世界夸耀的文化资产之一。

· 政治态度：日本无视大量历史事实，声称钓鱼岛为日本的"固有领土"，多次与中国发生钓鱼岛争端；日本右翼再三扭曲否认侵略历史，靖国神社是日本军国主义对外发动侵略战争的精神工具和象征，供奉着 14 名甲级战犯，日本政客的数次参拜破坏了日本与中国、韩国等亚洲国家之间的关系，现任首相安倍晋三悍然参拜靖国神社，美化日本军国主义对外侵略和殖民统治历史。

· 历史事件：作为侵略者发动侵华战争，也是第二次世界大战的挑起者之一，侵华期间最突出、最有代表性的一例暴行事件是南京大屠杀。天皇制是世界历史上最长的君主制度，天皇是日本的国家象征。

· 地理环境：由 4 个大岛和其他 7 200 多个小岛屿组成，被称为"千岛之国"，位于板块交界处，火山、地震活动频繁。频繁的地壳运动，使得日本从北到南约有 2 600 多座温泉，有"温泉王国"的美称；北海道有世界最著名的渔场之一——北海道渔场。因樱花和雪景享誉全球，日本人民认为樱花具有高雅、刚劲、清秀质朴和独立的精神，把樱花作为勤劳、勇敢、智慧的象征，每年的 3 月 15 日到 4 月 15 日是日本的樱花节。富士山是日本国内最高峰，由于山顶被白雪覆盖，从远处看上去就像散发着银色的光芒，被日本人民誉为"圣岳"，是日本民族和国家的象征。东京是日本首都，日本国的政治、经济、文化中心，2020 年夏季奥林匹克运动会主办城市，这也是其第二次承办奥运会。

· 美食：日本料理是公认的烹调得一丝不苟的国际美食，精致而健康，其中寿司是很受欢迎的传统食品。

经济能力指数：★★★★　　　　外貌指数：★★★

魅力指数：★★★　　　　　　　美食人气指数：★★★

品牌力指数：★★★★★　　　　综合潜力指数：★★★★

12. 韩国——引领潮流的娱乐明星

表 2-22　中国年轻消费群体对韩国的国家认知

	2015 年			2000 年
	大学生	提及率（%）	白领	提及率（%）	自强自爱的民族
提到韩国，你能想到什么？	整容行业	34.0	韩剧	34.3	国民素描：正面——有礼貌，和谐友好；敬业，认真勤勉；民族自豪感，自立自强，坚强，不忘却历史，爱国，支持国货，团结。反面——火爆脾气，死板，傲慢，保守。 中性：小眼睛，尚武。 文化：流行——流行音乐（HOT 酷龙），家庭电视剧，领导中国服饰潮流，奇装异服，大裤脚，厚鞋底，染发，前卫。 饮食：泡菜，烧烤，冷面，大酱，麻辣火锅。 人物：金大中，车范根，李昌镐。 特色事物：朝鲜族民族服饰，跆拳道，高丽参
	韩剧	31.8	整容行业	32.3	
	泡菜	28.9	泡菜	31.9	
	娱乐明星	19.2	棒子	9.2	
	化妆品	7.5	化妆品	8.4	
	棒子	6.6	娱乐明星	8.4	
	韩国料理	5.0	烤肉	6.0	
	欧巴	4.1	汽车	5.2	
	三星	3.8	韩国料理	4.0	
	烤肉	3.1	思密达	3.6	

图 2-32　中国年轻消费者眼中的韩国形象

他们有着对美孜孜不倦的追求，整容、化妆技术高超，热爱流行音乐及流行文化，一直走在潮流最前沿。他们不断地向亚洲其他地区输出"韩流"，在传播流行音乐、电视剧、天团的同时，也传播着韩国的文化，极大地带动了其化妆品及整容业的发展。

· 经济状况：文化输出的影响对韩国化妆品产业的发展助力不小，尤其是韩星代言带来的强大号召力，推动了韩国化妆品在中国等亚洲地区的消费；同样受韩剧的影响，人们追求剧中主人公的打扮，韩国服饰自然就流行起来；韩国是世界电子产品的佼佼者，世界知名的韩国电子产品制造商有三星、LG；电竞产业发展得非常成熟，一直占据鳌头，是电竞强国；汽车制造业是韩国另一个支柱产业，现代汽车公司是韩国最大的汽车企业；韩国整容业非常发达，而且需求很大。

· 文化修养：韩国流行文化，简称"韩流"，在亚洲许多国家普遍存在，在亚洲以外的地区亦逐渐发展。韩国政府一向重视发展本国的民族文化，因此非常重视文化产品的内容输出。1998年正式提出"文化立国"的思想之后，韩国政府开始大力扶持和保护韩剧，韩剧以惊人的态势席卷亚洲。韩国是流行音乐发展得最快的国家，歌曲大都节奏比较快而且节奏感强烈，适于跳舞，很符合现在年轻人的喜好；以明星真人秀为主导的韩国综艺有着相对完善的制作模式，深受观众喜爱。韩国的娱乐文化是强大的造星工厂，韩国娱乐明星多是美女帅哥，流水线造作，速成、产量高，但是淘汰率也高。韩国娱乐明星深受人们的喜爱和追捧，其中偶像团体一直是"韩流"的前沿，深受青少年的喜爱，比如随着《来自星星的你》热播而大热的都教授、凭借单曲《江南Style》走红的PSY等。以韩剧为代表的韩国娱乐文化产业在政府扶持下发迅速展，产业链条日趋丰富，逐渐成为支撑韩国经济的重要产业之一。

· 国家背景：南北韩冲突不断；剽窃、抢夺中国文化，以将端午节申请世界非物质文化遗产为标志性开端，韩国近几年来一直都没停止对中国文化的蚕食；朴槿惠是韩国历史上首位女总统，也是东亚第一位民选的女总统。民族意识非常强，有强烈的民族自尊，崇尚礼节，长幼有序。济州

101

岛是韩国第一大岛，济州岛的旅游业和水产业在韩国有着举足轻重的地位。首都首尔，国际化大都市，韩国第一大城市，韩国的政治、经济、科技、文化中心。

· 美食：韩国料理清淡、少油腻、营养；具有韩国代表性之一的泡菜，是韩国人餐桌上必不可少的食品；与泡菜一同被列为韩国代表饮食的拌饭，是韩国最高传统饮食；深受韩国家庭喜欢的还有烤肉；年糕是类似于西方糕点的韩国人常吃的零食。

经济能力指数：★★★　　外貌指数：★★

魅力指数：★★★　　美食人气指数：★★★★

品牌力指数：★★★★　　综合潜力指数：★★★

第三章 BORDERLESS
中国消费者的无国界消费潮流 CONSUMPTION

成长于互联网背景下的中国年轻消费者，可以熟练地通过以互联网为基础的各类媒体和搜索工具，获得来自世界任何一个角落的信息，也能够获得来自世界各地的产品。基于更丰富的购物渠道与市场空间，消费者能够拥有更多选择，了解关于消费的更多可能性，因此也被催生出更多消费欲望，拥有更广阔的消费视野；而社会化的媒体可以将各个领域的专家和舆论领袖的意见带至消费者面前，使他们得以在不同的专业领域获得更为精深的产品信息与相关知识，因而挖掘出更深层的消费需求。正是互联网时代带来的更广阔范围的无国界消费和更深入、多元化的消费需求，培养出这一代年轻人不同于上一代中国人的消费习惯，中国的年轻消费者在跨越地域与国家的限制后，消费能力与消费习惯逐渐与国际接轨。

　　新的互联网时代，在国家消费市场繁荣、政策持续推动、技术不断完善以推动消费便利性以及文化传播带来更多可能性的背景下，催生出一些新的消费潮流：消费动机从注重外在的炫耀到内在的满足；从单纯地追求品牌的符号化价值到追求产品的实际品质；从追求品牌的功能性价值到功能与情感价值并重；从大众化的选择到追求多元化且功能精深的产品满足特定需求；品牌的安全性、可再生价值以及社交性和口碑的力量，成为他们重点考虑的因素。这些消费潮流的变化，尤其明显地表现在几类产品中：跨境消费价值量最大的奢侈品，提升生活品质和改变生活习惯的家庭类用品，选择过程中卷入度高且极度谨慎的母婴用品，以及最注重体验和感受、身体与消费都"在路上"的旅游消费。

第一节　互联网时代中国的消费趋势

一、中国市场宏观消费背景

1. 经济增速放缓，消费市场前景仍保持乐观

在经历了近 30 年的高速发展之后，中国的经济快车已经进入降速前行阶段。当前，我国经济发展进入新常态，在稳增长的基础上，调结构、转方式步伐明显加快。2015 年国内生产总值 676 708 亿元，比上年增长 6.9%，而第三产业增加值占 GDP 比重自 2011 年起持续上涨。[1]。

尽管经济增速放缓，但随着供给侧结构性改革持续深化，中国经济下一阶段依然会保持总体平稳、稳中有进的发展态势，继续成为全球经济增长的"稳定器"。国际货币基金组织（IMF）的《世界经济展望》指出，中国经济的减缓和平衡调整、大宗商品价格的下跌以及一些大型新兴市场经济体面临的压力将继续对 2016—2017 年的全球前景产生不利影响。尽管中国经济增长目前在减缓，但未来两年的全球增长预计仍将回升。IMF 预测，中国 2016 年和 2017 年的经济增长分别为 6.3%、6.0%。[2]

近年来，我国经济增长主要靠内需拉动，内需则依靠消费拉升。随着投资、出口的拉持效应递减，消费对中国经济的重要性与日俱增。据国家统计局数据显示，2005—2010 年，私人消费对 GDP 增长贡献率仅达 32%，这一数字在 2010—2015 年攀升至 41%，消费成为拉动中国经济发展的重要力量。2014 年，消费对中国经济增长的贡献超过投资，2015 年贡献率为

本节执笔：宫月晴。

[1] 国务院新闻办公室. 2015 年全年国内生产总值 676 708 亿元增长 6.9% [EB/OL]. [2016 – 01 – 19]. http：//www. scio. gov. cn/xwfbh/xwbfb h/wqfbh/33978/34058/zy34062/Document/1463394/1463394. htm.

[2] 国际货币基金组织. 世界经济展望 [EB/OL]. [2016 – 06 – 27]. http：//www. imf. org/external/ns/loe/cs. aspx? id = 91.

66.4%。到 2020 年，中国的私人消费将达到 6.5 万亿美元的规模，增量相当于当前德国或英国消费市场规模的 1.3 倍。[1]

麦肯锡咨询公司 2016 年 3 月发布的报告中指出，中国消费者的消费信心强劲，55% 的受访者相信未来 5 年自己的收入将显著增长[2]。另外，中国消费者正在从大众产品向高端产品升级，50% 的消费者声称自己会追求优质昂贵的产品，这一比例比前些年有了显著提高[3]。

同时，我国中产阶级正在以前所未有的速度和规模成长。波士顿咨询公司发布的《中国消费趋势报告——三大新兴力量引领消费新经济》报告显示，在过去的几十年中，经济的高速发展使数亿中国人成为新兴中产阶层（家庭可支配月收入为人民币 5 200 ~ 8 300 元）或中产阶层（家庭可支配月收入为人民币 8 300 ~ 12 500 元），从而带动了中国消费经济的快速前行。在崭新的消费经济时代，未来推动消费增长的将有 3 股不同的力量：上层中产阶层（家庭可支配月收入为人民币 12 500 ~ 24 000 元）及富裕阶层（家庭可支配月收入在 24 000 元人民币以上）将在未来 5 年贡献 81% 的城镇消费增量；新世代消费者即 18 ~ 35 岁消费者的消费力将以年均 14% 的速度增长，有望在未来 5 年带来 65% 的消费增量。

2. 政策支持，推动消费市场制度稳步完善

近年来我国政府不断调整政策导向，逐渐开放更加自由、有利的政策机制，不断完善消费市场的政策监督，加强各个行业尤其是互联网行业的运行规范，积极鼓励消费者市场向健康、合理的轨迹发展。尤其是近年来，政府出台了一系列稳增长、促消费措施。政策内容涵盖了消费的多个方面，包括加强与消费相关的基础设施建设，如提高光纤到户比例、推广国家智慧城市试点、加快高速宽带网络建设、降低部分消费品消费税率、调整免税购物政策、推动新能源汽车普及、规范养老机构服务收费、鼓励

---

[1] 高红冰，杨建，等. 中国消费趋势报告——三大新兴力量引领消费新经济 [R]. 阿里研究院，波士顿咨询公司，2015.
[2] 被访对象为 10 000 万名 18 ~ 66 岁的来自 44 个城市的消费者。
[3] Daniel Zipser、陈有钢，等. 2016 年中国消费者调查报告——加速前行：中国消费者的现代化之路 [R]. 麦肯锡消费与零售咨询业务，2016.

民间资本参与养老服务业发展、促进旅游业改革等。

2015 年两会期间，李克强总理首次在政府工作报告中写入了"'互联网+'行动计划"，提出"推动移动互联网、云计算、大数据、物联网等与现代制造业结合"。互联网产业与传统工业、农业、教育、医疗等行业的融合，能够进一步帮助供给方直接对接消费者需求，并用移动互联网进行实时链接的融合。

2015 年 12 月，中央经济工作会议提出了推进供给侧结构性改革。经济学所讲的"供给"与"需求"都包含了有效性，即消费者与生产者的意愿以及能力两重属性。供给侧改革旨在最大效率地发挥生产者的革新力量，生产切实符合消费者需求的产品，进而推动中国的消费者市场发展。

2015 年底，国务院发布《关于加快发展生活性服务业促进消费结构升级的指导意见》和《关于积极发挥新消费引领作用加快培育形成新供给新动力的指导意见》，意见提出，以传统消费提质升级、新兴消费蓬勃兴起为主要内容的新消费，特别是服务消费、信息消费、绿色消费、时尚消费、品质消费、农村消费等重点领域快速发展，将引领相关产业、基础设施和公共服务投资迅速成长，拓展未来发展新空间。

2016 年初，财政部、商务部、海关总署、国家税务总局、国家旅游局发布公告，为满足国内消费需求，丰富国内消费者购物选择，方便国内消费者在境内购买国外产品，增设和恢复口岸进境免税店，合理扩大免税品种，增加一定数量的免税购物额。

国家出台的一系列政策，都在从不同层面刺激着消费需求，推动着消费升级。

3. 技术成熟，促进消费多级变革

20 世纪 50 年代末计算机的出现和普及标志着信息化时代的到来，而互联网的发展，不但提升了信息传播效率，更是开创了一个以网络技术为载体的全新的消费环境。宏观上说，科学技术的发展改变了资源的经济价值和资源效益水平，使消费者可以享受更多的资源和更廉价的物质；科技也改变了生产规模与空间范围，消费物品向着高集成、高智能、高自动化方面发展，使消费者的需求突破原有的消费方式及行为，为消费者带来更

多层次的享受和方便。

具体来说，对企业而言，通过互联网，企业发展的行业壁垒不同程度地减轻了，同时拥有更加宽广、多变的全球市场，信息的数字化使卖方可以定制他们出售的产品和服务，并以一个可观的价格将它们销售出去。对营销者而言，互联网的发展使市场营销者可以定制面向大多数消费者的促销信息，而消费者则面对更广阔的虚拟市场，购买决策和消费习惯都发生了前所未有的改变。就渠道而言，新兴媒体和新技术的发展让消费者获取信息的渠道变得多元而丰富，电子商务平台的发展和物流水平的提升为消费者欲望变现提供了便利条件。中国移动购物市场交易额稳定增长，占整体网络零售市场交易额的比例不断上升。而消费者在主流电商平台的大力推动下，对于通过 PC 端和移动端购物的接受程度亦大大增加，购买习惯已经养成。如对于正在考虑购买商品的消费者，他们可以轻易地找到先前购买了该商品的消费者的相关评论；数字化沟通开辟了双向交互式的交换，这样消费者可以及时与卖方沟通需求，卖方也能够接受来自市场的信息并迅速做出反应。

中国互联网络信息中心 2016 年 1 月发布的《第 37 次中国互联网络发展状况统计报告》显示，截至 2015 年 12 月，中国网民规模达到 6.88 亿，互联网普及率达到 50.3%。同时，网民的上网设备正在向手机端集中，手机成为拉动网民规模增长的主要因素。截至 2015 年 12 月，我国手机网民规模达 6.20 亿，有 90.1% 的网民通过手机上网[1]。艾媒咨询数据显示，截至 2015 年底，中国移动购物用户规模达到 3.64 亿，同比增长 23.8%，预计到 2018 年中国移动电商用户规模将达到 4.88 亿[2]。互联网技术的成熟引发了互联网消费时代的来临，促进消费市场从企业、渠道到消费者的多级变革。

4. 文化繁荣，引发消费市场的联动效应

2013 年底，我国文化消费潜在规模为 4.7 万亿元，而实际文化消费规

［1］ 中国互联网络信息中心.第 37 次中国互联网络发展状况统计报告［R］.2016.
［2］ 艾媒咨询集团.2015—2016 中国信息时代新消费方式专题报告［R］.每日经济新闻，2016.

模刚刚超过 1 万亿元，存在约 3 万亿元的文化消费缺口[1]。借助互联网传播方式的革新，国际文化交流的多样发展影响着当下消费者的国际消费视野。2015 年，我国文化消费综合指数由 2013 年的 73.7 增至 2015 年的 81.2，平均增长率为 5%。文化消费环境、文化消费能力、文化消费水平指数等一级指标均呈上升趋势，且文化消费环境指数上升速度最快，平均增长率为 11.33%，文化消费满意度指数在 2014 年有所下降后，出现了大幅提升[2]。认知刺激需求，需求决定消费，文化市场引发的消费市场连锁反应通畅繁荣。

首先，居民消费总额上涨，文化生活丰富多彩。根据国家统计局对全国城镇居民抽样调查结果显示，随着收入和消费水平的不断提高，居民用于教育文化娱乐服务方面的支出也不断攀升。在城镇居民消费支出中，文化教育娱乐、交通通信和旅游等服务支出增长速度更快。据国家外汇管理局、国家旅游局等相关部门的统计数据显示，2015 年游客数量达到了 1.2 亿人次，旅游消费达到 2 495 亿美元，比 2014 年增长了 50% 以上[3]。在国家大力倡导文化发展的社会环境下，国际知名的文化交流活动异常丰富，以国家大剧院、国家博物馆等为代表的文化交流窗口为消费者提供了国际一流的文化盛宴，提升了消费者的文化修为、鉴赏品味，使当前我国文化消费呈现出个性化、多样化的新趋势。

其次，网络传播引入文化渗透，带动相关产品的消费热情。随着网络文化消费规模不断扩大，新的文化消费形态不断出现，文化消费结构向多元化方向发展。互联网的无国界传播，让世界各地的文化特色随时随地地进入到中国消费者视野中。虽然国家广电总局规定每年大陆市场从国外进口的电影数量仅为 34 部，然而通过各种媒体渠道，每年引进中国的海外电影数量多达千余部。中国消费者通过美剧、好莱坞大片了解美国文化，通过 BBC 纪录片和英剧了解英国文化，通过韩国综艺节目、明星天团感受

---

[1] 中国人民大学文化产业研究院. 中国文化消费指数（2013）[R]. 2013.
[2] 中国人民大学创意产业技术研究院. 中国文化消费指数（2015）[R]. 2015.
[3] 经济参考报. 国家旅游局：2015 年中国旅游消费达 2 495 亿美元 [EB/OL]. [2016-03-03]. 中国经济网.

"韩流"，有了丰富的生活趣味和广阔的消费视野。美式风格的家具、英伦风格的服饰、韩风饰品化妆品，文化的传播为消费者带来生活方式的变化，从而影响着中国人的日常消费。

二、互联网时代中国消费八大潮流

1. 跨境消费：购物与国际接轨

随着信息化时代的演进，跨境网购逐渐将地球村的概念变为现实。中国跨境电商交易额占中国外贸总额的比例从 2013 年的 11.9% 升至 2014 年的 14.8%，到 2017 年，跨境电商占中国外贸总额的比例预计会达到 20% 左右[1]。据商务部预测，2016 年中国跨境电商进出口贸易额将达 6.5 万亿元，未来几年跨境电商占中国进出口贸易比例将会提高到 20%，年增长率将超过 30%[2]。从高端奢侈品到日用百货，通过网络购买境外产品已经成为当下热门的消费趋势之一。

调查研究显示，大部分消费者选择境外购物的初始动因是巨大的价格差异。尽管国内的关税壁垒在节节降低，但是价格差距依然较大。有学者对跨国某品牌化妆品国内外价格差异做过研究，中美两国的官网价格差异最低为 49%，最高竟达到 546%[3]。其次，跨境购买可以规避假货、劣货的购买风险，60.7% 的跨境消费者表示，选择跨境网购是因为产品品质有保障。花少钱买真货，必然会受到消费者的青睐。再次，信息环境的开放，让中国消费者能够接触到更多来自于全球的消费潮流和生活方式。随着中国消费者收入水平和教育水平的提升，他们乐于尝试各种新兴的购买方式，并通过跨境网购提升生活品质。最后，跨境网购渠道多样，能够满足不同的消费需求。从代购婴儿奶粉等常规产品到代购黑白胶卷等小众专业化产品，以人际传播为基础的私人代购，方式灵活、多样，可信度强，

──────────

[1] 环球科技综合报道. 中企竞相进军跨境电商市场 满足国人海淘需求 [EB/OL]. [2015-02-27]. 环球网.
[2] 陈洁. 跨境电商成外贸新引擎 未来几年增长率将超 30% [EB/OL]. [2015-10-12]. 国际金融报.
[3] 2016 年中国跨境网购用户研究报告 [R]. 艾瑞咨询，2016.

可以满足中国消费者的各类需求。

同时，当下的专业跨境代购网站市场也在不断扩大，为跨境网购提供了丰富多样的消费平台。根据《尼尔森 2015 年网络购物者趋势研究报告》，私人代购服务仍然是目前最主要的跨境网购渠道，各大电商也开始逐渐涉猎跨境网购市场。目前，从市场格局来看，进口电商的参与者有电商大佬、上市公司、创业型企业以及亚马逊等海外电商巨头，其平台优势为跨境购物提供了有力的渠道支持。例如采用买家入驻的 B2C 模式的天猫国际和 C2C 模式的淘宝全球购、洋码头；还有自采自销模式的垂直类母婴电商如蜜芽网，开辟全球购专栏的唯品会海外精选等。代购业务逐渐从个人自由竞争时代转向正规军参与的专业化和大众化时代。

2. 共享型消费：借助平台，按需分配

从交通车辆共享、房屋资源共享、宠物寄养共享、车位共享到社区服务共享，各种类型的消费共享层出不穷：在交通资源共享上，出现了滴滴打车、Uber、易到用车等资源共享平台；在房屋资源方面，有国外的 Airbnb、国内的小猪短租等平台；餐饮平台如"回家吃饭"，停车服务如丁丁停车等，都在消费者生活的各个方面提供了资源分享条件。各类分享平台的出现，一方面为社会闲置资源提供重新整合变现的出口，另一方面又可以为需求方降低大量的支出成本，从而成了供给方和需求方双利双赢的经济模式。

分享消费是将社会闲置资源再利用的经济形态，其目的是共享，本质是以租代买，载体是网络平台，核心精神是优化资源配置，从而提高资源价值再造的效率和经济回报。根据腾讯的《2016 中国分享经济全景解读报告》统计，2015 年中国分享经济规模约为 1 644 亿美元，占 GDP 的 1.59%，正处于发展的黄金时期[1]。

分享消费除了满足供需双方的基础利益之外，一方面，分享消费可以根据当下消费者的消费需求和支付能力动态定价，实时满足需求，完全以市场的经济规律为导向。另一方面，在信息技术的作用下，分享经济能够

---

[1] 2016 中国分享经济全景解读报告 [R]. 腾讯研究院，2016.

让用户评价得到及时、公开、透明的反馈，推动平台与供给方努力改进服务，注重提升用户体验。更重要的一点是，对于当下的消费者来说，在没有来自官方和专业化保障的前提下，他们会仅仅基于对平台的信任，直接与其他个人提供的服务对接，可见当下消费对多元化和便利性的需求。

3. 扁平消费：去中介化，直接购买

食品安全事故频发，激起消费者对购买渠道的重视。在饮食方面，消费者直接从源头购买农副生鲜产品的可信度要比通过层层中间商转手更具可信度。从奶粉、塑化剂到明胶风波，消费者对食品安全的关注逐渐加强。根据尼尔森发布的《2015 中国生鲜电商行业发展白皮书》显示，消费者在购买生鲜等农作物时，最关注产品新鲜（79%）、购买方便（74%）和价格实惠（73%）三大因素[1]。

借助互联网的发展，一些农户通过网络直销其自产的"有机/绿色食品"，借助社会化媒体，在朋友圈的口碑传播中获得消费者的信任，使得消费者可以直接与农户对接，购买新鲜农副产品。同时，各大电商也纷纷推出生鲜平台，更是利用其电商品牌的影响力为其原生态农产品进行品质背书。目前，中国生鲜市场规模接近 1 万亿元，而电商的渗透率还不到3%[2]，市场前景被看好。

这一消费现象，始于消费者对食品安全的需求和农户对增加利润的渴望，当网络平台提供了技术上的可行性，营销流程则跳过中间环节呈现扁平化。扁平化消费这种直接简单的销售模式，省略了中间商的种种利润分割，用成本最低化、价格最优化的方式销售生鲜品，使得农户利润得到保证，消费者也可以获得较大的价格优惠。这种"去中介化"的购买方式，不仅是为了让消费者得到更健康安全的产品，更解决了互联网时代销售产业格局重新洗牌和形成了新的供需平衡。

4. 智能消费：技术更迭带来的快潮流

从智能手机到智能眼镜、智能手表、智能服饰，智能设备正在成为互

---

[1] 2015 中国生鲜电商行业发展白皮书 [R]. 尼尔森市场研究有限公司, 2015.
[2] 龚文祥. 目前中国生鲜电商现状和趋势 [EB/OL]. [2015-07-20]. 惠农咨询.

联网时代创新的驱动力。VR技术在2016年获得市场高度关注，海外如Oculus、HTC、Value、三星、索尼都推出了概念产品，而国内如阿里、腾讯、暴风科技也先后将研发力量投入到该领域中。科技发展的迅速已成为引领消费趋势的核心动力之一，因其带来大量的资金流入，从而成为一种消费热潮。

爱立信消费者研究室发布的《2016年十大消费者趋势》报告中显示，50%的智能手机用户预测在未来5年内智能手机将成为历史，且预测未来手机能够与家庭电器直接对话；有86%的消费者期待拥有更加智能化的通勤系统；超过80%的消费者则希望通过体内感测提高视觉和听觉能力，从而利用科技手段提升幸福指数，创造一个更加美好的科技帝国。另外，2015年12月淘宝发布的《大数据解读中国消费趋势》显示，网络购物中的智能市场近几年呈现高速增长的势头，而2016年则可能是可穿戴式APP快速发展的一年。

然而，技术的更迭，带来的不仅是智能消费的感官刺激，同时也代表电子类产品更新换代越来越快，技术壁垒冲破后的价格越来越低廉。德勤的《移动消费大未来：2015中国移动消费者行为》报告显示，欧美用户平均每40个月更换一部手机，而中国消费者更换手机的频率为8~12个月。有66%的中国消费者会购买最新潮的数字设备，包含刚上市的产品，因为"旧产品坏了"而替换购买的用户仅有1%[1]。

5. 新圈层消费：碎片化后的重聚合

圈层是一个具有相同社会属性的阶层，也是一个区域内本身具备很强的社会联系、社会属性相近的群体。圈层在高端化、小众化的品牌营销中获得青睐，在奢侈品行业和地产行业中，圈层营销已经持续多年。将品位相似、经济地位等特征相当的目标群体视作一个圈层的内部核心，将营销概念和社会影响等作为圈层的外部价值，从而利用一系列酒会、派对等线下活动作为营销信息高效传达的圈层营销结构。

---

[1] 移动消费大未来：2015中国移动消费者行为 [R]. 德勤科技、传媒和电信卓越研究中心，2015.

如今，消费者的消费需求多种多样，个性化突出，兴趣相投的小众圈子纷繁呈现，成为当下一个个新的社群。业界对消费者的划分从经历了全面覆盖到细分再到精准营销和定制化服务的阶段，这个过程是一个将消费者从大众细分为小众，再从个人扩展到群体的过程。面对铺天盖地的碎片化、零散化的用户信息，营销者需要立足广阔的横向、纵向信息，利用数字技术对消费者进行新一轮的划分和重聚。移动互联技术和社会化媒体又让圈子的线上结盟成为可能。在社会化媒体和自媒体上涌现出的各类以兴趣和共同特征聚合的新群体，如车友会、茶友会、丁克群、摄影俱乐部等，用户的背景年龄收入差异可能很大，但是会被共同的兴趣或者某些背景重新聚合。口碑传播和意见领袖的影响力在这类社群中尤为明显。

如日本漫画潮流带动起来的二次元消费就属于当下的一种新圈层。二次元主要指动画、漫画、游戏、轻小说构成的平面世界，二次元消费包括从平面内容中不断延伸出的手办、cosplay 以及周边（如海报、CD、徽章、服装等）衍生产物。2015 年我国二次元用户已达 2.19 亿，二次元用户在该方面年平均花费为 1 746.3 元，无消费的只占 5.5%。这些二次元消费群体会为了 cosplay 动漫剧情中的人物而配置全套"行头"，也会搜集全套的剧中人物手办，他们单次交易金额较少，但是整体的消费总量巨大。

6. 宅消费：服务上门成就懒人经济

当下，"80 后""90 后"占据中国城镇人口比例的 40%，消费占比将从 2015 年的 45% 增长至 2020 年的 53%[1]，已然成为当下消费人群中的新兴势力。他们追求简单、方便、快捷的消费方式，愿意"宅家上网"、窝在家里听音乐、看视频、睡觉，"懒人经济"自然成为消费首选。各大公司据此需求提供相应服务，社区 O2O[2] 服务把洗衣、洗车、家政等服务送到家门口，外卖 O2O 把饭菜送到嘴边，旅游 O2O 把行程送到眼前，"送服务到眼前"势不可挡。

---

[1] 高红冰，杨建，等. 中国消费趋势报告——三大新兴力量引领消费新经济 [R]. 阿里研究院，波士顿咨询公司，2015.
[2] O2O（Online to Offline），指线上下单，线下享受服务。

从消费者特点而言,以"80后""90后"为代表的15～35岁消费者生长在国家经济快速发展、消费市场快速波动的社会环境中,养成了乐于接受新鲜事物的消费个性。同时,受到互联网技术发展的影响,这一批消费者拥有开阔的产品认知、复杂的信息接收渠道和多样灵活的消费需求。从产业发展上看,由于产业领域不断细化,上门服务越来越多;新兴的懒人服务集中于手机应用而非电脑客户端,支付多在线上完成;平台的主要职能在于提供连接目标客户和服务人员的中间渠道;多数应用发展起源于科技人群集中或商业发达的大城市。

7. 家庭场景消费:情感需求的回归

麦肯锡的一项报告中,对比了2009年、2012年和2015年人们对成功的定义,将成功定义为"幸福的家庭"的比例分别为62%、70%和75%,呈现明显的上升趋势[1]。消费者对家庭的情感归属越来越明显,寻求归属感的消费场景已经得到更多消费者的重视。例如,当下在零售业集体遭遇寒流之时,综合性购物中心依旧大受欢迎,是因为其与单纯购物的商场和超市相比,集购物、用餐、娱乐为一体的多功能场所可以满足每一位家庭成员的需求:老年人的休息空间、年轻一代的购物商铺、孩子的娱乐和教育。而近年来假期出游的人群结构正在发生改变,以家庭为单位的短途旅行和出境游也受到很多消费者的青睐,家庭游、亲子游成为旅游行业未来发展的重心。

在诸多以情感消费为核心的消费热潮中,归属感成为显著热点。自古以来,家庭观念就是中国人心中最重要的情感寄托,学业有成、事业有成的最终情感落点则是归属感的满足和肯定。中上层阶级已经步入了儿孙满堂的人生阶段,消费能力强势的"80后""90后"新势力也到了组建家庭、孕育下一代的年龄。于是,随着中国两股消费势力成长背景的更迭和变化,以家庭为场景的归属感消费需求显著增加,以家庭为单位的消费将持续保持热度。

---

[1] Daniel Zipser,陈有钢,等.2016年中国消费者调查报告——加速前行:中国消费者的现代化之路 [R].麦肯锡消费与零售咨询业务,2016.

8. 粉丝消费：口碑人气聚集的消费风潮

粉丝经济是指架构在粉丝和被关注者关系之上的经营性创收行为，基于个人情感需求的粉丝贡献构成了粉丝经济的主要价值源泉。数据显示，在淘宝平台上有数百位网红，共拥有粉丝超过 5 000 万。以知名网红雪梨为例，截至 2015 年 8 月，雪梨的淘宝店当年成交单数量超过 87 万，2014 年销售额超过 2 亿元，全年可获利超过 1 亿元[1]。从发布星座漫画的同道大叔到王思聪的"90 后"网红女友，从 YY 娱乐当红女主播沈曼到融资 1 200 万元的 Papi 酱，新时期的网红已经迈向了多元化发展之路。

在互联网尚未如当今兴盛之时，粉丝经济就已初见端倪。首先，明星作为一种文化娱乐对象，偶像的演唱会门票、影视作品、歌曲 CD 等已成为普遍性的明星盈利行为。其次，粉丝对偶像代言产品的拥护，为支持自己偶像而对其代言产品的购买和推广。如近年来韩剧在中国的传播，让一大批韩国化妆品品牌在中国消费者间走红，《来自星星的你》中全智贤剧中使用和代言的几款化妆品品牌甚至脱销。最后，粉丝还会跟风购买明星在自媒体平台上露出的日常喜好用品、钟爱品牌等，甚至会有明星与品牌合作推出跨界产品。2013 年，崔健推出了首部个人定制手机"蓝色骨头"，韩庚以"庚 phone 不跟风"的口号推出"庚 phone"，周杰伦、林志颖、汪峰等明星都相继推出过定制手机。粉丝经济利用明星效应，利润空间十分诱人，但是由于许多产品无法满足消费者的基本需求和提供有力的产品保障，明星粉丝效应无法转化为品牌效应，只能造成一时热点，难以维持长期的盈利。

然而，互联网的兴盛滋长了粉丝经济的发展，明星通过微博发布的常用品可以在不经意间博取广泛的关注。而另一部分草根明星，即网红，开始通过互联网平台逐步转向专业化、平台化的操作模式，其利用粉丝规模的盈利方式也日渐多元化和商业化。互联网经济使粉丝和流量转换为利润成为可能，并且利益空间无限。人气生财，实际是一种通过互联网渠道树立意见领袖的网络消费时代，无论是明星还是网红，受到关注及获得了话

---

［1］ 史上最全"网红"报告：一场全民虚拟与现实的狂欢［EB/OL］. 投资界网站，2016.

语权和影响力，再加上移动电商的便捷跳转渠道，影响力"变现"自然比大众媒介时期来得更加猛烈。

无论是跨境消费、共享型消费、扁平消费还是智能消费、新圈层消费、宅消费，各类新的消费潮流的出现，无一不是基于互联网技术的发展所带来的消费行为、消费习惯的变化，以及网络平台为消费者提供的更多便利性和可能性。正是由于互联网技术的发展，让消费行为突破了地域的界限、国家的界限、群体的界限，从而在不同的产品中表现出不同的消费行为与趋势。

第二节　个性追求与价值彰显——奢侈品消费趋势

互联网所带来的信息畅通让中国人的信息获取与世界同步，而海淘、代购的出现让奢侈品的消费突破了国家的界限。消费者可以通过手机，第一时间了解到米兰时装周上某品牌最新一季的单品，并且无须等待它在中国上市，就可以通过各种渠道购买。在 2000 年和 2015 年两次国家与品牌形象调查中，奢侈品品牌的提及率大幅提升：在盛产奢侈品的法国和意大利的品牌联想中，2000 年调查中，消费者提到的法国奢侈品仅有香奈儿、迪奥、圣罗兰 3 个品牌；而在 2015 年调查中，法国品牌提及率前十名中就有 7 个是奢侈品品牌，且提及率大幅提升，如图 3-1。2015 年，消费者提到的意大利奢侈品的数量和提及率也有大幅提升，如图 3-2。虽然世界各大奢侈品品牌对中国市场一直非常重视，然而中国消费者眼界的开阔以及购物渠道的多元，可能才是奢侈品认知大幅增长的真正原因。今天的中国消费者，对于奢侈品的消费行为已经开始展现出很大的变化。

本节执笔：廖慧。

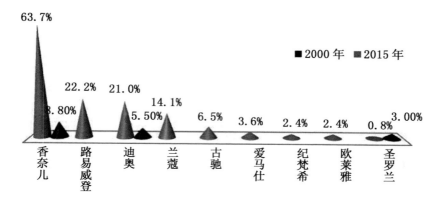

图3-1　2000年和2015年大学生对法国的奢侈品品牌联想[1]

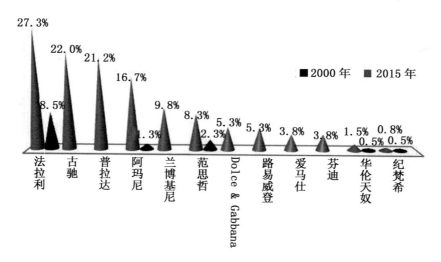

图3-2　2000年和2015年大学生对意大利的奢侈品品牌联想

　　奢侈品，源自拉丁词"luxus"，原意是指"极强的繁殖力"，后演变为浪费、无节制，奢侈品的基调就此确定。现今，奢侈品（luxury）在国际上被定义为"一种超出人们生存与发展需要范围的，具有独特、稀缺、珍奇等特点的消费品"，也称之为非生活必需品。目前，国际上的一线奢侈

---

　　[1]在调查中，存在消费者对品牌的来源国误认的情况，如本图中古驰品牌实际上来源于意大利。全球化背景下一国的品牌可能存在不同的品牌注册地、品牌总部所在地、产品生产地、产品组装地等诸多因素，一些品牌的来源国在界定上本就比较模糊。另外，品牌是消费者与企业间的纽带，消费者对于品牌的误认说明品牌在消费者心目中真实认知的体现。因此，在不涉及讨论来源国误认的问题时，暂不纠正消费者的认知偏差。

品牌大多创始于 18 世纪到 20 世纪期间的欧洲，文艺复兴和工业革命使得奢侈品从存在了几千年的深宫庭院走入大众视野，成了人们可以切实消费的商品。

奢侈品在中国零售市场的发展，可以追溯到 20 世纪 30 年代，上海作为当时的国际大都市成了中国最早的奢侈品市场。1979 年，法国著名服装设计大师皮尔·卡丹（Pierre Cardin）在北京民族文化宫举行了一场服装观摩会，从此国际奢侈品牌正式敲开了中国的大门。随着经济的发展和居民消费能力的提升，越来越多的奢侈品牌登陆中国市场，国内奢侈品市场规模持续扩大。而中国富豪阶层和中产阶层数量的大幅增加，使得更多的中国人对奢侈品消费有了更高、更深的需求。与中国经济快速增长同行的，还有网络的飞速发展和信息的逐渐开放，互联网技术已渗透到人们生活的方方面面。毋庸讳言，经过改革开放后这三十多年的发展，奢侈品行业成为透射中国经济风向乃至文化潮流的顶级阵地。[1]

据统计，2001 年我国国内奢侈品市场国内消费规模首次突破 30 亿美元[2]；到 2015 年，根据奢侈品权威研究机构财富品质研究院数据，这一数据达到 258 亿美元。从全球范围来看，2015 年全球奢侈品市场总容量达到创纪录的 2 552 亿美元，其中中国消费者在全球市场的奢侈品消费达到 1 168 亿美元，同比增长 9%，占全球奢侈品市场总量的 46%，接近一半。[3] 中国人在过去十年对全球奢侈品消费的贡献从 2004 年的 3% 上升到了 2014 年的 29%。[4] 快速成长的中国消费者逐渐成为了全球奢侈品消费的中坚力量，但是随着经济环境的变化，信息技术的发展以及中国一些政策的出台，使得中国奢侈品消费市场出现了新的变化。

---

［1］ 苏一壹. 奢侈品全面拥抱互联网媒体已成定局［EB/OL］. http：//it. sohu. com/20131104/n389526497. shtml.

［2］ 周易. 我国奢侈品本土消费额同比下降 11%［N］. 中国青年报，2015-03-02（07）.

［3］ 财富品质研究院.2015 年中国奢侈品报告［R］. 财富品质研究院，2015.

［4］ 范卉. 数据解读：中国人购买奢侈品的钱都花在哪里了？［EB/OL］. http：//www. 199it. com/archives/385552. html.

一、奢侈品消费市场观察

1. "海代""网购"成为主要渠道

根据 FT 中文网《2015 年奢侈品行业发展报告》相关数据显示，在 2014 年，机场免税店、海外专卖店和国内专卖店成为被访中国消费者购买奢侈品的三大最主要渠道。同时，海外购买方式（包括自己或亲友代购的出境购物和其他海外代购）以合计 56% 的绝对优势成为消费者在未来购买奢侈品时的首选购买渠道[1]，可见，海外购买的渠道吸引力非常强。2015 年境外奢侈品消费达到 910 亿美元，同比增长 12%，中国消费者有 78% 的奢侈品消费发生在国外。[2] 在购买地的选择上，香港以 68% 的比例成为海外购买的最爱，美国以 45% 的比例跟随其后。疲弱的欧元和日元使得 2015 年的欧洲特别是法国、意大利和日本，得到了中国游客消费强力的支持。

近年来，中国线上的奢侈品消费交易量呈暴增态势。根据毕马威企业咨询公司的调查发现，45% 的受访者主要通过网络渠道购买奢侈品，购物习惯的转变也使得奢侈品网购渠道的平均消费水平得以提升。该调查还显示，2015 年中国消费者平均每笔奢侈品网购消费金额约为 2 300 元，较 2014 年上升约 28%。[3] 而贝恩咨询公司在其调查报告中发现，近 80% 的受访者一般从互联网或应用软件上接收奢侈品信息，60% 的受访者将社交媒体渠道如微博和微信作为奢侈品信息的在线来源。[4] 互联网成为搜索奢侈品信息来源的重要渠道。因此，来自财富品质研究院的专家认为，"传统商场的消费渠道正在被奥特莱斯和网购所取代"。

乘此大势，众多奢侈品牌也纷纷加快了"触网"的步伐。瑞士腕表品牌泰格·豪雅（TAG Heuer）入驻京东，法国奢侈品牌梵克雅宝（Van

［1］ FT 中文网. 2015 年奢侈品行业发展报告［R］. FT 中文网，2015.

［2］ 财富品质研究院. 2015 年中国奢侈品报告［R］. 财富品质研究院，2015.

［3］ 毕马威企业咨询公司. 2015 年中国消费者调查网购单笔最高承受金额达 4 200 元超去年一倍［EB/OL］. http：//www. 199it. com/archives/409298. html.

［4］ 贝恩咨询公司. 2015 年中国奢侈品市场年度报告［R］. 贝恩咨询公司，2015.

Cleef & Arpels）电子商务平台上线，博柏利（Burberry）等奢侈品牌也先后推出了独立的电子商务网站，或与知名购物网站合作，推出线上商品店。因此，品牌在数字化渠道上的投入越来越多。

2. 奢侈品购买者不再只是"土豪"

中国奢侈品消费者一度给人以"土豪"的印象，他们财大气粗，不懂品牌，没有品位，唯一的需要是用奢侈品来包装出他们"有钱人"的形象，而这些先富起来的人成了中国 20 世纪 80、90 年代奢侈品的主要消费人群。经过多年的发展，中国的奢侈品消费人群开始产生结构性变化。贝恩咨询公司报告指出，中国奢侈品消费者 50% 为中产阶级，30% 为新富阶层，5% 为家庭主妇，15% 为企业高管、富二代和政府官员等富裕阶层。而在麦肯锡咨询公司的报告中，将中国的奢侈品消费者大致分为四类，超过一半的奢侈品消费者是所谓的"核心奢侈品买家"，他们将收入的 12%～20% 用于购买奢侈品，年奢侈品支出总共为 2 万～6 万元人民币。另外"奢侈品消费楷模"及"时尚狂热者"、"中产阶层进取者"三类消费者的重要性在不断上升，其中"奢侈品消费楷模"及"时尚狂热者"总共将占到奢侈品市场的 1/3。第四类被称为"中产阶层进取者"，尽管现在规模较小但其增长迅速，他们中大部分人年收入在 6 万～20 万之间（9 000～30 000美元），大多数是私营企业的老板或公司的高层管理人员。[1]无论以哪一种方式进行划分，都显示出中国奢侈品消费者群体越发复杂，而不同消费者群体的特征更加鲜明。

3. 市场增速换挡，关店降价成为新常态

近年来，国内奢侈品消费规模增长速度正在逐渐放缓。世界奢侈品协会数据表明，2001—2005 年，国内奢侈品消费规模增长速度从 16.6% 上升至 22.0% 后一直在减缓，2015 年为 9%。[2] 而财富品质研究院的报告显示了同一趋势，2014 年中国消费者在本土的消费额同比下降 11%，2015 年略有回升，但面临巨大压力；而中国奢侈品市场占全球奢侈品市场比重

---

［1］ 麦肯锡咨询公司. 麦肯锡：崛起的中国奢侈品市场［J］. 中国商贸，2012（4）：10-15.
［2］ 周易. 我国奢侈品本土消费额同比下降 11%［N］. 中国青年报，2015-03-02（7）.

由 2013 年的 13% 下降到 2015 年的 10%。[1] 由此可见，虽然 2015 年奢侈品在国内的销售额仍在增长，但是其增长速度已经明显放缓。

2015 年路易威登关闭了 6 家门店，新开 2 家。无独有偶，2015 年古驰在中国也关闭了 5 家门店，博柏利关店 2 家，普拉达关店 4 家。[2] 德国奢侈品牌 Hugo Boss 也将在中国关闭部分门店，Hugo Boss 本次调整将关闭大中华区 145 家门店中约 20 家，并且对该地区其他门店进行翻新。据财富品质研究院研究数据显示，2015 年 83% 的奢侈品牌在中国有各种形式的关店行为，预计 2016 年 95% 的奢侈品品牌都会"策略性"关店。

为了挽回中国消费者在国内的购物热情，2015 年有不少奢侈品品牌开始逐步调整产品在中国的售价，其中以"法国时尚女王"香奈儿宣布降价的消息最为引人注目。据统计，在过去 5 年内，香奈儿的年均涨价幅度超过 15%。不过曾经的"只涨不跌"神话在 2014 年 3 月中旬被打破，香奈儿方面表示将逐步下调内地产品售价，同时上调欧洲售价，幅度均为 20%，调价后两地价差不超过 5%。奢侈品在国内出现调价情况的不止香奈儿一家。2014 年底，LVMH 旗下的高端腕表宇舶、真力时先后宣布降价。随后，名表百达·翡丽宣布自 2015 年 3 月 15 日起，中国市场官方定价全面调低 18%，由此，高冷的奢侈品行业迎来了"降价"的新常态。

二、中国奢侈品消费呈现新特征

在中国奢侈品市场繁荣兴旺的发展过程中，中国消费者日益成熟和理性，消费者的行为悄然变化，呈现出新的消费特点。

1. 消费主体：年轻化、女性消费者迅速崛起

中国奢侈品消费者不同于其他市场的最显著特点，就是年龄。在《麦肯锡季：崛起的中国奢侈品市场》报告中指出："73% 的中国奢侈品消费者不满 45 岁，而这个比例在美国只有 50% 多一些；中国 45% 的奢侈品消费者年龄在 35 岁以下，而西欧该年龄层的奢侈品消费占比仅为 28%。"[3]

---

[1] 财富品质研究院.2015 年中国奢侈品报告［R］.财富品质研究院，2015.
[2] 贝恩咨询公司.2015 年中国奢侈品市场年度报告［R］.贝恩咨询公司，2015.
[3] 麦肯锡咨询公司.麦肯锡：崛起的中国奢侈品市场［J］.中国商贸，2012（4）：10-15.

世界奢侈品协会的报告显示，中国奢侈品消费者平均比欧洲奢侈品消费者年轻 15 岁，比美国的年轻 25 岁。[1]

从性别特征来看，在 2012 年一份投资银行 CLSA 的报告中指出，中国的女性奢侈品消费的份额占总份额的 45%。这一数字虽然仍低于全球平均水平，但不可否认的是，女性消费者对中国奢侈品消费的增长起着越来越重要的作用。[2] 女性消费者迅速崛起推动女装等品类迅速增长，中国女性消费者的奢侈品支出，从 1995 年仅占市场的一成到 2015 年已经牢牢占据半壁江山。在男性、女性各自主导的消费品类来看，男士服装（－12%）、腕表（－10%）、配饰（－6%）跌幅显著。由此导致 Ermenegildo Zegna、Hugo Boss 等男装品牌在中国放缓开店步伐。但是化妆品（5%）、女士服装（10%）和珠宝（7%）继续引领增长，其中珠宝品类 2013 年、2014 年、2015 年的增长比例分别为 5%、2% 和 7%，显现出消费新动向；女装的增长比例连续 3 年持平，化妆品相对 2013 年 10% 的增长比例有所下滑。[3] 奢侈品牌也开始转变以迎合女性消费者的需求，并针对女性推出更多时尚产品。以 TOD's 为代表的品牌开始涉足女装，于 2013 年 9 月 20 日在米兰推出首场服装秀，并在中国推出其女装产品线。

2. 消费动机：从物质炫耀到个性彰显

曾几何时，中国消者购买奢侈品往往只看品牌，LOGO 做得越大，价格卖得越贵，越受到消费者追捧。这些群体的奢侈品消费动机主要是为了炫耀他们的成功，彰显财富，标榜自己上流社会的身份。他们追求的往往不是产品的实用价值，而是为了奢侈品附带的符号象征价值。随着中国消费者的理性与成熟，人们逐渐认识到奢侈品不仅是大 LOGO 产品带来的外在炫耀，购买奢侈品也是为了得到奢华体验和高品质的生活方式。他们看中消费场所的美化、购物过程中享受的礼遇和售后的服务。

---

[1] 人民网. 比欧洲年轻 15 岁比美国年轻 25 岁 中国奢侈品消费者为何"低龄化"[EB/OL]. http：//politics. people. com. cn/n/2012/0815/c70731-18745535. html.

[2] 陈狄强. 中国女性奢侈品消费者正影响全球市场 [EB/OL]. http：//www. 199it. com/archives/114589. html.

[3] 财富杂志. 2014 年中国奢侈品行业报告：消费新贵崛起 [R]. 财富杂志，2014.

与往年相比，消费者关注奢侈品品牌的因素也有着微妙的变化。在2015 年的数据当中，产品的做工和品质（73.3%）、产品性价比（58%）和品牌历史和文化（53%）是消费者最关注的 3 个条件，其中"产品的做工和品质"与 2014 年的 72.2% 相比略微增加了约 1.1%；"产品的性价比"比 2014 年的 54.5% 提升 3.5%；"品牌与文化"也比 2014 年的50.6% 增加 2.4%。[1] 从最初的土豪式炫耀大牌标志回归到对品牌本身品质的追求，正是消费者消费理念逐渐成熟与理性的过程。

随着时代的发展，消费者对于奢侈品知识、经验的积累，人们的消费观念也发生了变化，很多人消费心理越来越理性，他们从原来的对外在品牌符号的消费逐渐开始追求享受性体验和服务，和更高层次的内在精神享受。如今，更多高端奢侈品消费者所注重的，是对品牌文化的认同。他们更多的是考量产品设计和风格的独特艺术性是否能自成一种引领时尚的风格，且能够成为个人自身风格的一部分。因此，凸显个人品位和特质的内在自我需求，成为新奢侈品消费时不可忽视的消费动机。

3. 消费偏好：从追求奢侈到追求价值

贝恩咨询公司调研表明，占受访比重 43% 的客户希望能有"更好的整体客户体验"。其中某奢侈品顾客说："奢侈品不只是产品，我购买奢侈品也是为了得到奢华体验和让我感觉与众不同的生活方式。"[2] 中国消费者开始从对奢侈品的品牌崇拜中走出来，追求能够放松压力的舒适假期或者高品质的服务，涉足豪华酒店、度假村、豪华水疗、高端旅游、豪华游轮、私人包机服务等，更注重精神层面的生活品质和体验。根据联合国世界旅游组织发布的 2014 年旅游景气报告显示，自 2012 年开始，中国一直保持世界最大出境旅游市场的地位。2014 年，中国的出境游人数由上一年的 9 800 万人次增加到 1.09 亿人次，前三个季度出境旅游消费增长 17%。日本政府观光局公布的数据显示，2014 年中国大陆赴日游客约 241 万，人均消费 23 万日元（1 美元约合 117 日元），居各国游客之首，中国大陆游

---

［1］ 财富品质研究院. 2015 年中国奢侈品报告［R］. 财富品质研究院，2015.
［2］ 贝恩咨询公司. 2010 年中国奢侈品市场年度报告［R］. 贝恩咨询公司，2010.

客对日本产业发展贡献非常大。2014 年，旅游业拉动日本经济增长 0.4%，中国大陆和港澳台游客贡献占一半以上。[1]

中国奢侈品消费者的消费习惯和审美品位正在发生巨大的变化。其中，购物动机从送礼为主转变为自用。根据一项针对美国、亚洲和欧洲地区的奢侈品零售商调查报告显示，两年前，超过 1/3 的中国消费者以购买送礼的奢侈品为主，品牌上包括劳力士手表、古驰手袋等。现在中国消费者对于奢侈品的购买动机已不是送给上司或者官员的礼物，转变为自用或者给朋友代购。[2] 由于"三公"消费受限，购买奢侈品送礼的行为大幅缩减，致使大量中国游客减少在国外消费时的奢侈品购买数量，甚至匿名购买。当奢侈品转为自用，优质产品和服务必然成为最核心的诉求点，中国奢侈品消费进入"性价比时代"。

4. 消费特征：传统奢侈品和轻奢侈品的两极化

传统奢侈品品牌指的是人们所有消费层次中最高级别的消费品，它能够使消费者感受到品质的奢华、精神的愉悦以及使用的舒适，其价格通常非常昂贵，是属于少数豪富人群的消费品。而大众奢侈品，指在奢侈品门类中价格相对较低的一类，它具备了奢侈品必备的高品质和高情感诉求，但在价格上比较平易近人的产品或服务。相对于传统奢侈品而言，它介于普通消费品与传统奢侈品之间，通过质优价廉、批量生产来满足价值驱动人群的需求，给消费者带来的是一种区别于传统奢侈品的超值和溢价的感觉。

贝恩咨询公司对中国奢侈品市场进行了调研，结果发现香奈儿、路易威登、爱马仕、古驰、迪奥、阿玛尼、普拉达这些传统奢侈品在中国的市场份额正逐步下滑，其中路易威登、古驰和迪奥下滑得最厉害；而巴黎世家（Balenciaga）、纪梵希（Givenchy）这些"追随者"的品牌知名度正逐步提升。定位于中高端的大众奢侈品牌相较于增长乏力的奢侈品行业，呈

---

[1] 陈丽丹，等. 报告显示中国连续三年成为世界最大出境游市场［EB/OL］. http：// news. xinhuanet. com/abroad/2015-02/05/c_ 127458518. htm.

[2] 王晓然，等. 调查报告显示：国人奢侈品消费动机送礼变自用［N］. 中国商报，2015-10-15.

现出强劲的增长势头。凯特·丝蓓（Kate Spade）、Michael Kors、蔻驰（Coach）这些在大众中享有高知名度的轻奢侈品品牌在 2015 年仍然保持了增长的势头。[1] 以"一线品质、二线价格"著称的轻奢品牌芙拉（Furla）更是表现不俗，2015 年新开门店 62 家，年收益达 3. 39 亿欧元，同比增长 23%，其中亚太市场较上年增长了 53%，股价也随之上涨。[2] 而一些比较"年轻"的设计师品牌如 Mansur Gavriel，Sophie Hulme，Meli Melo 等个性化的设计，加之明星带来的口碑效应配合饥饿营销等手段，所营造出的品牌热度和流行度正在赶超传统的老牌奢侈品。

三、中国奢侈品消费变化的影响因素

1. 政策红利降低海内外购物差距

奢侈品企业大多将业绩的下滑归因于中国的反腐措施，使奢侈品需求被抑制了很大一部分。此外，高税率抑制了国内消费的提升，反而增加了消费的外流，从而使得利润外流。通过有关调查发现，奢侈品售价远低于国内，是驱动境外消费的重要原因。为了刺激国内消费，2015 年，中国政府发布了一系列的消费刺激政策，包括扩大进口促进跨境贸易、进一步降低进口关税等。2015 年 6 月 1 日起，针对大部分高端产品包括服装、鞋靴、化妆品在内的 14 个品类下降 50% 的关税。12 月，财政部又再次发布公告称，2016 年将适度扩大日用消费品降税范围，以暂定税率方式降低进口关税税率相对较高、进口需求弹性较大的箱包、服装、围巾、毯子、真空保温杯、太阳镜等商品的进口关税。一系列的政策在很大程度上提升了奢侈品的国内消费。

2. 品牌文化提升艺术与精神价值

奢侈品对中国消费者来说大多属于舶来品，对其品牌文化的了解终究有限，如今，随着越来越多的人抛弃高调炫耀的奢侈品消费理念，奢侈品

［1］ 贝恩咨询公司. 2014 年中国奢侈品市场年度报告［R］. 贝恩咨询公司，2014.
［2］ 许望，等. 大牌与轻奢，2016 的两极［EB/OL］. http：//finance. sina. com. cn/roll/2016
-03-07/doc-ifxqafrm7073162. shtml.

市场中传统品牌的压力日渐增强，而定制、小众品牌正从设计、材质和工艺的角度冲击着传统品牌的优势。因此，品牌在宣传上的侧重也在改变，从自身所具备的深厚历史底蕴出发，深耕品牌文化，在品牌精神上与消费者产生共鸣，成了传统品牌频繁使用的方式。而奢侈品与艺术品的天然联系，更是满足消费者对于艺术与美的追求。与此同时，高端奢侈品一直注重消费体验。例如，菲拉格慕邀请中国客户前往佛罗伦萨的工厂参观，巴宝莉将客户名字刻在新款香水瓶上。

3. 社会结构不断分层导致奢侈品需求明显

我国产业结构、行业结构的变迁直接导致中国社会职业结构的变化。中产阶级正在成为新兴且日益强大的力量，他们在塑造中国人奢侈品消费的格局。麦肯锡咨询公司的《下一个十年的中国中产阶级——他们的面貌及其制约因素》中称：2012 年，中国中产阶级占中国城市家庭的比例从2002 年的 4% 飙升到 68%，到 2022 年中产阶级的数量将达到 6.3 亿，为城市家庭的 76% 和总人口的 45%。中国正在快速成长为中产阶级国家，一个富裕时代正在开始，伴随而来的中国居民的收入水涨船高，将有力地推动中国奢侈品消费的持续增长。[1]

此外，渐渐成长起来的独生子女成为习惯于享受主义消费的新生代。毕马威公司的研究特别指出，曾经被称为"小皇帝"的"80 后"独生子女群有特别强烈的品牌意识，而且对品牌非常狂热，哪怕自身收入有限，仍然视名牌产品为必需消费。[2] 他们对奢侈品的追逐与喜好使得一些年轻化、个性化的奢侈品牌在中国都取得了成功。庞大的"80 后"独生子女群被认为是"天生的理想消费者"，影响着整个社会的生活方式、道德伦理和价值观念，成为一个不可忽视的奢侈品消费群体。

---

　　[1] 麦肯锡咨询公司. 下一个十年的中国中产阶级——他们的面貌及其制约因素 [R]. 麦肯锡咨询公司, 2014.
　　[2] 邱静, 刘已洋. 独生子女消费的群体个性 [J]. 人力资源, 2010 (8)：64-67.

第三节　理性选择与品牌恐慌
——母婴市场消费趋势

　　母婴市场辐射孕、婴、童 3 个群体，同时这 3 个群体也可以视为母婴用品的 3 个消费周期。21 世纪以后，社交网络、电子商务的兴起，以及移动互联时代的到来，更让新一代的中国年轻消费者有了与以往截然不同的消费意识和消费习惯。出于对下一代的关心和对安全的顾虑，大量的母亲因为孩子而变成"海淘妈妈"。各类海淘网站、海淘信息论坛为这些母婴群体提供了大量的品牌信息及购物渠道。而随着消费者消费能力的不断提升，他们对消费品的品质要求也越来越高，来自荷兰和新西兰的奶粉、来自日本的尿不湿和药品、来自德国的玩具和安全座椅，都成为新一代年轻妈妈们最常接触的产品。

一、母婴消费市场的现状

1. 仍在上升的庞大消费市场

　　加入世界贸易组织（WTO）以来，随着消费水平的升高和消费意识的转变，我国母婴市场的整体规模一直保持着稳步增长的态势。2011 年，我国母婴市场规模首次突破了 1 万亿元，并且一直以大于 10% 的年增长率快速发展，至 2015 年已突破 2 万亿元。而二孩政策的全面开放、婴儿潮的来临等宏观环境还将推动这一规模持续走高。根据易观智库的预测，我国母婴市场有望在 2018 年突破 3 万亿元行业规模。可以看到，我国母婴行业是一个仍在不断攀升的庞大市场。

　　本节执笔：黄嫦玉。

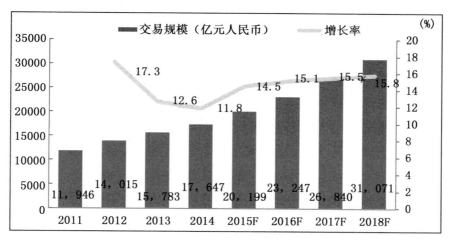

图 3-3　2011—2018 年中国母婴行业市场交易规模[1]

2. 独特且多元的渠道构成

一直以来，线下的购买方式是母婴用品主要的消费渠道，其中以母婴专卖实体连锁店（如丽家宝贝）、品牌自建渠道（如好孩子）、个体母婴专卖实体店以及百货、药店、商超、便利店等形式的线下实体店 4 种主要渠道为主。今天，在互联网发展下成长的新一代年轻父母，电子商务的发展让网络购物成了其主要的消费方式之一，打破了传统的渠道格局。根据易观智库 2013 年 1—5 月母婴产品销售金额各渠道占比的数据，网络购物已经达到了 21.4%。然而，尽管受到了电子商务的较大冲击，线下的销售渠道依旧占据着较大的市场份额[2]。

此外，海淘和代购也正在母婴消费中日益兴起，逐步占据一席之地，尤其在奶粉的购买渠道构成中最为明显。根据《2014 新浪母婴消费白皮书》的调研结果，奶粉海外代购占到了 22.3% 的比例，而纸尿裤、洗护用品的比例也达到了 3.4% 和 8.8%。

---

[1] 易观智库. 中国互联网母婴市场发展研究报告 2016［R］. http：//www. analysys. cn/view/report/detail. html？ columnId＝8&articleId＝16795. 2016.

[2] 易观智库. 中国母婴电商行业发展研究报告 2015［R］. http：//boyue. analysys. cn/view/article. html？ articleId＝45&columnId＝8. 2015.

3. 品类辐射范围广，消费热点集中

人在每一个人生阶段都会相应地产生新的消费需求。母婴市场的产品，按有形和无形来区分，分为母婴服务和母婴产品两大类。母婴产品指针对孕妇和婴幼儿童在衣物、食、住、行、乐、育等方面所产生的用品，而母婴服务则包括教育、医疗、娱乐等服务类专营部门[1]。母婴行业所覆盖的产品和服务类别范围极广。

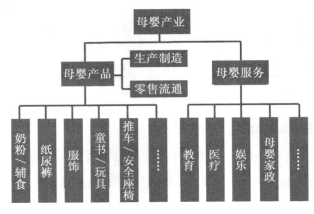

图 3-4　母婴产业结构示意图

在如此庞杂的消费品类中，母婴产品所获得的消费者关注度更高，根据新浪发布的《2014 新浪母婴消费白皮书》，母婴潜在消费者会在线上对各相关品类及品牌展开热烈的讨论，其中奶粉、玩具、纸尿裤是讨论最多的品类，而奶粉的关注度最高，与关注度第二的玩具相比，关注度高出了近一倍。

4. 品牌集中度高，国外品牌垄断

波士顿咨询和阿里研究院在其最新合作发布的《中国消费趋势报告》中指出，从 2007 年到 2015 年，中国消费者对国外品牌的偏好度不断衰减，尤其是近年来发展迅速的数码产品、护肤品和服装等行业[2]。与上一代

---

［1］　易观智库．中国母婴电商行业发展研究报告 2015［R］．http：//boyue. analysys. cn/view/article. html？ articleId＝45&columnId＝8. 2015. 03.

［2］　波士顿咨询，阿里研究院．中国消费趋势报告［R］．http：//www. bcg. com. cn/cn/newsandpublications/publications/reports/report20151221001. html. 2015. 12.

消费者相比，新一代对本土品牌的接受程度更高，而对国际品牌偏好的衰减速度更快。然而，在母婴用品的消费中，却呈现出截然相反的品牌偏好与购买结果，尤其以奶粉最为突出。根据艾瑞咨询的监测数据，2015 年前十个月排名前十的奶粉品牌在 B2C 平台的交易额占比达到 73%，其中排名前八位的品牌均为国外品牌，美素佳儿和诺优能为荷兰品牌，惠氏、美赞臣、雅培为美国品牌，爱他美为德国品牌，雀巢为瑞士品牌，只有贝因美和合生元为中国品牌。洋奶粉垄断中国的奶粉消费者市场已成了母婴消费的常态。

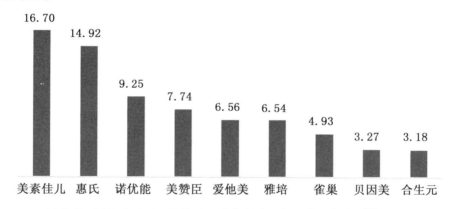

图 3-5　2015 年 1-10 月 B2C 平台奶粉交易额品牌分布情况[1]（%）

对国外品牌的重度青睐成了新一代妈妈群体的典型特征，这一点还体现在奶源地的选择和偏好上。根据妈妈网《"80 后""90 后"妈妈婴幼儿奶粉消费行为报告》的调研数据，新西兰、荷兰、澳大利亚成了最受妈妈偏好的奶源地，占比分别达到了 30%、25% 和 18%[2]。

二、母婴消费行为的特征

1. 母婴用品的核心消费观念——安全

怀孕是母婴消费的起点，妈妈们开始担心宝宝的健康，为宝宝的健康开始

[1]艾瑞咨询 . 2015 年中国线上母婴市场发展白皮书［R］. http：//www. iresearch. com. cn/report/2518. html. 2016.

[2]妈妈网 . "80 后""90 后"妈妈婴幼儿奶粉消费行为报告［R］. http：//www. mama. cn/news/art/20150504/776095. html. 2015.

注意很多生活的小细节，可以说怀孕改变了"妈妈"的很多观念和习惯，这其中也包括消费习惯。一米世界研究院的研究结果表明，新一代的妈妈愿意为健康和安全支付额外的费用，比如她们会选择更绿色环保、更安全的产品[1]。而近年来，由于国内食品安全危机的频繁爆发，让这种消费观念在母婴产品的购买决策过程中影响更为突出。新一代"妈妈"购买奶粉时最关注的因素中"安全"成了排列第一的关切因素。正是由于这种担心和关切，导致他们频繁更换奶粉品牌，42.5%的妈妈会因为奶粉安全问题更换奶粉品牌，这些都与以往的母婴消费观念截然不同。同时，这种安全意识的转变与提升，还体现在儿童安全座椅的使用与普及，这份报告中的数据显示，77.0%的"妈妈"认为汽车儿童安全座椅是必需的选择。因而可以看出，安全已经成了新一代母婴消费人群的核心消费观念之一，她们愿意为了这种安全感而花费更多的金钱与时间。

2. 母婴消费的独特习惯——囤货

目前，中国的母婴市场为国外品牌所垄断的局面，一方面当然是因为国外品牌强势且口碑良好，但另一方面也是由于当前国内产品质量堪忧以及假货横行的消费环境。正是这种环境催生了"海淘"和"代购"这种极具中国特色的消费方式。新一代的母婴消费者愿意花更多的钱，用更多的时间和更复杂的方式从国外渠道购得自己想要的产品。然而，由于各类代购渠道并存，个人代购渠道中不乏假货或真假参卖的情况，"靠谱"的卖家对于妈妈们来说尤其珍贵。同时，由于海淘过程等待周期长，购买过程中可能遇到被海关扣留、中途丢失等问题，母婴产品成为购物风险和难度较大的产品，一旦有放心的渠道和条件，就会选择提前囤货，以备不时之需。即使囤货数量超出需求，社群的存在也能让过多的囤货随时转卖"出手"，解除了他们的后顾之忧。这一点在一米世界研究院的报告中也有所体现，30%左右的妈妈们在奶粉和纸尿裤的购买过程中都有提前囤货的习惯[2]，这与以往在商超

---

[1] 一米世界研究院.2014 中国母婴研究系列报告［R］. http：//research. meihua. info/article_167. 2014.
[2] 一米世界研究院.2014 中国母婴研究系列报告［R］. http：//research. meihua. info/article_167. 2014.

随用随买的消费习惯相比，已经发生了很大的变化。

3. 矛盾消费心理——品牌背书与低忠诚度并存

基于产品安全问题的担忧，品牌的背书作用在母婴产品的消费中有着突出的作用，而品牌的美誉度和口碑是最为关键的因素。根据新浪育儿的《2014新浪母婴消费白皮书》，39%的新一代妈妈们表示品牌是她们主要关注的母婴产品特征之一[1]。哪个品牌是安全的，哪个品牌口碑好，哪个品牌不被信任，这些都是影响母婴产品购买决策的关键因素。然而，母婴品牌尤其是奶粉品牌频频爆出安全危机，消费者对母婴产品的恐慌心理导致母婴消费者战战兢兢的心态，她们无法持续地相信一个品牌，品牌忠诚低。这一点也与前文提及的容易转换奶粉品牌一致，出于长期使用一种奶粉不安全的考虑，抑或是发现了更好的奶粉品牌，新一代的妈妈们就会考虑更换。由此可见，新一代的母婴用品消费意识中，她们愿意相信品牌，但同时很难保有较高的品牌忠诚度。

4. 购买决策的重要力量——父母+专家意见

长期以来的计划生育政策，形成了中国家庭独特的"4-2-1"模式，即一个孩子带动一个家庭中两辈六人的消费，并且家庭的很多其他消费也是围绕孩子进行的。而在其中，妈妈无疑是拥有最多话语权的决策人。《2014母婴研究系列报告》中的数据显示，妈妈拥有决定权的比例高达92.5%。但是，爸爸也在慢慢地参与到母婴用品的消费[2]。根据CTR发布的《2014年中国母婴人群生活形态与消费趋势》，70.8%的爸爸参与母婴用品的购买。而在《2014新浪母婴消费白皮书》中，也指出了新一代的爸爸在母婴用品的购买中参与度越来越高，尤其在儿童安全座椅、童车、医疗、奶粉的购买中，参与度最高。可见，爸爸在母婴用品中的购买角色正在发生转变[1]。

---

[1] 新浪育儿.2014新浪母婴消费白皮书［R］. http：//slide. baby. sina. com. cn/hdy/slide_ 10_846_ 24594. html#p=1. 2014.

[2] 一米世界研究院.2014中国母婴研究系列报告［R］. http：//research. meihua. info/article_ 167. 2014.

　　除此之外，新一代妈妈在怀孕后非常重视孕育知识的学习[1]，并且急需专业科学的指导。专业的母婴类杂志和书籍以及母婴论坛和网站是她们学习孕育知识的首要途径，专家和医生也起到了至关重要的指导作用。尤其在奶粉的选择上，新一代的妈妈们最信任的意见来源，排名第一的是专家，占比达到了40.8%，而专业书刊的介绍也占到了17.8%的比例。此外，专家类人群在社交媒体上的影响力极大地影响了母婴消费的决策。根据新浪育儿发布的《2014新浪母婴消费白皮书》的统计数据，2014年母婴不同行业微博账号影响力指数中，金牌专家位居第一位[2]。以北京和睦家医院儿科主任崔玉涛为例，其新浪微博拥有500多万粉丝，他经常在微博上解答妈妈粉丝的各种疑难杂症，已经成为妈妈群体心目中名副其实的"新男神"。

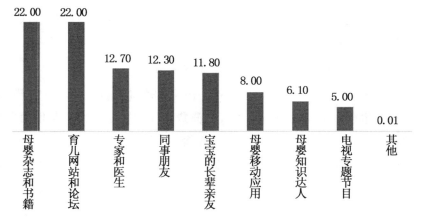

图3-6　新一代妈妈学习专业孕育知识的主要渠道[1]（%）

5. 双重消费角色——购买者和分享者

　　对于首次担任妈妈这一角色的人来说，对未知的恐慌让她们不断地学习新的母婴知识，这其中除了专家的作用外，圈子里的学习和传播也最受新一代妈妈们的重视。这一方面包括线上的母婴类论坛网站、手机 APP

　　［1］　一米世界研究院. 2014中国母婴研究系列报告［R］. http：//research. meihua. info/article_ 167. 2014.
　　［2］　新浪育儿. 2014新浪母婴消费白皮书［R］. http：//slide. baby. sina. com. cn/hdy/slide_ 10_846_ 24594. html#p＝1. 2014.

等，也包括身边亲朋好友的"过来人"知识。她们从这些圈子中学习育儿知识，接受产品推荐，分析品牌口碑，同时，她们又乐于把自己的经验分享到这个圈子中。自媒体时代的到来，就是让每个人拥有信息接收者和传播者的双重身份。新一代的妈妈们是伴随着互联网成长的一代，这种属性体现得更为明显，她们会抒发忧虑，会晒孕照、晒娃，也会分享和交流育儿经验。

《2014 母婴研究系列报告》指出，近 3/4 的妈妈有非常强的意愿去分享自己的育儿经验，并且当她们发现好的母婴产品时，会主动推荐给朋友，这一比例达到了 84.6%，但同时在遇到与实际情况不符的母婴产品或服务时，有 84.1% 的妈妈会选择吐槽[1]。可见，新一代的妈妈们不再只是忍气吞声的消费者，而是在母婴知识和产品传播中起到了非常重要的作用，已经成了产品口碑传播的关键人群。

三、母婴消费之变的推动因素

1. 二孩政策开放，新一波婴儿潮推动母婴市场高速增长

新中国成立以来，我国已经出现了三次婴儿潮，而最近的一次则是 1986—1990 年。根据国家统计局的统计数据，在此期间每年新生儿数量均接近 2 500 万人。如今，这波新生儿已经或正在步入为人父母的黄金生育期，在如此庞大的育龄人群基数上，新生儿的数量将持续攀升。同时，从 2013 年底"单独"二孩政策正式实施到 2015 年底二胎政策的全面开放，政策环境的改变也推动了新生儿数量的增长。根据国家计生委统计数据，目前符合二胎生育条件的家庭中，有意愿生二胎的比例达到了 60%。

在这两大因素的推动下，第四波婴儿潮正在来临，预计在未来的 5 至 10 年，中国每年的新生儿人数都会保持在一个较高的水平。消费者基数的持续扩大为母婴市场提供了充足的源动力。

---

[1] 一米世界研究院. 2014 中国母婴研究系列报告 [R]. http：//research. meihua. info/article_ 167. 2014.

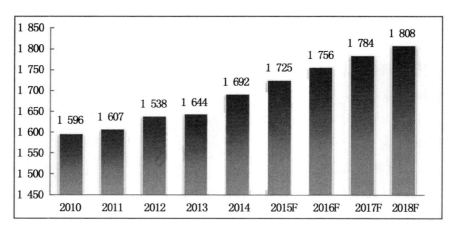

图3-7　2010—2018年中国新生儿数量[1]（万人）

2. 电子商务兴起，母婴产品购买方式转变

互联网的出现，不仅给品牌与消费者的信息交流带来了便利性，同时也消除了从产品生产到消费者购买之间的重重壁垒，让整个产品流通环节更加简单。随着智能终端设备的普及，移动互联网得以快速地发展，满足了年轻一代消费者在碎片化时间内获取信息和购物的需求。根据艾瑞咨询的监测数据，母婴行业已经成为我国网购市场第五大规模的行业，预计我国2016年的母婴用品网购交易规模将超过2 000亿元。[2]

然而，我国母婴电商的发展也经历了一段曲折的时期。从早期邮寄目录，到综合电商纷纷开设母婴频道，再到母婴电商进入高速增长阶段。而近些年跨境电商的出现和消费者海淘习惯的形成，又迎来了母婴消费的另一增长点。经过了十余年的探索，目前国内主要的母婴用品形成以下五类主要的线上消费渠道：第一类为综合电商类，如天猫、京东等开设的母婴频道；第二类为垂直电商类，如蜜芽宝贝、贝贝网等；第三类为母婴垂直社区中的导购或电商板块，如宝宝树、妈妈网等；第四类为移动端母婴类工具电商板块，如辣妈帮；第五类为品牌商及线下零售商自建的电商平

---

[1] 易观智库. 中国互联网母婴市场发展研究报告2016［R］. http：//www. analysys. cn/view/report/detail. html? columnId=8&articleId=16795. 2016.

[2] 艾瑞咨询. 2014年中国母婴行业线上数据洞察报告［R］. http：//www. iresearch. com. cn/report/2301. html. 2015.

台，如自建官方网上商城以及在天猫、京东等平台开设的旗舰店。母婴类电商的全面发展，为新一代妈妈们的消费提供了便利的购物环境，也迎合了新一代消费者的购物习惯，正日益成为其主要的消费方式。

此外，海淘的兴起，让跨境电商的发展迎来了春天，天猫、京东等电商巨头纷纷入主海淘市场，推出了天猫国际、京东全球购等子品牌，也推动了母婴类用品海淘市场规模的新增长。《2015 中国跨境进口消费报告》中指出，天猫国际上线之初最受欢迎的品类为婴童食品，随之婴童用品的比例也迅速增加，2014 年第一季度的统计数据显示，婴童食品的销售额占比 25.1%，排在所有品类的第一位[1]。可见，母婴用品的跨境购已经成为新一代妈妈们的主要消费方式之一。

3. 食品安全危机及假货横行，妈妈们"淘"出国门

2008 年的三聚氰胺事件，2010 年圣元奶粉陷入"激素门"，2012 年伊利召回汞含量异常的婴儿奶粉……接二连三的食品安全问题，摧毁了整个中国奶粉产业的消费者信心，中国人的奶粉消费观念也因此改变。2012 年的假美素丽儿案，2013 年的假可瑞康案，再到近期的 1.7 万罐假奶粉案，一桩桩的奶粉假冒伪劣商品流入市场，让母婴消费者的神经更加紧绷，不仅对国内品牌逐渐丧失信心，甚至对整个中国母婴购买行业都陷入了恐慌。这种对整个市场消费信心低迷的现象，促使她们极端重视母婴用品的安全因素。这群母婴消费者选择"淘"出国门，寻找高质量、有信誉的婴幼产品。一米世界研究院的母婴系列报告中指出，基于对国内产品质量的担心，有 14.8% 的母婴消费者选择了国外进口的产品[2]。"中国宝宝一张口，全世界的孩子都喊饿"深刻地反映出来目前国内母婴品牌消费者信心低迷的市场现状。同时，"人肉"代购行业开始盛行。"奶粉达人""拖粉团""背奶妈妈"等新的现象开始出现。然而，随之而来的是世界各国奶粉限购政策的推出。从 2012 年起，澳大利亚、新西兰、德国、英国、美国、荷兰、香港、澳门

---

[1] CBNData，天猫国际. 2015 中国跨境进口消费报告 [R]. http://www.199it.com/archives/437404.html. 2016.

[2] 一米世界研究院. 2014 中国母婴研究系列报告 [R]. http://research.meihua.info/article_167. 2014.

等国家和地区相继出台限购政策。于是，跨境网购又成为了新一代妈妈们的主要消费方式之一。根据艾瑞咨询发布的《2015 年中国跨境网络购物用户研究报告》，产品品质成了消费者选择跨境网购的最主要原因，占比达到 67.8%[1]。

4. "生活圈"影响"消费圈"

母婴消费是一个具有典型圈子特征的消费。前文提及新一代妈妈们，他们渴望获得和交流育儿经验与知识，也想要分享自己的经验。这在过去，可能只是身边亲朋好友的妈妈圈子，而到了互联网时代，新媒体应用的出现打破了很多原有的圈子，又聚合起新的圈子。于是，新一代的妈妈们获取信息的圈子，从过去的身边妈妈帮，扩展到了线上的母婴社区、移动端的母婴 APP 等，同时海淘、代购的出现，又让妈妈们进入代购圈。可以说，新一代妈妈们的消费在很大程度上受到她身处圈子的影响，这些圈子不仅是她们社交的平台、分享信息的平台，同时还是影响她们品牌认知、产品认知的渠道，也是最终实现购买的途径。

第四节 品质提升与精神向往
——家庭生活用品消费趋势

海淘热和境外旅游热所带来的消费潮流，不仅停留在价值量较高、国内外差价较大的奢侈品品类。近年来，随着信息获取渠道的丰富，消费者加深了对世界各国生活方式的了解，对于生活品质的提升日益重视。从日本马桶盖、电饭煲到泰国睡眠枕、乳胶床垫，从"用了之后感觉那么多年的牙白刷了"的飞利浦电动牙刷到主打"负离子不伤发"的松下吹风机，从宜家的极简北欧风到无印良品回归生活本质的设计理念，都频频占据了

本节执笔：袁海缘。

[1] 艾瑞咨询. 2015 年中国跨境网络购物用户研究报告 [R]. http://www.iresearch.com.cn/report/2345.html. 2015.

中国消费者的生活。以提升生活品质的家庭生活类产品的消费，正以卷土之势蔓延中国的消费市场。

据商务部数据显示，2015 年中国游客在境外消费约 1.2 万亿元，继续成为世界主要旅游消费群体。同时，2016 年我国跨境电子商务贸易总额将突破 6 万亿元，并在未来几年保持每年 30% 的增长。而淘宝全球购发布的 2005—2015 年《十年海淘报告》中的数据显示，海淘商品已经从奢侈品、幼婴用品、数码产品等向日化家居、爱好相关品类扩展[1]。艾瑞咨询 2016 年 4 月发布的《中国跨境网购用户研究报告》显示，中国跨境网购用户消费的产品品类中，家居和生活家电分别占比 26.6% 和 24.4%，总和超过 50%[2]。

一、品质消费时代到来

有研究者把中国的消费社会从新中国成立以来到今天划分为四个主要阶段——温饱消费、小康消费、符号化消费和品质消费[3]，较清楚地反映了我国社会消费水平的发展历程。

新中国成立初期到改革开放期间是温饱消费。这一阶段国民经济刚刚恢复，但由于战争对工农业生产的严重破坏、国民党政府长期通货膨胀导致的市场混乱等历史遗留问题[4]，以及现实的政治、经济原因，使国民经济发展缓慢，生产力水平和国民消费水平均处于较低水平，国民消费主要解决温饱问题，没有富余的消费能力，也没有更多其他选择。

改革开放到 20 世纪 90 年代末，这一阶段由于改革开放促进了国民经济的发展，经济结构开始进行调整，企业进行生产和经营的积极性空前高涨，物资逐渐丰富起来；居民收入和消费水平大幅度提高，生活全面改善；与此同时，随着改革的逐渐深化，城乡发展差距逐渐拉开。[4]社会阶层出现分化，"先富起来"的居民有能力开始消费更高端的产品来满足更高层次的需求，但物资丰富程度仍处于较低水平，如 1980 年市场上出现的老"四大件"，就在市场上掀起了一阵抢购风潮。这一阶段与日本社会消

[1] 淘宝全球购. 十年海淘报告 [R]. http：//dwz. cn/3E2LYb.
[2] 艾瑞咨询. 2016 年中国跨境网购用户研究报告 [R]. http：//dwz. cn/3E2SQE.
[3] 肖明超. 消费蜕变：中国品质人群消费浪潮 [J]. 广告大观：媒介版，2012 (10)：71–72.
[4] 赵吉林. 中国消费文化变迁研究 [D]. 成都：西南财经大学，2009.

费研究者三浦展所描述的日本"第二消费社会"极为类似——"逐渐普及的商品以生活必需品为主，因此消费者并不刻意追求商品的个性以及设计等方面，只是单纯地购物，别人家有什么自己家也有就够了"[1]。

从 21 世纪初到"十一五规划"结束属于符号消费阶段。这一阶段国民经济进一步快速发展。"在互联网大潮、海归潮、市场经济的改革深化等推动下，催生了中国的一批中产阶层和富裕阶层，而由于社会阶层的快速上升，使得主流中产阶层的意识形态和生活方式没有达成完全统一，而先富起来的阶层则急于通过各种消费来进行自我区隔，于是'炫耀型、符号型'的消费成为浪潮"[2]。也就是说，富裕阶层的消费者消费的是品牌的符号价值，用货币换取的是个人身份地位的标榜和他人的尊重。广告可以从一定程度上反映社会文化，从电视、杂志等不同媒介形态的广告作品中可以轻易地捕捉到对产品的符号化渲染——直到今天，奢侈品广告中对社会阶层区隔的表现手法仍屡见不鲜。

从"十一五规划"结束至今，虽然前述消费特点依旧重叠存在，但中国国民消费已经逐渐呈现品质化趋势，中国消费者开始进入到品质消费阶段。互联网的发展让整个社会的信息传递变得便捷、迅速，消费者的心智在多元、丰富的信息环境中逐渐成熟，消费者智慧得到升级，"消费点"从对符号化占有的看重、对品牌的依赖逐渐发展到对产品品质、生活质量以及精神生活的追求。尼尔森市场调研公司 2015 年 11 月发布的第三季度中国消费者信心指数研究指出，当一线城市消费者被问及他们计划在不久的将来增加开支的类别时，提升生活品质和健康相关产品位居前列。一线城市消费者接近半数（47%）受访者表示，将在提升生活品质和健康相关产品上花更多的钱。波士顿咨询公司与阿里研究院合作在 2015 年 12 月发布的《中国消费趋势报告》显示，"从满足日常生活到改善生活品质"将成为消费趋势之一[3]，而尼尔森《2016 年中国快速消费品预测报告》更

---

［1］ 三浦展 . 第四消费时代［M］. 北京：东方出版社，2015：20.

［2］ 肖明超 . 消费蜕变：中国品质人群消费浪潮［J］. 广告大观：媒介版，2012（10）：71–72.

［3］ 波士顿咨询 . 中国消费趋势报告［R］. http：//dwz.cn/3E2Zhd.

进一步预测：消费者将更青睐于购买高品质的产品[1]。

随着改革开放和市场经济建设的不断推进，新兴媒体和新技术的快速发展，消费者的生活形态、消费模式随之不断发生变化，消费者心智也逐渐走向成熟、重视自我，消费趋势表现为从原来的盲目、表面、追求品牌向理智、真实、崇尚品质转化。可以说，中国消费者的品质消费时代已经到来，种种现象和数据表明，中国正在经历一次史无前例的消费变革。

二、生活品质类消费特征

1. 消费需求升级，品质追求凸显

"随着人们生活品质的快速提升，消费者对家电的要求也逐渐变得严苛，除了过硬的产品质量，消费者还要求细节和产品交互体验，人性化的高端家电产品因此成了家电卖场的'香馍馍'"[2]。无论是家居家电用品，还是个人出行随身用品，消费者追求的不再是满足日常生活的基本功能，而是超越从前，更多、更强大地给生活带来更多便利与惊喜的高级功能。

根据相关专业数据显示，为更新换代而购买高端家电的人群高达68%左右，而纯粹为提高生活品质购买高端家电的只有43.7%。吸尘器、拖地机器人代替手持扫把、拖把进行家居清洁工作，使人从繁重的家务劳动中解脱出来，从而拥有更多的时间享受生活；滚筒洗衣机挤压涡轮洗衣机的市场空间，成为中产家庭的偏爱，因为其工作原理赋予它不伤衣物的优势，甚至具有烘干、除皱的独特功能；牙刷不仅要刷毛柔软，还需要在更温和、更安静的声波电动牙刷和清洁能力更强的旋转式电动牙刷中做选择才是值得众多品质消费人群讨论的问题；自动加热的马桶圈、活性炭吸收装置除臭提供前所未有的舒适体验；日本电饭煲做出的米饭颗粒饱满、晶莹；价格更低档次一般的保温杯可能只有三四个小时的保温功效，而选择膳魔师、象印保温杯是因为它能保证出门在外一天都能喝到热水。财经作家吴晓波在谈论日本抢购风潮的文章中评价说："我的这些在冲绳免税店

---

[1] 尼尔森.2016年中国快速消费品预测报告［R］.http：//0x9.me/nHFm9.

[2] 中国行业研究网.生活品质提升，消费者对家电要求逐渐严苛［EB/OL］.http：//dwz.cn/3E3hrx.

里疯狂购物的年轻同事们，大概都算是中国当今的中产阶层，是理性消费的中坚，他们很难被忽悠，也不容易被广告打动，他们当然喜欢价廉物美的商品，不过他们同时更是'性能偏好者'，是一群愿意为新技术和新体验埋单的人。"[1] 而当下，越来越多的"性能偏好者"出现在百度经验、知乎、果壳等知识传播类平台中，不断地以分享的形式引导更多普通消费者，分享高品质产品带来的良好使用体验。

2. 从符号消费转向注重自我体验

在经济发展的红利下迅速发展起来的富裕群体，倾向于用品牌符号彰显自身地位，以与其他弱势群体相区分，这种消费可以称之为"炫耀型"消费。在符号消费阶段，不少消费者的"名牌意识"是从服装、箱包、珠宝和手表等外显性产品开始的，名牌的外表通常会为消费者打上一个成功者的标签。而今天的消费者似乎更关注自我，更重视消费商品给自身带来的使用感与体验感。

中国的海外购物品种，已开始从以往"扫货"似的购买大件高档奢侈品，到如今购买指甲刀、牙膏等小小的提升生活品质的家庭必需品，购物对象正经历结构性变迁。[2] 调查发现，近两年国人出国购物品种范围扩大至小型物件，欧洲国家生活超市中的刀具、锅铲、食物保鲜盒、儿童玩具等经常被中国游客抢购一空；海淘电商平台小红书在2015年底进行的一场全球年度商品盘点，在由1 700多万用户网络投票选出的129件口碑产品中，一大半来自日本的明星产品是小物件。其中，个人护理、家居用品与护肤品、零食榜单共同占据半壁江山。[3] 这些被抢购、推荐的小型生活商品与国内的普通商品相比，无论是材质上、设计上都往往更胜一筹。如果说名牌的外表给予消费者以身份认同，那么这些高品质的生活类产品则代表着他们真实的生活质量。国内一家高端购物中心的负责人也提到，曾经为商场带来主要销售额的箱包、服装等奢侈品销量正在逐年减少，而

---

[1] 吴晓波.中国中产为何蜂拥去日本买马桶盖 [EB/OL]. http：//0x9. me/AtSbl.

[2] 迟唐."中产阶级"的消费痛点 [J]. 中国质量万里行，2016，1：8-11.

[3] 第一财经日报.800亿元消费！除了马桶盖中国人在日本还买了什么？[EB/OL]. http：//t. cn/RquLIbO.

一些高端的厨具、床品、瓷器等家用产品的销量正在逐年增长。

"80 支和 40 支的床单只有我自己躺在上面才知道差别";手握菜刀的角度、触感会让人重新爱上厨房,"用了双立人菜刀之后,又对厨房产生兴趣了";一个款式心仪的水杯才能让喝水这件事更有趣,"为了这款杯子,我特意大老远跑到商场的专柜"……商品的实用功能不再是消费者的根本需求,尤其是对价格越来越不敏感的中产阶级,他们更注重的是买到满意的材质、外观和设计,更优质、更美观、更人性才能带来更美好的体验,以及更满意的消费感受。

在航美传媒与新生代市场监测机构联合发起的"中国品质人群生活形态研究"中,83.4% 的受访者表示对于品牌的消费,他们更重视的是品质而不是品牌本身,而在消费中,对于品质的追求也持续升温,94.5% 的品质人群"不随意买东西,只买那些提高生活品质的东西"[1]。曾经在信息匮乏的环境中依靠品牌选择商品的消费者,今天则更看重商品自身是否具有较高的品质,产品功能是否能提高生活质量,让生活更方便、安全、舒适,甚至高端、有格调。

3. 从功能需求转向精神追求

消费者的"消费升级"分为两部分[2]:一部分是实体的升级,体现在商品品质需求的提升;一部分是精神升级,体现在对产品的文化内涵、价值观的认同,也就是对自己精神生活的追求。

在物资匮乏时代,对商品的需求是满足日常生活基本需求。当物资逐渐丰富起来,对商品的功能需求逐渐提升,更好用、更耐用、体验好才是一件商品值得消费的基本品质——水杯不仅要密封还要不锈钢真空双层保温,被子不仅要保暖还需要含蚕丝透气、柔软又抗菌。

除此之外,更高级别的消费需求体现在对产品、品牌所蕴含的、代表的生活理念的追求,所宣扬的价值观的承载,所能赋予消费者的精神。如

---

[1] 肖明超. 消费蜕变:中国品质人群消费浪潮 [J]. 广告大观:媒介版,2012(10):71-72.

[2] 和讯新闻. 700Bike 张向东谈消费升级:做到高品质还远远不够 [EB/OL]. http://t.cn/R5jsujv.

选择无印良品的保温水杯是看重它"简约、自然、富质感"的日式现代生活哲学；选择一床宜家的被子，是为它提倡的"清新、健康、以人为本"的生活方式埋单；"果粉"对 iphone 的热爱背后，是对乔布斯毕生坚持以及美学至上的情怀认同……

航美传媒与新生代市场监测机构联合发起的"中国品质人群生活形态研究"调查发现，品质生活的含义不仅包括富足的物质生活，还包括精神世界的满足[1]。品质生活一定不仅仅是物质本身，品质人群的消费融入了更多精神消费和享受的元素，而这样的品质消费浪潮将会在今后的中国消费社会中持续地发展和蔓延，从而带动整个中国消费进入品质时代。

三、品质消费潮流产生的社会背景

每一种消费文化现象都是历史与现实共同作用的结果，每一种消费特征也是由历史的积淀与当下的社会背景共同催生出来的。

1. 经济水平提高促进消费升级

正如风险投资家李世默在 Ted（指 technology，entertainment，design 的缩写，即技术、娱乐、设计）大会上的演讲中所说，仅仅 30 多年间，中国就从世界上最贫困的农业国，一跃而成为世界第二大经济体，实现了6.5 亿人脱贫。可支配收入的增长，对未来经济的乐观态度强有力地支撑了消费者的消费意愿。在经济发展初期，一方面，消费者没有经济能力支付更高级的产品，另一方面，市场上没有可以选择的商品提供，消费升级没有发生的条件；随着经济的发展，生产力的提高，市场上提供的商品大多是满足基本生活需求的产品，而消费者的消费水平也仅仅停留在满足日常生活开支上，只有少数先富人群通过特殊途径或高额价值能享受到品质较高的"进口"商品；而在经济高速发展的今天，消费者收入增加，在满足基本生活需求之余，有能力为舒适埋单，为健康埋单，为方便埋单，为品质生活买单，而繁荣发展的国际市场满足了消费者更高层级的需求，培养了消费者多样化、个性化的喜好，培养了消费者的品质消费习惯。

---

[1] 航美传媒.中国品质人群生活形态研究［EB/OL］. http：//0x9.me/nDcCL.

美国心理学家亚伯拉罕·马斯洛的需求层次理论将人类需求从低到高按层次分为 5 种，分别是：生理需求、安全需求、社交需求、尊重需求和自我实现需求。这既是中国消费社会也是每一个作为社会人的消费者消费层级发展的真实理论写照。只有当个人的力量达到能够主宰自己的生存后，精神的重要性才会超越物质的重要性。随着物质基础的丰裕，对某一品类的需求将从最基本的生理方面的需求逐渐向功能性的更高级别的心理层面的需求发展——对一个水杯的需求从盛水的功能发展到材质安全、款式美观、保温性能好，再发展到符合流行趋势，蕴含自己认同的文化内涵、价值观等。生活消费的整体变化也是如此，从满足基本的衣食住行到吃得更安全、住得更舒适、用得更方便，最终发展到实体的物品实现了平和内心的回归，精神世界的抚慰。

2. 新世代促使消费观念变革

麦肯锡咨询公司把出生于 20 世纪 80 年代中期以后中国经济高速发展时期的一代人定义为"二代中产"，他们的消费观念与父辈相比发生了巨大变化。他们中的大多数人接受过良好的教育，独立而自信，具有好奇心，乐于接受新鲜事物；他们生活条件富裕，更追求品质和体验，单纯的"物美价廉"已经不能满足他们的需求，他们更愿意为真正提升生活品质的商品付出溢价——护腰坐垫、洁面仪、美容仪、电动牙刷等在上一代人眼中不实用、不值钱的东西成为他们愿意托人代购、亲自海淘、精心挑选的必需品。麦肯锡经过调查研究还发现，二代中产对家庭购买决策起到了很大影响作用，可以说，二代中产的消费观念影响着中国的消费格局。

财经作家吴晓波认为，今天的中国进入到新中产崛起的关键节点，新中产阶级中"80 后""90 后"占比越来越高。[1] 网易金融通过其大数据实验室发布了研究报告，在报告中对新中产人群首次做出了清晰的定义——以 25～40 岁中青年群体为主，具有良好的教育背景，一般以大学本科以上学历为主；收入方面，一、二线城市新中产年收入在 10 万元以上，

---

[1] 吴晓波. "物美价廉" 不能说服新中产，私人定制成趋势 [OL]. http：//dwz.cn/3E2vlt.

三、四线城市则收入在 6 万元以上；对生活品质有一定的追求，愿意为高品质的生活埋单。[1]

　　一位年轻的"金领"这样描述品质生活："你使用的，不管是家电也好，或者是你的居住环境、生活习惯，都要更讲究。更舒适或者是更多高科技的产品会带给你一些不同的感觉。在使用某一种产品的时候，这种东西给你高品质的生活，这也算是一种体验。"这是中国品质消费人群的内心独白。

3. "信息流+物流"促成无障碍消费

　　很长一段时间内，信息的不对称和欠发达的商务水平让中国消费者并没有太多机会了解或接触到国外的商品。物流、电子商务和新兴媒体释放了中国消费者压抑已久的需求，并进一步促进了消费增长。"海淘热"的出现也体现了普通中国人生活水平的提升、老百姓消费的升级。[2] 总体上，中国民众对于品质生活的需求非常旺盛，而长期依靠成本优势和渠道优势的国内制造业追求"挣快钱"而忽视了今天备受推崇的追求产品品质的"匠人精神"。因此，中国国内的消费矛盾体现在消费者不断升级的对品质生活的需求和国内制造业"粗放"现状的矛盾。而电子商务的发展和物流水平的提升恰恰满足了不断升级的消费者需求。随着智能终端和移动互联网的快速发展，移动购物的便利性越来越突出。在主流电商平台的大力推动下，消费者对于通过移动端购物的接受程度亦大大增加，用户移动购物习惯已经养成。

　　与提供丰富多样产品的电子商务平台相配合，物流水平的提升改变了消费者的消费习惯，扩展了消费范围，消费者可购买的商品受地域影响大大减小。[3] 天猫开通全球购，为消费者提供来自全球各地的品质商品，网易考拉海淘、小红书、菠萝蜜海淘等各大主打生活、个人护理类产品的海淘电商为消费者提供保税代购服务，一个星期甚至二三天之内，来自全

---

[1] 吴晓波. 2016 中国"新中产"消费的元年 [OL]. http：//sanwen8. cn/p/13bzG13. html.
[2] 王政. "海淘热"来了，中国制造呼唤"匠人精神" [OL]. http：//dwz. cn/3E2xVT.
[3] 艾媒咨询. 2015—2016 中国信息时代新消费方式专题报告 [OL]. http：//dwz. cn/3ESSvz.

球各地的商品就会邮寄到消费者手中。

4. 社会化购物向导刺激出的潜在需求

新媒体和新技术的崛起让信息传播变得便捷、快速，新信息环境具有全球化、数字化、多元、海量、突破时空限制和去中心化的特点，促进了消费者心智的成熟和消费智慧的升级。类似于"品质生活用品指南"、清单这样的公众号自媒体从海量信息中筛选有用信息，通过实践与口碑的验证为消费者提供指导，成为消费升级的商品"启蒙"。"清单"公众号的联合创始人龚瀛琦说："一切只是因为，在有些需求没有被激发出来以前，你并不知道自己对品质的要求原来可以到达那里。这些需求是——或许并没有出现在你过往的经验世界里，但一旦真的摆在你面前，你天然不会抗拒的——对更有品质的舒适生活的向往。"美国苹果公司联合创始人乔布斯曾说过："创新不需要搞什么市场调查，因为消费者往往是你把东西给他看的时候，他才会说，这正是我需要的——把手机触摸屏加工得像年轻女人的皮肤一样光滑。"社交媒体、自媒体为消费升级所做的贡献正是把"产品信息"送到消费者面前，有支付能力的消费者便因此产生了难以抑制的需求。

同时，新媒体加速了创新扩散的进程。社交媒体上许多教育程度、生活水平较高，生活在一线城市或海外的自媒体，通过分享受众关心的优质内容而拥有大量粉丝，他们作为创新扩散模型中的创新者或者早期采用、活跃的意见领袖，将新的生活方式、理念，新的产品、市场信息传播给普通群众，新媒体的即时性、裂变性让普通群众迅速接受新的理念、新的知识。追求更舒适、更便捷、更愉悦的产品，追求一种品质生活因而逐渐发展成为一种全民崇尚的文化趋势。

新时代的消费理念，已经从崇尚符号、奢侈向注重质量与品质过渡，向回归生活本质、充实精神生活过渡。随着互联网技术的进一步发展和中国制造业、营销业的创新与变革，中国的消费市场将迎来品质消费的新常态。

第五节　多元需求与社交分享
——旅游市场消费趋势

大众旅游时代已经悄然而至。根据国内相关数据显示，从 1985 年到 2014 年，我国国内旅游人次由 2.4 亿人次增长到 36.3 亿人次，增长 15 倍，旅游出游率由 23% 增长到 265%，增长 12 倍。[1]旅游这个概念，在 30 年前的中国消费者心目中还是个奢侈的行为，即使在十年前，出国游尤其是出现在发达国家的中国游客还属少见。而互联网的发展在开拓中国人视野的同时，以互联网为基础的电子商务也将旅游的便利性大幅提升。随着近几年可支配收入的增长、闲暇时光的增加、信息技术的发展，以及交通出行的便利，旅游已经成为中国消费者每年列入规划的重要消费之一。旅游也不再是"有钱有闲"的代名词，而日益成为一种常态化的生活方式。

一、全民旅游时代到来

中国旅游研究院发布的《2015 年及"十二五"旅游业发展目标完成情况》报告显示，目前，我国已形成 40 亿人次的国内旅游市场，入出境市场超过 2.5 亿人次，全年实现旅游业总收入 4.13 万亿元，同比增长 11%，全年全国旅游业对 GDP 的直接贡献为 3.32 万亿元，占 GDP 总量比重为 4.88%；综合贡献为 7.34 万亿元，占 GDP 总量的 10.8%。[2]旅游是

本节执笔：马红娟。

[1] 中华人民共和国国家旅游局 . 2016 年度旅游市场七大趋势预测 ［EB/OL］. http：//www. cnta. gov. cn/xxfb/jdxwnew2/201601/t20160108_756823.

[2] 中国旅游研究院 . 2015 年及"十二五"旅游业发展目标完成情况 ［EB/OL］. ［2016-01-29］. http：//www. ctaweb. org/html/2016-1/2016-1-27-9-46-94655. html.

经济发展的"加速器"、社会和谐的"润滑油"。[1] 2015 年,政府将发展旅游业和促进旅游消费分别摆在深化服务业和扩大内需的首位,旅游业的战略性地位日益凸显。芒果网发布的《2016 年度旅游市场趋势预测报告》预测,2016 年游客人数将持续增长,越来越多的居民把旅游作为假期生活的首选。旅游消费支出所占比重也在不断提高。英敏特发布的《2015 中国消费者消费习惯》报告显示,2014 年旅游度假的市场价值达到人民币30 220亿元,首次成为中国消费者继个人理财与住房、家庭消费食品后的第三大消费支出(10.6%),而在 2009 年,旅游消费支出仅列第五位,在过去 5 年其复合年均增长为 24%。[2] 央视《中国经济生活大调查》数据显示:中国百姓的消费热点已经从物质产品向精神产品转移,2015 年百姓热衷消费的项目,旅游(28.4%)保持在第二位。旅游消费支出的增加也从侧面反映了我国居民旅游消费习惯和消费观念的改变。

1. 旅游消费群体年轻化

随着"80 后"经济能力的提升,"90 后"消费欲望的增长,"千禧一代"(1981—1995 年生人)成为旅游市场的主角。根据"2015 国家与品牌调查"数据显示,被调查的大学生中有 44.9% 都有出国旅游经历,其中11.5%的大学生还去过 2 个以上的国家。如图 3-8 所示。

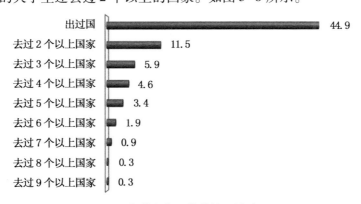

图3-8 大学生出国旅游情况统计(%)

---

[1] 新闻办. 我国旅游发展迎来六大机遇 [EB/OL]. [2016-02-08]. 中华人民共和国国家旅游局, http://www.cnta.gov.cn/xxfb/jdxwnew2/201602/t20160208_760172.shtml.

[2] 消费者现在愿意为了什么而埋单 [EB/OL]. [2015-06-16]. 梅花网, http://www.meihua.info/a/63646.

另有数据显示，中国"千禧一代"平均一年旅行4次，平均每次旅行持续4晚，旅行支出是其他国家千禧游客的近两倍。[1] 旅游群体正呈现年轻化趋势，催生了一个年轻化的旅游新时代。以出境游为例，世界旅游城市联合会2014年9月发布的报告指出，出境游中国公民群体中，"80后"人群占比达56.2%，"70后"和"90后"人群占比分别为26.1%和11.3%。[2]

年轻人生活方式的变化，以及他们对于生活态度的认知，让他们认为旅行能够构成人生中重要的意义，人生的每个阶段都需要不同形式的出游。例如大学毕业要通过"毕业旅游"来认识世界，失恋后要"单身游"去慰藉内心情感，"职业间隔游"能缓冲忙碌工作带来的压力，"间隔年""背包客"更是成就了一批以旅游为职业的年轻人，他们带动着更多年轻人走出身边熟悉的环境，让旅游变成"青春是一场说走就走的旅行"，使旅游在生活中的重要性凸显，成为年轻人施展个性和增长见识的生活方式。

2. 出境游人数增多

世界旅游组织数据显示，2015年国际旅游人次达11.8亿；其中，中国公民出境旅游人次达到1.17亿，旅游花费1 045亿美元，分别比上年同比增长9.0%和16.6%。[3] 据中国国家旅游局数据显示，中国出境游人数连续3年位居世界第一，2015年中国人超过美国人成为全球出境旅游消费最多的群体，"中国游客"已经成为世界旅游业的风向标。在本次调查中，白领人群中至少去过1个国家的人数比例达到80.5%，去过2个以上国家的人数达41.2%。

据携程大数据显示，中国游客境外自由行热门目的地排前三位的分别是首尔、中国香港和新加坡，境外跟团游热门选择前三依次是曼谷、东京和中国台北。国人出境游的热情一方面来源于经济收入的增长，消费水平的提高，另一方面世界各国对中国游客放宽签证等一系列政策利好也是刺

---

[1] "80后""90后"平均一年旅行4次，免费wifi比吃饭还重要 [EB/OL]. [2014-10-13]. 新华网 http: // sg. xinhuanet. com/2014-10/13/c_ 127093179. htm.

[2] 专家：旅游群体呈现年轻化趋势 [EB/OL]. [2015-05-27]. 新华网，http: // news. xinhuanet. com/politics/2015-05/27/c_ 1115429266. htm.

[3] 中国旅游研究院. 2015年及"十二五"旅游业发展目标完成情况 [EB/OL]. [2016-01-29]. http: //www. ctaweb. org/html/2016-1/2016-1-27-9-46-94655. html.

激境外旅游热的重要因素。中国年轻消费者旅游最想去的目的地如图3-9所示。

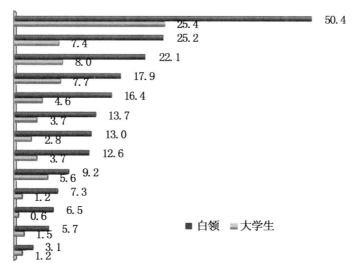

图3-9 中国年轻消费者旅游最想去的国家（%）

3. 自由行市场增速迅猛

自由行已经成为中国消费者最主要的旅游方式。业内相关统计数据显示，随着我国整体旅游市场的高速增长，自由行人数增长迅猛，每年增长达30%，传统组团游有放缓趋势，增速为15%。2015年，我国国内游和出境游分别有97.8%、66.7%的客源是自由行，自由行更将成为年轻人出游的潮流。近年来，游客从过去"团七散三"的格局逐步变成"团三散七"。[1]

根据中国旅游研究院发布的《全球自由行报告2015》数据显示，2015年，全球自由行市场规模为42.5万亿元人民币，同比2014年增长5.6%，其中，我国国内自由行市场规模为3万亿元人民币，人数高达32亿人次，人均消费937.5元，同比2014年增长9.7%；出境自由行市场规模已达9 300亿元人民币，人数高达8 000万人次，人均消费11 625元，同比2014年增长24.1%；我国整体自由行市场增速为16.7%，是全球的3倍，有力

---

[1] 吕建设. 在线旅游未来的转型之路应该是深耕服务价值 [EB/OL]. [2016-02-17]. 中华人民共和国国家旅游局，http://www.cnta.gov.cn/xxfb/jdxwnew2/201602/t20160217_ 760858.shtml.

地带动了全球的旅游消费。[1]

4. 线上旅游消费市场持续渗透

旅游度假产品的消费，从线下转移到线上的趋势越来越明显。劲旅智库监测数据显示，2015 年，中国旅游市场总交易规模约为 41 300 亿元，其中在线市场交易规模约达 5 402.9 亿元，较 2014 年的 3 670 亿元同比增长 47.2%，在线渗透率为 13.1%，较 2014 年的 11.3% 增长了约 2 个百分点。[2]

旅游消费者越来越热衷于"互联网+旅游"这种线上购买、线下体验的模式，通过互联网获得出行提示、制定交通规划、预订各类票证已经被越来越多的人接受，通过手机在线安排、记录、分享自己假期旅游行程已成为常态。早在 2014 年，国家旅游局就开始布局线上旅游服务，并将 2014 年确定为"智慧旅游年"。"互联网+旅游"利用云计算、物联网等新技术，通过互联网/移动互联网借助便携的终端上网设备，达到对各类旅游信息的智能感知、方便利用的效果。围绕该主题，中国将加快推动旅游在线服务、网络营销、网上预订、网上支付等智慧旅游服务。

二、旅游消费的观念变化

随着我国居民消费水平的提高、中产阶级的崛起，人们的旅游观念也在不断改变。旅游的目的不是盲目地一味追求走过、路过、看过，而是希望通过旅游实现放松修养、身心愉悦、体验不同的生活，享受型需求逐渐占据我国游客旅游观念的主导地位。因此，消费者对旅游产品的品质要求也越来越高，旅游消费观念日益形成专深、个性化和社交化等特征。

1. 旅游目的注重对"自我"的个性化满足

（1）出行生活化：从"到此一游"到生活体验游

以景点参观为主，"上车睡觉、下车拍照"的旅游消费观念已经成为

---

[1] 2015 全球自由行报告发布中国市场增速是全球 3 倍［EB/OL］.［2015-12-30］. 国家旅游地理网，http：//news. cntgol. com/dyzd/20151230/34302. html.

[2] 劲旅咨询. 2015 年中国旅游市场在线渗透率为 13.1%［EB/OL］.［2016-02-01］劲旅网，http：//www. ctcnn. com/html/2016-02-01/10239717. html.

过去，"到此一游"式的旅游方式追求的是一次可以拿来炫耀的表面经历。随着消费者消费观念越来越理性，也越来越懂得享受，这种"花钱买罪受"的出游方式已不能满足人们的需求。

如今，人们更渴望通过一次深度的、高品质的旅行来感受异国他乡的文化特色，尝试一种从未经历过的生活方式。他们更倾向于主动地、从容地走进一座城市，参与甚至融入当地生活中去。像具有生活气息和人文情怀的欧洲"小镇游"、极具韩国特色的"汗蒸体验"等生活场景类休闲游深受游客欢迎。从各大旅行社推出的出游线路也不难看出这种变化，传统的串连式的"新马泰十日游""欧洲四国十日游"等求量不求质的短时期多地游正在被"泰国六日游""济州岛四日游"等求质不求量的"一地深度游"线路所取代。旅行社方面表示，现在这种长途的单一深入式线路更受游客喜爱，更利于游客深入感受当地风情。[1] 这种追求生活化的深度体验游还体现在住宿上，中国游客越来越希望通过客栈民宿而不是连锁的标准化酒店来更加深入地体验、融入旅游目的地当地生活。

（2）线路个性化：从跟团到自由行、定制游

传统的以参团为主的旅游方式，遵循常规模式化、重复套路化的旅游线路。随着普通大众旅游频率和旅游深度的不断增加，不同层次旅游消费者之间的消费观念差异性不断扩大，跟团形式已经无法满足人们的旅游消费需求，彰显个性的旅游消费需求日益明显，个性化成为一种主流消费观念。

自由行对热爱自由、活力满满的年轻人有着天然的吸引力。随着"80后""90后"消费能力的逐渐提升，日益成为旅游消费的中坚力量，自助游和自由行的比例暴涨。各大网站"自由行攻略"的火爆，大小景点随处可见的背包客、私家车都预示着旅游市场进入了自由行的散客时代。根据国家旅游局数据，2015年上半年自由行进一步保持上扬势头：国内游自由行人数占国内出游总人数的97.8%，其中，随着我国私家车保有量的平稳

---

[1] 旅游消费观念和模式悄然变化，差异化产品成行业趋势［EB/OL］．［2012-11-15］．中国日报网，http://www.chinadaily.com.cn/hqgj/jryw/2012-11-15/content_7518949.html.

上升，以自驾为主的自由行已成为游客到达景区的主要方式，占景区接待游客总人数的75%。

在个性化消费观念的驱使下，即使是旅行团，团也变得越来越小，且呈现个性聚集趋势。自由、灵活的私人定制游成了旅游者追求个性情趣多样化的旅游诉求。游客在选择旅游产品时考虑的不仅仅是价格，更看重旅游产品的个性特征。他们欣赏旅游手册景点之外的风景，尝试新奇的、具有挑战性的旅游活动。通过购买、消费个性化的旅游产品，来展示、表达个人理想和人生价值，实现个性心理的满足。

（3）目标主题化：多样化需求造就多样化旅游场景

同质化、粗放式和单一式的旅游产品模式早已难以满足当今消费者的需求。在旅游需求已逐渐转变为都市人的刚性需求的今天，人们的旅游消费需求从单一到多样，出游不单单只是看风景，而是根据不同的需求带着明确的目的，在各种场合营造出了不同的旅游场景。

主题游是指对某项专题或某一目的地进行深入地了解和体验，因其深度和趣味性越来越受到国内外游客的欢迎。主题游更像是大众、观光、休闲等旅游方式的升级版，既能够适应不同身份、不同年龄、不同爱好游客的多样化需求，也能够满足消费者对某一主题专而深的个性化需求。比如西藏的朝圣主题、香港迪士尼的亲子主题、加勒比游艇主题、建筑摄影主题等。例如，在肯尼亚动物大迁徙时，摄影爱好者渴望来一场特别的摄影之旅；美食爱好者更希望自己去搜罗、开发美食手册之外的不知名地域里的美食等。不同的旅游城市或旅游目的地也根据自身旅游资源打造出了不同的主题风格，如厦门结合自身旅游资源，主打"文艺""蜜月""消暑"主题，目标人群定位准确，因此受到市场欢迎。

2. 旅游目的地呈精细化、多元化特征

（1）内涵化：从"大景别"到"小文化"

旅游对大众来说曾经是一种奢侈的行为，出游一趟什么都没"捞到"就会觉得不值，因此，每一次出游都追求在有限时间内看到更多的景点，并对旅游目的地追求的是大而全的大景别印象，一路走马观花，无暇顾及旅游背后的文化信息。

　　而当大众"有钱、有闲"后，会更加关注旅游所带来的深层精神满足，文化开始发挥旅游最大原动力的作用。联合国旅游组织的统计数据显示，目前40%的游客因为文化的因素而出游。游客出游不仅仅是为了吃喝玩乐，对旅游目的地小而精、专而深的文化传统体验需求也在不断增加。在出行目的地选择上，时下的年轻人更喜欢找那些跟他们兴趣爱好结合的地方。比如有不少人为了听一场演唱会、看一场高水平的球赛、体验一场异域风情的婚礼而开始一次旅行，这种带有特殊小需求的"小景别"的文化旅游被视作旅行的新时尚。据韩国亚洲经济中文网报道，在2016年4月15—17日乐天免税店举办的家族演唱会（family festival）期间，共有15 000名中国游客赴韩观看表演和游玩，这种小而精、专而深的小文化消费带动旅游的模式正逐渐成为韩国观光业的领头军。

　　（2）全域化：从"景点旅游"到"全域旅游"

　　在全民旅游阶段，人们的旅游观念突破了"景点"的束缚，扩展到旅游目的地全域范围，"风景在路上，而不仅在景区"成为越来越多人的共识。过去那种集中在景点、景区、饭店、宾馆，把人们的旅游消费局限在看"景点"小旅游格局的时代已经逐渐过去。

　　全域化旅游最激动人心的体验往往在景点之外，是整个旅游区域综合环境的质量体验，所到之处是体验一种整体的全域的生活常态。例如，海南旅游中，在三亚海口传统旅游景点火爆猴，周边的博鳌、中原、潭门、塔洋、万泉等特色鲜明的风情小镇逐渐成为琼海新的旅游吸引物。杭州作为旅游名城，也带动了周边绍兴、南浔古镇等依旧保留原汁原味江南水乡生活的小镇的发展，让更多游客不仅体验西湖之美，更能深入到千年小镇体验当地人的生活。

　　（3）住宿非标准化：从酒店到民宿

　　长期以来，国内旅游的基本产品形态是"景+酒"，"景"提供了异地化环节，"酒"提供了本地生活环节。在旅游人数增长的环境下，传统酒店已难以满足消费者的个性化、多样化消费需求，"非标准住宿"的发展则填补这块空白。根据蚂蜂窝旅行网联合中国旅游研究院共同发布的《全球自由行报告2015》数据显示，去欧洲的中国自由行用户中只有3.56%的人会预订五星级酒店，21.80%会选择预订民宿、青旅。传统酒店一统天下的格局被客栈民宿、短租公寓、长租公寓等彰显个性主张的非标准化住宿形式打破。2015年11月，国务院颁发《关于加快发展生活性服务业促进消费结构升级的指导意见》，明确表示要积极发展客栈民宿、短租公寓、长租公寓，让一直徘徊在法律边缘的非标准住宿得以扶正。[1]

　　游客正从标准产品消费向非标准产品消费转化，尤其是非标准化的住宿为消费者提供了一种了解、融入当地生活的场景。当地特色越浓郁的民宿越受欢迎，越来越多的民宿推出当地化的"体验菜单"，例如，播种水稻的农业体验、野菜药草采集体验等。另一方面，非标准化住宿又是一扇满足个性探索体验的窗。例如，位于意大利南部的Le Grotte Della Civita酒店是世界闻名的洞穴民俗，是该小镇数以千计洞穴中的一个，它充分保留了洞穴的空间构造并刻意营造了史前人类生活场景，满足了人们个性化的猎奇需求。

3. 旅游消费的社交需求

（1）分享化：线上社交分享

　　旅游产品上的极大丰富对应的是旅游精神上的相对匮乏。旅行是关乎心灵、精神生活的活动，而人又是社会化生活的生物。"去哪里"不再重要，"做什么"也不再重要，重要的是"和谁去"，是与朋友和家人分享旅游的收获。在媒体社交化时代，越来越多的旅游者喜欢在旅游过程中或结束后在微博、微信等大众社交媒体或穷游网等专业的旅游社交媒体上发布文字、图片，与人分享旅行过程和心得。旅游者在欣赏美景、倾听优美的故事时，还肩负着取悦社交媒体上各色观众的责任，总会迫不及待地拿出手机与人分享。根据麦肯锡的数据，97%的中国游客愿意在社交媒体上分享旅游经历。[2]

　　线上分享的需要促使游客对无线网络的依赖程度更强了，找免费wifi成了到目的地后的首要事情。在使用移动wifi服务的游客中，16%的人会

---

　　[1]　周人果."非标"住宿今年迎来增长期［N］.南方日报，2016-01-13（B02）.
　　[2]　"80后""90后"平均一年旅行4次，免费wifi比吃饭还重要［EB/OL］.［2014-10-13］.新华网，http：//sg.xinhuanet.com/2014-10/13/c_127093179.htm.

随时分享美食美景图片到微信、微博等社交媒体中。根据《全球自由行报告 2015》数据显示，"旅游时，'70 后'的朋友圈最喜欢晒美景，'80 后'喜欢晒美食和娃，'90 后'旅游的时候最爱晒集体/情侣照"。其中，'90 后'最喜欢晒的分别是：我们（47.87%）、自己（11.91%）、美食（10.79%）、开心（10.34%）、累（10.11%）。[1]

（2）信息化：社交成为信息获得渠道

跟其他年代的游客相比，"80 后""90 后"更愿意在社交网络上分享信息，也更容易受社交媒体的影响。"90 后"的旅游者把互联网作为获取旅游信息的主要渠道，人数比例达 76.3%[2]，相对于各大旅游品牌网站、旅游媒体 PGC 专业的信息，人们普遍认为社交媒体上的 UGC 的旅游信息容易获得、值得信赖、旅游产品性价比高、与其他旅游者兴趣相投相谈甚欢，等等。2016 年 4 月在伦敦召开的"千禧一代 20/20"会议研究发现，84%的用户生成的内容比广告更加影响"千禧一代"的购买行为，76%的人基于朋友们的建议决定旅游目的地。[3] 使用社交媒体获取优质旅游资讯、点评、行程攻略、游记等做决策参考，以及进行后续的旅游过程分享和经验总结已成为旅游者的习惯性行为。旅游消费者在进行社交分享时还能结交志同道合的玩伴，交流体验心得，综合提升了旅游体验的质量和额外满足感。

三、影响旅游观念的因素

旅游之所以发展成为一种常态化的生活方式，得益于国家的旅游助推政策利好、经济的宽裕、精神文化的需求、信息技术发展带来的便利，以及交通运输条件的发展。

---

［1］ 蚂蜂窝联合中国旅游研究院发布《全球自由行报告 2015》［EB/OL］. ［2015-12-30］. 新华网，http：//news. xinhuanet. com/info/ttgg/2015-12/30/c_ 134964035. htm.

［2］ 刘丽敏，刘祥艳. 基于女性旅游消费行为代际差异的社会观念变迁研究［J］. 商场现代化，2015.

［3］ "80 后""90 后"旅游消费习惯及趋势数据分析报告［EB/OL］. ［2016-04-26］. 中商情报网，http：//www. askci. com/news/chanye/20160426/101294930. shtml.

1. 政策利好助推旅游消费增长

我国消费者旅游市场增长显著，这主要归功于政府一系列的旅游刺激政策：落实职工带薪休假制度，让消费者有时间去消费旅游产品。国务院办公厅 2015 年 8 月份下发《关于进一步促进旅游投资和消费的若干意见》首次鼓励 2.5 天休假，鼓励弹性休假、错峰休假等一系列增加国民休闲时间的政策，同时放宽对出境游的限制，大大刺激了国人的旅游消费需求。

另一方面，签证政策、手续的便利是助推人们出境游的重要因素。首先是随着中国出境游数量的持续走高，世界各国纷纷通过一系列的签证利好来吸引中国游客，有的放宽了签证的申请条件，有的将签证的有效期延长，有的简化签证程序，甚至是免签。例如，2016 年 1 月，韩国再次将中国游客多次往返韩国签证的申请条件放宽至 17 岁以下、55 岁以上申请者不需要提供资产证明；新加坡、澳大利亚、美国、加拿大、韩国针对中国游客的签证有效期增至 10 年，日本增至 5 年，英国则增至 2 年；对中国游客免签的国家数量也在增加，截止到 2015 年 6 月，中国已和 99 个国家缔结涵盖不同种类护照的互免签证协定，与 37 个国家签订 59 份简化签证手续协定或安排。36 个国家和地区单方面给予中国公民落地签证便利，11 个国家和地区单方面允许中国公民免签入境[1]。一系列签证利好为中国日益火爆的出境游再添一把火，进一步扫除来一场"说走就走的旅行"障碍。

2. 经济增长推动旅游消费升级

由于我国经济发展水平的整体提升，居民的收入水平也随之提高。据国家统计局 2 月 29 日发布数据显示，2015 中国全年 GDP 676 708 亿元，全年人均 GDP 49 351 元[2]，比上年增长 6.3%。[3] 按照国际上的一般规律，当人均 GDP 达到 5 000 美元以上，旅游需求就会出现爆发式增长。国

---

[1] 中国护照含金量提高已和 99 国缔结互免签证协定 [EB/OL]. [2015-06-24]. 中国新闻网，http：//www. chinanews. com/gn/2015/06-24/7363685. shtml.

[2] 折合约 7 427.3 美元。

[3] 2015 年国民经济和社会发展统计公报 [EB/OL]. [2016-02-29]. 中华人民共和国国家统计局，http：//www. stats. gov. cn/tjsj/zxfb/201602/t20160229_ 1323991. html.

家统计局数据还显示，2015 年全年全国居民人均可支配收入21 966元，比上年增长8.9%，扣除价格因素，实际增长 7.4%。

在居民收入上涨的同时，居民消费的结构也得到了进一步改善，近几年反映居民生活水平高低的恩格尔系数持续下降，从 2013 年的 31.2% 降到2014 年的31%，2015 年进一步下降到30.6%[1]，落到恩格尔系数富裕范围30% ~39%的较低值。消费结构由物质型消费转为享受发展型消费，为旅游消费提供了物质保障；高速发展的经济也大大提高了社会劳动效率，居民的闲暇时间增多，为旅游消费提供了时间保证。

经济的增长提升了居民的消费能力，消费结构的改善又进一步激活了旅游这种物质消费和精神消费的双重需求，二者均为旅游消费观念的转型升级创造了有利条件，推动了旅游这一综合交叉经济门类的大发展，使人们实现旅游消费成为可能而且消费规模越来越大。

3. 信息技术升级为旅游提供便利

旅游是一种高信息依赖型的活动，信息获取技术正改变过去旅游资源信息的不对称，人们通过各种技术和手段可以便捷地获取和收集国内外的多方信息，尤其是互联网技术、移动互联网技术的发展，人们可以随时随地地了解、获取优质的旅游产品、旅游攻略等信息，消费者可以通过畅通的信息，自由地选择和安排旅游方式和行程，大大提升了旅游消费的便利性。

另外，信息技术的发达会刺激消费者对旅游的潜在需求，甚至更高的需求。各类旅游、户外综艺节目所传播的旅游信息精彩纷呈，微博、微信等公共社交平台上旅游达人、亲朋好友的各式旅游分享铺天盖地，这些信息接触点都可能会刺激到消费者对旅游的潜在需求，甚至是更高级的个性化旅游消费需求。

4. 文化传播改变旅游消费观念

不同于西方民族性格外向、开放，崇尚对外探索，喜欢刺激和冒险，

---

[1] 王保安. 2015 年恩格尔系数下降到 30.6% [EB/OL]. [2016 – 01 – 19]. 新华网，http://news.xinhuanet.com/finance/2016-01/19/c_ 128643958. htm.

中国传统的民族性格、文化观念是低调、内敛、偏保守的，喜静不喜动，更有"父母在不远游"的古训。

随着全球化的加剧，国人与西方学习、交流的机会增加，消费者的观念渐渐开放，心态也更加开阔。西方人崇尚自由的观念，工作和享受生活都是日常必不可少的组成部分，并且他们更善于把工作和生活区分开来，把生活过得有张有弛。一年到头可以没有为风景埋单的"旅游"，但却不能没有享受生活的"度假"。中国人现在更愿意接受多元文化的价值观，愿意体验各种不同的风俗习惯，愿意在旅行途中享受生活。受当下媒体及文化名人对世界文化与知识的普及，以及对"生活不只是眼前的苟且，还有诗和远方"的鼓动，人们不经意间就被撩起了内心那根"世界那么大，我想去看看"的心弦。

眼界的开阔决定了文化价值观的改变，更直接决定了消费观念的改变。消费者更加注重自我价值的提升，"酒足饭饱"之后自我实现的需求成为生活目标，人们开始寻求精神需求上的满足，旅游成为放松、寻求知识和猎奇的出口。受自我提升动机促使的游客青睐于能够获得知识或者是放松身心的旅游消费。旅游成为大众文化追求的一项庞大消费。调查显示，"80后"的女性消费群体，其消费项目中位于前三的分别是服饰、护肤品和旅游娱乐。[1]

5. 交通发展激发出行量和远距离旅游消费

旅游交通作为旅游活动中消耗时间和费用最大的一项，是消费者选择旅游目的地的主要影响要素。一般来说，旅游需求量的大小与科学技术的发展水平呈正相关，即科技发展水平越高，旅游需求量越大。[2] 交通运输的发展，为人们的出行尤其是远距离的出行提供了可能，并且使人们的出游更加便捷，旅游的需求量也随之增加。

交通业的迅猛发展大大缩短了旅游空间距离和时间距离，尤其是交通运

[1] 刘丽敏，刘祥艳. 基于女性旅游消费行为代际差异的社会观念变迁研究 [J]. 商场现代化，2015.
[2] 张遵东. 论科学技术对旅游业发展的影响 [J]. 理论与实践，2003（2）.

输市场化，旅游交通费用的降低更是激发了人们的出行欲望。2005—2014 年的十年间，我国铁路营业里程增加到 11.8 万千米，公路里程达 446.39 万千米，内河航道里程达 12.63 万千米，定期航班航线和国际航线线路长度分别达 463.72 万千米、176.72 万千米。2014 年，旅客运输量也比 2005 年大大增加。

随着交通运输技术的不断进步，远距离的出行也成为可能，激发了人们对世界范围内的旅游消费需求。航空逐渐成为旅游者远距离出行时选择的重要交通方式。有无空中交通条件是能否大规模开展国际旅游业的前提，航空运输业的发达程度是衡量各国旅游业发展水平的重要标志[1]。我国民用航空客运量从 2005 年的 13 827.00 万人发展到 2014 年的 39 194.88 万人，增长了近 3 倍。民用航空的发展使远距离旅游成为可能，同时也大大缩短了旅游者在路途中的停留时间，使远距离的旅游需求大为增加。如图 3–10 所示。

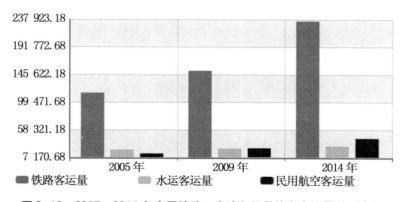

图 3–10　2005—2014 年全国铁路、水路和民用航空客运量（万人）

数据来源：中国国家统计局。

[1]　王辉，苗红. 中国旅游地理 [M]. 北京：北京大学出版社，2010.

第四章 互联网时代品牌无国界传播案例
BORDERLESS CONSUMPTION

第一节　无印良品：基于生活方式改变的品牌扩张

调查数据链接：

在 2001 年国家与品牌调查中，还没有无印良品的身影；而在 2015 年调查中，在无提示的情况下，无印良品以大学生 8.3%、白领 10% 的提及率，仅次于索尼、丰田、松下等老牌日本品牌；而且其提及率高于深耕中国多年并提供同类产品的资生堂、优衣库等品牌，成为日本品牌提及率中排名第一的家居、护肤和服饰类品牌。

表 4-1　日本品牌联想（%）

2015 年			2001 年	
品牌	大学生	白领	品牌	大学生
索尼	43.4	52.9	索尼	53.80
丰田	30.6	43.3	松下	38.00
松下	25.0	24.6	东芝	19.00
本田	22.2	22.9	丰田	15.50
佳能	16.0	17.1	本田	8.50
三菱	10.1	6.3	三菱	6.50
无印良品	8.3	10.0	爱华	5.50
优衣库	7.6	4.6	日立	3.80
东芝	7.6	3.3	资生堂	3.30
日产	6.9	6.7	富士	1.50
资生堂	6.6	9.6	任天堂	1.50
尼康	6.3	8.3	佳能	1.30

作为 2005 年才进入中国大陆市场的日本品牌，无印良品在 11 年内，

本节执笔：张一虹。

店面数量已达到 146 家[1]，遍布中国大中城市。2015 年，无印良品的销售额增长率为 63%，销售额近 30 亿元人民币。对于一个进入中国时间不算久的品牌，取得的成绩不仅表现在销售额和店面数量方面，更表现在消费者对其的认可与喜爱。对于中国消费者来说，无印良品在他们心中已经不仅仅是一个提供家居产品、服装和生活用品的垂直线下品牌，而是代表了一种日式的简朴、自然的设计风格以及充满生活美学的生活方式。当今，极简的家居风格已然成为一种中国城市新兴生活方式的代表，无印良品一直引领这种风潮的不断演进。

一、当前中国家居百货类消费市场的变化

随着国内经济的稳步增长，中产阶级群体逐渐成长为消费的主力军，担当起消费动力与消费文化的主流角色。这个庞大的群体对国内外的中低端产品和品牌来说，无疑具有巨大的吸引力，无印良品就是其中之一。

1. 中产阶级群体数量增加，生活品质要求提高

改革开放以来，随着经济的快速发展，收入水平的提升，中产阶级开始快速成长，并成为消费的主力军。根据 2015 年 CHFS（西南财经大学中国家庭金融调查与研究中心）调查数据测算，中国中产阶级的数量为 2.04 亿人[2]，中产阶级人口迅速增长，预计到 2020 年中产阶级人数将占到中国总人口的 40%[3]。这一消费群体更加注重生活品质，追求精致的生活。除了功能的实用性，更加关注产品的文化内涵和体现的生活方式，重视品牌理念。他们更加崇尚健康、环保、自然、简约的理念，对外来商品与生活方式具有较强的接受度与认可心理，特别是新兴的中产阶级（"80 后"一代）。[4] 因此，当无印良品这样一个注重生活品质的品牌进入中国后，

---

［1］ 数据统计截止日期为 2016 年 5 月 31 日。

［2］ 甘犁. 中国中产阶级人数已超过两亿［EB/OL］. http：//business. sohu. com/20151117/n426657041. shtml.

［3］ 沈阳晚报. 到 2020 年中产阶级将占中国总人口的 40%［EB/OL］. http：//news. hexun. com/2015-04-21/175162612. html.

［4］ 2016 中国的中产阶级与他们的消费文化［EB/OL］. http：//www. qb5200. com/content/2016-01-15/231397. html.

无疑能迅速吸引一批热衷于它的粉丝。

2. 小众文化崛起

年轻一代的消费者喜欢与众不同、彰显自我风格，反对盲目跟风、随波逐流，甚至有意与别人做出区隔。在有文化资本优势的群体中，理性消费、自我和个性的表达已经开始取代盲目的跟风模仿。正是这种"想与别人不一样"心理的普遍存在，这种对自我和生活品质进行提升的深层诉求，为小众文化的崛起奠定了基础。频频出现在户外广告和电视里的"森女""文艺""腔调"等新词汇，正是对这些小众文化的彰显与宣扬。在这些小众文化中，"唯一""高品质""健康自然"等理念备受追崇，而宣扬"无品牌"、有独特日式美学，并符合以上诉求中众多特质的无印良品无疑在这个小众市场中容易脱颖而出。它契合了消费者对与众不同的中高品质生活的追求，符合中产阶级消费的心理特征。

此外，与"追逐品牌"相反，部分理性又个性的消费者会有一种"反品牌"的情愫。当大多数人对"耐克""阿迪达斯""苹果""三星"等畅销世界的名牌趋之若鹜、争相购买时，也有一部分消费者对这些品牌"嗤之以鼻"。他们排斥过多的物欲，抗议企业为了包装产品而炒作概念，反对企业灌输的生硬文化价值与理念。他们崇尚返璞归真，倾向于朴素、休闲和本土的产品。日本学者三浦展认为这是"第四消费时代"的重要特征。[1] 无印良品在某种程度上符合了这些人的消费心理，正如它的名字所彰显的"无品牌的品牌"。

3. 反日情绪缓解，日韩文化影响加剧

新一代消费群体在消费过程中的民族主义倾向有所缓解，他们能够更加理智地面对中日之间的历史问题，认识到"购买日货"不等于"不爱国"，他们会从自身的实际生活利益和产品的功能角度出发选择品牌与商品，消费行为不被所谓的"民族主义"所绑架。

电通于 2013 年 7 月（距离 2012 年中日关系对立引发抵制日货运动过去一年时间）在中国 5 个地区实施的消费者对日本产品和日系零售店的意识调查显

---

[1] 三浦展. 第四消费时代 [M]. 北京：东方出版社，2014：143.

示，41%的受访者表示自己在购买日本产品时，没有受到反日运动的影响
（2012年10月这一比例为28%）。回答"受到反日游行影响"的人占55%，其
中有一半表示"其实想买，不过觉得现在是爱国的时候，在乎周围人的看法"。
对于日本产品的印象，回答"品质、性能好"的比例从65%提高至74%（见
图4-1）。对于日系零售店，回答"漂亮、干净"、"商品的品质好"和"服务
态度好"的比例有所提高。赴日旅游意向也比上次调查翻了1倍，提高至
20%。中国消费者的反日意识似乎有所淡化（见图4-2）。[1]

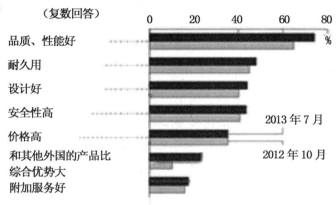

图4-1　中国消费者对日本产品的印象

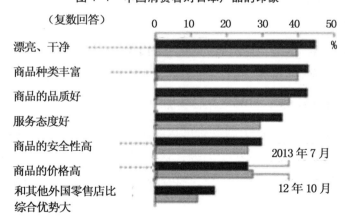

图4-2　中国消费者对日系零售店的印象

[1]　中国消费者如何看待日本产品？　[EB/OL]. http：//www. linkshop. com. cn/web/oversea_
show. aspx？ ArticleId=264195.

当下消费环境中，欧美品牌影响力增长平稳，日韩品牌渐渐崛起的趋势较为明显。受中韩和中日关系的影响，日韩品牌在中国的受欢迎程度不断上升。一方面中日韩同属亚洲文化圈，审美和文化基础等有众多相似之处，消费者比较容易接受"日式美学"和"韩国风格"。另一方面，受"韩流"输出的影响，文化出口推动经济出口，粉丝将对偶像的热爱转化为"购买力"。而日本在质量控制方面的严格印象也深入人心，使得消费者对日韩产品的偏好度增加。

二、无印良品的品牌优势

无印良品自诞生以来，发展道路并不是一帆风顺。2000 年前后，无印良品现有店铺的营业额突然大幅度下滑。2001 年，松井忠三社长接收经营公司后进行了一系列的改革，特别是在企业管理和产品研发与设计上进行了突破与创新，使得无印良品得以复苏。这些改革措施不仅挽救了无印良品，也成为无印良品在市场上的核心竞争力。[1]

1. "因为合理，所以便宜"

无印良品在日本属于低价商品，最初以"因为合理，所以便宜"的冲击性口号出现在世人面前，通过彻底实现商品生产流程的合理化，制造了简洁而舒心的低价位商品。具体通过"精选材质""修改工序""简化包装"重新审视商品。例如，省略纸浆的漂白工序，纸张带淡米色，不影响使用，但降低了成本。无印良品将它用于包装材料或标签，打造了非常纯正而新鲜的商品群。它排斥过度的包装和颜色、图样，减少广告和宣传成本。正如最初的广告海报中所说的"不依赖品牌和包装来选择商品。这不仅与热情的生活方式相结合，也是一种重要的态度"。无印良品从极致合理的生产工序中诞生的商品非常简洁，但就风格而言却并非极简主义。就如"空容器"一样，因为其单纯、空白，所以才诞生了能够容纳所有人思想的终极自由性。然而，目前无印良品在中国市场的价格仍然普遍偏高，因此在性价比上失去了一些竞争力。

---

[1] 渡边米英. 无印良品的改革［M］. 重庆：重庆大学出版社，2014：5-7.

2. 开放式的研发和设计

无印良品的产品开发非常注重顾客需求。其专门负责与客户沟通的生活良品研究所，通过实体店铺和网络与顾客交流。顾客提出一些对已有商品的改进意见，一周之内，顾客的建议就会进入生活良品研究所课长的文件夹，再经过商品部不同品类负责人对成本和用户需求的经验判断，最终落实到执行层面。如果客户的提议得到采纳，客户还会得到一定的奖励（这项政策目前在中国还没有）。这就将用户需求与产品研发较好地结合到一起，真正做到生产顾客需要的东西。

无印良品从 2003 年开始推行"观察式"方法。通过访问消费者的住宅，对其日常生活细微观察，从生活者的角度来捕捉消费者的新需求。从屋子的角落甚至到主人背包的内部，无印良品都无一遗漏地照相记录。企划设计室将对这些搜集回来的照片进行各个角度的讨论，设计师从中找出消费者的新需求，并将其落实在新的商品企划和设计上。

除了专属设计师，无印良品还采用"全球·无印"策略，让来自世界各地的顶级设计师参与匿名设计，共同开发新产品。

3. 传播文化与生活方式

无印良品的产品设计散发着浓浓的日式美学的气息。作为一代设计大师，无印良品的设计师原研哉追求设计日常化、虚空、白，崇尚万物有灵。无印良品被日本乃至全世界设计界认为是当代最有代表性的"禅的美学"体现，带着一种禅意的美感，似有若无的设计将产品升华至文化层面，这种设计精神，接近于中国古人所说的"大音希声，大象无形"境界。[1]

而这种日式的产品设计和生活文化使得产品本身也可以传播其品牌来源国的文化和生活方式。无印良品的设计中无处不在的对人性化的注重，关于禅、空、万物有灵且美的认知传达了其企业理念的同时，也较好地诠释了日式的生活哲学。这种通过产品包装和设计输出的文化和生活方式，

---

[1] 微信公众号，HelloBrand，2014-08-27.

加固了那些被日式美学吸引的已有粉丝的喜好程度，同时也能不断吸引潜在的文化偏好者。

无印良品《地平线》系列海报

三、无印良品的中国化之路

无印良品在中国的发展道路并非一帆风顺，在同类产品中的中高端定位导致其价格较高，为不少消费者所诟病。不依靠大面积的广告投入来扩大知名度，完全依靠在中高端商场开辟店面来扩展市场导致其发展速度较慢。为了更加适应中国市场，无印良品走上了特殊的中国化道路，不仅在产品设计上有了"中国风"，开发设计适合中国人使用习惯的产品，还邀请中国建筑师张永和参与设计了一款符合中国人使用习惯的床–榻组合。这个作品的创意构想来自于中国传统家具"榻"，根据用户不同的使用目的，可以自由变换它的用途。此外，无印良品还在定价、店铺选择、社交传播方面有不少的创新之处。

1. 以文化理念影响消费者

无印良品非常重视其品牌理念在中国的传播。除了通过店面装潢和产品设计来展示品牌独特性外，其设计师、企业领导人的演讲与著作都是对日式美学和日式文化的宣扬。

无印良品在国内出版了一系列阐释品牌文化的书籍。有设计师原研哉的作品，有良品计划会长松井忠三的作品如《解密无印良品》，当然还有直接以"无印良品"为作者的系列书籍。如，《无印良品》、《无印良品生活研究所》、《无印良品的四季食谱》等。这些图书的出版对无印良品所推崇的文化和生活方式做了较好的宣传，更说明无印良品在中国市场做商业的同时，注重对品牌所带来的文化与生活方式，甚至日本文化的传播。

无印良品设计师原研哉、前社长松井忠三，以及现任社长金井政明不遗余力地在中国出版书籍，接受访谈，并且以设计师和企业家身份在不同场合演讲，都对品牌理念的塑造有很大的作用。畅销书带动其品牌影响力，这一点值得很多企业借鉴。他们对美的阐述，对禅意，对"空"，对简约美学的理解中渗透着品牌理念，从最深层次的认知、文化上影响消费者，以"润物细无声"的方式进行个人品牌、企业品牌的传播。

2. 辐射式布点开店策略

无印良品在中国采取辐射式布点开店策略。先打开上海和北京两大市场，在此基础上形成对周边二线发达城市的辐射。无印良品在中国共有146家店，数量已经相当于日本的10倍。不同于宜家只专注于一、二线大城市，无印良品在乌鲁木齐这样地理位置偏远然而消费能力旺盛的三、四线城市也有店铺。2015年12月12日，号称全球最大的上海 MUJI 无印良品旗舰店在淮海路开业，人气爆棚，出现排队近百米的盛况。

3. 注重社交媒体传播

无印良品没有做过多的广告宣传，但在各类生活方式媒体上非广告类的软性推荐从不少见。无印良品注重在微博和微信上的推广。微博大 V 和生活方式媒体的非广告软性推荐是其重要的推广方式。虽然在官微的粉丝数量上无印良品几乎是优衣库的1/10（40 万 VS. 467 万）[1]，但是通过对搜索结果的内容进行分析，大多数设计公号是在传播无印良品的设计美术、日式风格，简约、空和禅意。一些时尚或者行业杂志则探讨无印良品的管理哲学、企业代表人物、设计师的风格等。无印良品相关微博内容与品牌相关度较高，而且是正面形象，对于品牌形象的传播作用效率较高。

4. 不断进行价格调整

无印良品真正的发力是在 2010 年之后。起初，无印良品在中国的人民

[1] 数据来源：新浪微博，截止到 2016 年 5 月 31 日。

币价格是日本日元标价的 1/10，这种"抹去一个零"的"偷懒"标价方法，在中日货币汇率变化的情况下越来越不被中国消费者接受。因此，2014—2015 年 8 月期间，无印良品进行了多次价格调整。无印良品的管理者提到，希望店里的商品定价足以让喜欢的顾客在购买时毫不犹豫。以无印良品护肤品为例，"尽可能地将因为进口部分的费用降低，从而将中国的定价调整到顾客更容易接受的水平"[1]。

为了降低制造成本，畅销的编织品 100% 在中国生产，服装类 70% 产自中国、20% 在日本生产，其余 10% 在亚洲及其他国家生产。在中国服装类的生产均采取 OEM 代工贴牌生产的方式，既保持了经营的高度灵活性，又减少了投资成本[2]。

然而，目前无印良品的大部分产品售价依然比较贵，一款在国内售价 1 598 元的拉杆行李箱，在日本的售价折合人民币约为 900 元。在信息越来越透明的今天，消费者必然不会支付这个"冤枉钱"，高价的印象形成后不容易改变，还会让有过购物经历的消费者产生被欺骗的感觉。正是高居不下的价格，为无印良品带来了市场上存在大量仿品等问题。

5. 风格化产品被不断模仿抄袭

无印良品所提供的简约、淳朴的风格化产品，很容易被模仿和抄袭。品类繁多样式简单的服装、文具、浴室生活用品等，只要是设计风格简单的，都被冠以"无印良品风"，在各类购物网站大行其道，淘宝上的"无印良品同款"产品的设计外貌与无印良品相似，却价格低廉。

除了被小企业、小作坊抄袭外，国内大品牌也"明目张胆"地进行模仿。网易推出"网易严选"品牌，其中脖枕、床品等产品设计与用料与无印良品几乎一致，并以将"与无印良品同一生产厂家"作为销售噱头。小米的米家电饭煲，被网友指出抄袭无印良品，一度在网上吵得沸沸扬扬。虽然相关负责人屡次做出回应，但是二者相识度确

---

[1] 那个被国内文艺青年追捧的 MUJI 也大规模降价了 [EB/OL]. http://3g.163.com/touch/article.html? docid=B194OF1E00253B0H&qd=pc_ adaptation&version=dd.

[2] 孙菊剑. 无印良品的两大"悖论"——MUJI 营销之道 [EB/OL]. http://www.chinashoes.com/AllNews/2008/12/03/419823.shtml.

实非常高（见图 4-3、4-4）。

图 4-3　无印良品电饭煲　　　　　图 4-4　米家电饭煲

对于无印良品来说，被抄袭和模仿在一定程度上伤害了品牌的销售收入，然而从另一个角度来看，这恰恰能够反映其品牌的设计理念正在被中国消费者广泛地接受和热捧。

四、对中国相关品牌的启示

1. 对用户需求的洞察

除了让顾客"找上门来"，无印良品的工作人员还会"找上门去"。一方面全面解读用户反馈，重视用户意见，另一方面用心观察，从消费者生活当中找到核心需求点。只有从用户需求出发，真正解决用户需求、对用户有意义的商品才能激发用户的购物欲，才会让客户愿意为它埋单。无印良品之所以不局限于"小清新""文艺范"人群之中，正是因为它的产品不是"花瓶"，华而不实。它不是单纯地为了简约而简约、为了禅意而禅意，它是言之有物的，对顾客的生活是有意义的。而这些"意义"就是消费者的"核心需求"，也就是产品的核心价值。另外，比起冷冰冰的数据，鲜活的生活场景更能激发设计师的灵感。虽然大数据挖掘的确能分析出一些用户需求，但是关于生活的诗意、生活的美学，更多的还是需要设计师亲自走进生活中的场景中去感受和发现。

2. 设计的原创性

设计能借鉴与参考，但是切忌拷贝与抄袭。如果创意源头不足，可以借鉴无印良品"全球·无印""发现·无印"的方法。他山之石，可以攻玉。设计要有自己的特点，时尚没有好坏之分、优劣之说，只是风格不同。但是，无论是哪一种风格都要旗帜鲜明，不能杂糅。可以多样化，但不意味着失去品牌调性。无印良品不单纯地为了简约而简约，为了禅意而禅意，它更是贴近顾客实际生活需要，不只是架在空中的概念楼阁。消费者的"核心需求"才是产品的核心价值，艺术与科学的借鉴，最终是为了提升用户的生活体验。

第二节 ZARA："快品牌"击中"快消费"心理

调查数据链接：

西班牙多年来在中国消费者心目中都以"斗牛""足球"和热情的舞蹈闻名，其产品和品牌很少被提及，而在 2015 年国家与品牌形象认知调查中，ZARA 以 58.8%（大学生）和 49.3%（白领）的高提及率出现在西班牙的品牌联想中。而西班牙产品提及率最高的服装业，其提及率仅有 17.8%（大学生）和 14.7%（白领），服装产业的知名度远不及 ZARA 单个品牌高。另外，还有一些西班牙服装品牌如 MANGO、LOEWE、Bershka 等小品牌也榜上有名，虽然提及率不高，但是在 ZARA 这个西班牙强势服装品牌的带领下，一起将服装产业推动为西班牙最知名的产业之一。

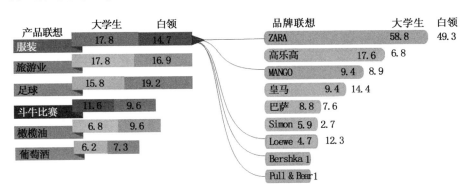

图 4-5 西班牙的产品和品牌提及率排名（%）

本节执笔：袁海缘。

作为全球排名第三、西班牙排名第一的服装商 Inidtex 集团旗下最知名的品牌，ZARA 开创了服装行业的新模式，把"快时尚"这个新名词推向全世界。自 2006 年在中国上海开设第一家门店，ZARA 开始了在中国服装市场的大势扩张，目前在中国内地已开设 160 多家门店，仅 2015 年三季度的销售额就占据整个 Inidtex 集团销售额的 7%。ZARA 的营销神话成为世界上众多无力与大品牌抗衡的服装企业竞相模仿的对象，也为中国的服装行业树立了学习与借鉴的楷模。

一、当前中国服装消费市场的变化

1. "快消费"心理催生"快时尚"潮流

随着中国国民经济的发展和全球一体化的不断进展，时尚逐渐覆盖了中国民众社会生活的各个领域，成为生活消费的重要组成部分。国人经济水平的提升和生活的快节奏，加之世界时尚潮流的快速传播，让中国消费者对于服装的使用周期越来越短，服饰产品的淘汰率大幅提升，服饰的消费从一年四季度的购买频率逐渐提升。另外，实体女装市场萎靡不振、高端奢侈品牌业绩疲软下滑，经历"史上最难年"。需求持续不振、行业整体开工率不高、小企业停产限产等一系列行业危机，让很多服装企业净利下滑，频频关店，先后进入"闭店潮"。

以"快、准、狠"为核心特征的国际快时尚凭借 SAP 供应链管理模式成功进军中国市场，引领了生活消费和生产发展的风潮，并契合中国消费者对于服装产品消费频率逐渐提升的潮流。[1] 在中国本土服装业步履维艰之时，国际快时尚品牌却在华业绩向好并不断逆市扩张，从一线城市向二、三线城市下沉。优衣库计划以每年 100 家门店的速度向二、三线城市渗透；H&M 新开门店以每年 10% ~15% 的速率逐年递增；ZARA 正计划以在重庆、杭州、南京等重要二线城市开设旗舰店为拓展策略。[2] 可以说，

[1] 中国产业调研网. 2016 年快时尚服装调研及发展前景分析 [EB/OL]. http：//suo. im/txeu7.
[2] 赢商网. 图解 2016 国内快时尚品牌五大发展趋势 [EB/OL]. http：//suo. im/hdvbk.

国际快时尚品牌正在以不可遏制的形势占据全中国的服装市场。由于人们对时尚的追求随着社交媒体的发展、信息渠道的丰富而越来越高。于是，以 ZARA、H&M、优衣库为代表的国际快时尚品牌，以平价而具有大牌感的优势超越了平庸的中低端服装企业和价格高昂的奢侈品牌，因更能满足新的需求而成为消费潮流。

2. "她经济"为服装行业带来消费新风口

尼尔森的报告指出，发达国家女性消费在诸多细分行业中已经占据主导地位，中国在 2007 年提出了一个与之相对应的概念——"她经济"，指在经济社会中，女性不断独立，自主消费能力逐步旺盛，正在社会和经济发展中扮演着越来越重要的作用，因而形成围绕女性消费、理财等特有的经济现象和经济市场。中国的"她经济"正在崛起——在制造业向服务业的转移中，女性在职场的竞争劣势逐渐消失。中国 22% 的财务总监（CFO）是由女性担任，并且相当数量的女性进入中高层管理职位。[1] 经济收入水平的提高直接提升了女性的消费水平和消费决策权，中国年度消费数据显示，全国 75% 的家庭总消费由女性决策。阿里巴巴的数据显示，阿里在线电商销售额的 70% 由女性贡献。据统计，目前国内女性消费群体已达 4.8 亿人，她们工作是为了更好地享受生活，她们追求美、追求时尚、享受购物过程，她们更愿意为了惊喜、时尚、"秒杀"的快乐而埋单，她们很少需要衣服，但她们永远想要衣服。

二、ZARA 的品牌经营之道

1. 快速而精准地满足顾客需求

有人说"快"是 ZARA 的灵魂。ZARA 采用 vertical integration（纵向一体化）模式，极大缩短了出货时间，从市场流行趋势的捕捉到设计、打板、制作样衣、生产、运输、上架，只需 2 周时间，每年出品 15～20 个服装系列，设计 1.8 万个新样式，共推出约 5 万种新款时装。而传统服装品

---

[1] 投资界. 2015 年"她"经济趋势，内衣市场仍然巨大 [EB/OL]. http：//suo. im/v6ae4.

牌整个出货流程为 4 ~ 6 个月，每年发布两次新品。"快"也意味着灵活，ZARA 超越了传统服装企业的发展模式，开拓了一种新的经营模式——即时制，"即最大限度地追求生产的合理性、高效性，能够灵活多样地生产适应市场需求的具有高质量的产品的生产方式"[1]。"如果不好卖，我们可以在几天内就撤掉一条生产线，或者将其染成其他颜色，或改变一下风格。"Indetex 集团的老板如是说。

快而灵活背后的秘诀是精准。一位 ZARA 的风格设计师说，"这个品牌最大的成功在于它能够迅速捕捉和阐释时尚流行趋势以及顾客的喜好变化"[2]。ZARA 品牌旗下有着"空中飞人""抄版员"之称的 400 多位专业设计师团队。他们经常坐飞机穿梭于各种秀场、发布会、时装周等时尚场所，在纽约、巴黎、米兰等全球时尚发布地收集时尚情报，以最快的速度发现并模仿顶级服装品牌的最新潮流设计，并以平均每 20 分钟设计出一件衣服的速度完成新产品的推出。在 ZARA 的新货构成中，65% 为计划生产，另外 35% 则为机动调整。遍布全欧洲的时尚买手利用互联网为其提供创意和设计。他们"潜伏"在 instagram、facebook 等社交媒体上，关注众多时尚博主的穿搭与时尚偏好，从每一位时尚博主身上发现灵感、捕捉时尚趋势。例如时尚圈 2013 的极简风、2014 的运动风，ZARA 都能在第一时间捕捉到流行风潮并推出产品，真正践行了"我们的设计一定是消费者想要的"的经营理念。[3]

除此之外，ZARA 对顾客需求的挖掘与采集是其能精准判断大众喜好不可或缺的因素。ZARA 每个门店每星期两次独立向西班牙总部订货，物流中心将在此后的 8 小时内完成产品从打包到出厂的全部流程。[4] 因此，畅销和滞销的款式能够迅速得以区分，并在店铺的产品供

[1] 科瓦东佳·奥谢亚. 阿曼修·奥尔特加与他的时尚王国 [M]. 北京：华夏出版社，2011.
[2] 科瓦东佳·奥谢亚. 阿曼修·奥尔特加与他的时尚王国 [M]. 北京：华夏出版社，2011.
[3] 中国服装网. ZARA 究竟是如何实现在中国服装行业大小通吃的呢 [OL]. http：// suo. im/g63r4.
[4] 李冰. 数字解读 ZARA "快时尚"门道 [N]. 中国经营报，2014-09-29 (C15).

应上得到体现。店铺是 ZARA 的核心，只有店铺能接触到需求不断变化的消费者最具有时效性的心声。ZARA 店铺内各个角落装有摄像机，用来随时收集顾客对产品的反映。衣领的图案、口袋的拉链、裤腰的高矮等来自消费者切身感受的细节，通过 ZARA 内部的全球资讯网络，每天至少两次传递给总部设计人员，由总部做出决策后立刻传送到生产线，改变产品样式。[1]

2. 定位"买得起的时尚"

国内服装品牌常在高额的研发和生产成本之外，把更多的品牌价值附加给时尚商品，具有时尚设计感的服装一定价格不菲，价格低廉的服装往往设计拙劣。ZARA 具有不同的经营思路，"再好的商品如果卖不出去也只是占库存、压滞资金的废料，与其待价而沽，不如产生现金，促成二次生产"。因此，ZARA 摒弃了工业化生产服装的传统思路，在高档、奢侈品牌的时尚感与低端、大众服饰的平价性之间找到平衡，在选材上不选择高档服装高昂的面料，在设计上却肯花费大价格学习时尚潮流，从而满足了大众用低价格买到时尚款式的需求。"我从来没有觉得自己超出预算，我可以时髦而不用倾家荡产。""服装款式好看，性价比高，即使赚更多钱，我一样会买 ZARA。"消费者对这种"买得起的时尚"十分认同，他们认为，ZARA 更能解决人们对"时髦"这个词的追求，可以随时找到昂贵奢侈品的平价代替款，并且低廉的价格会鼓励他们尝试新款式，随时拥有一套新衣服。正如《TELVA》的一名女记者特蕾莎·奥拉扎瓦尔在一篇题为《ZARA 症》的专题报道中所说："很多人开始患上了 ZARA 症，到 ZARA 买衣服已经成为她们的一种习惯。而这种习惯就是买当下最流行的衣服穿，在来年毫不怜惜地扔掉。"

3. 强大的物流与配送系统

ZARA 为了减少流通时间，其产品有 80% 在生产成本较高的欧洲地区生产，只有 20% 的产品安排在生产成本较低的亚洲生产。能够在

---

[1] 曹阳. 你真的清楚 ZARA、H&M 和优衣库之间的差别吗 [OL]. http://dwz.cn/3Gh3ai.

15 天内将生产好的服装配送到全球 850 多个门店的时装公司[1]，满足全球 50 多个国家超过 2 000 家门店的需求。ZARA 的物流仓库相当于 90 个足球场，是亚马逊的 9 倍。地下大约 20 千米长的传送带，将产品运往西班牙拉科鲁尼亚拥有成熟自动化管理软件系统的货物配送中心。无数运输卡车依据固定的发车时刻表，不断开往欧洲各地配送货物。ZARA 还有两个空运基地，远程运输坚持使用空运而非船运，宁愿牺牲高额成本，也不愿为提高利润而减慢物流配送速度。通常，ZARA 总部仓库里的所有衣服不会停留超过 3 天，存货周转率比其他品牌高 3～4 倍，欧洲的店铺可以在 24 小时之内收到货物，美国的店铺需要 48 小时，日本的店铺需要 48～72 小时。

4. 门店即广告

与传统服装行业的广告宣传、明星代言、媒体曝光等营销策略不同，ZARA 坚持"门店即广告"的营销策略——无论是纽约的第五大道、巴黎的香榭丽舍大街、东京的 Shibuya 购物中心，抑或是北京的各大 CBD 商圈，ZARA 永远不惜血本将门店建设在最高档的商业区、最繁华的交通枢纽地段、最高端的品牌门店附近，为消费者提供最便捷的服务体验；高大、透明的橱窗简约、精练地展示当季最流行的搭配，营造与路易威登、迪奥等奢侈服装品牌相同的高端、精致氛围，给人无尽的渴望走进去选一件当季最时尚的单品。2007 年，ZARA 进军北京，在世贸天阶开业，也沿袭了以往的广告策略——门店即广告。低调登场的 ZARA 先吸引那些对其精髓已经有了解的业内人士和在国外已经知道它的人，这些人也正是时尚的引领者，通过他们的口碑传播去影响越来越多的人。[2]正如 ZARA 的创始人阿曼西奥·奥尔特加所说："时尚就在大街上。街道就是展示时装的最好的 T 台。ZARA 就是时尚。"顾客每年光顾 ZARA 17 次，光顾其他品牌只有 4 次。

ZARA 同样重视店面规模，门店面积往往达到 900 平方米以上，超大

---

[1] 张杨杰.4P 理论在 ZARA 营销策略中的运用分析［OL］. http：//dwz. cn/3 Gh6lt.
[2] 杨大筠. ZARA 进中国：赢在速度［J］. 连锁与特许·管理工程师，2008（4）：32-33.

门店甚至超过 2 000 平方米，这足以容纳 ZARA 大量的当季新品，也为消费者提供了宽敞、舒适的购物环境。与高档时装店的陈列相似，ZARA 宽敞的门店稀疏地陈列少量多款的服饰，刻意制造的稀缺感更为消费

ZARA 门店

者带来高端的购物体验，激发了无穷的购买欲望。

三、ZARA 在中国遇到的问题

1. 模仿和质量带来的危机

由于服装产业信息逐渐透明，消费者很容易获取世界各大服装品牌的相关信息，因此 ZARA 在大众心中难以抹去"抄袭大牌"的形象，对于支持原创、版权的消费者来说，无论 ZARA 的产品多能满足自身需求，也不会光顾一个在理念上与自己原则相悖的品牌。这都造成了 ZARA 一向公关危机缠身，每年因抄袭诉讼赔付大量罚款。另外，ZARA 与其竞争品牌 H&M 一贯被冠以"污染环境"的罪名[1]，在中国多次质检不合格，曾在两年间 7 次陷入质检危机。这对于产品以时尚闻名、门店以高端为格调的国际品牌 ZARA 来说，品牌形象无疑受到严重的损伤。相比而言，同样以快时尚为品牌定位的日本品牌优衣库，不仅平价舒适，且面料优质，工艺考究，服务到位。可以说，面对快时尚品牌激烈的竞争态势，ZARA 最大的劣势是抄袭和质量危机为其带来的负面影响。

2. 快时尚服装市场竞争激烈

虽然 ZARA 引领着平价时尚的风潮，但炙手可热的快时尚服装市场竞

---

[1] 曹阳．你真的清楚 ZARA、H&M 和优衣库之间的差别吗［OL］．http：//dwz.cn/3Gh3ai.

争日渐激烈，H&M、优衣库等国际快时尚品牌的发展趋势并不逊色。H&M
更倾向于兼顾出货时间和产品成本，虽然更新速度不及 ZARA，但成本控
制带来的价格优势俘获了一大批爱好时尚但消费能力不高的消费者，且
H&M 的高端产品线在做工与款式上都更为精致。来自赢商网的数据显示，
2015 年 H&M 拓展门店 73 家，而 ZARA 为 12 家；优衣库以面料优质、款
式简约易搭取胜，其细致的服务、考究的工艺也在同类品牌中独树一帜。
目前，优衣库计划在中国以每年 80～100 家的速度拓展门店，并不断向二、
三线城市渗透，2015 年拓展门店 63 家，仅次于 H&M，在众多快时尚服装
品牌中名列前茅。不仅如此，H&M 旗下品牌 COS 和 & Other Stories 也在
2015 年开设了更多的分店，拓展势头迅猛，2016 年开店数量将超百家，一
些店面更是向集合店形式发展，囊括时尚咖啡店中店、创意家居、潮流饰
品、精品包饰等商品。面对实力雄厚、不断拓展的老品牌和如雨后春笋蓬
勃发展的新生力量，ZARA 的核心竞争力是否会被模仿、被超越？ZARA
能否在既有优势基础上，继续完善自身运营模式与管理体制？可以肯定的
是，消费者是敏锐而挑剔的，消费者永远会选择最能满足自身需求的品
牌，今天是快速而时尚的 ZARA，明天可能是兼顾前者而质量更好、服务
更优的其他品牌。

四、ZARA 在中国市场的对策

1. 因地制宜，谨慎扩张

中国幅员辽阔、人口众多，消费市场复杂，一、二线城市与三、四线
城市消费水平差异较大。在门店选址上，ZARA 在中国先进军一、二线城
市，再逐渐向三、四线城市扩张。如 Inditex 集团全球公关传讯执行官赫苏
斯所言，ZARA 进入一个新市场时，通常先开设一家门店，以此为基石，
当对当地市场充分了解之后，才会继续拓展第二家，或引进集团旗下的其
他品牌，保证品牌与更多地方的消费者有密切的接触。对于中国来说，只
有通过门店的扩散才能充分了解每个城市、地区的消费者的具体需求，才

能从更为全面的视野审视整个中国市场。[1]

2. 积极"触电"

随着互联网、移动互联网的极速发展，中国的网络购物发展趋势迅猛。截至 2015 年，近九成的国际快时尚品牌入驻天猫商城，ZARA 也于 2014 年 10 月正式在天猫商城开设旗舰店，与 ZARA 中国官网和中国 ZARA 门店的货品同步。

与此同时，在消费者媒介使用碎片化、分散化的趋势下，ZARA 积极拓展媒介渠道，运用企业微信公众号维护顾客关系，促进线上消费。自定义菜单清晰明了——消费者可以通过"官网购物"菜单一键进入官网浏览"本周新品"，也可以通过"Editorials"菜单一键进入特定品类官网页面，或通过"资讯"菜单了解品牌店铺、微博、APPS 等相关信息；每周信息推送"本周新品"，通过展示最具有特点的新款式吸引粉丝链接到官网浏览更多新品，或在折扣季提示折扣信息，促进消费。

ZARA 立足于中国消费者媒介使用偏好、消费习惯等实际市场情况，无论在店面选址与拓展，还是线上媒体的建设上，都出色地践行了本土化的营销理念。

五、对中国相关品牌的启示

经济学家郎咸平说，2000 年后成功的企业，成功不是靠创新，而是靠快速反应。虽然创新在今天的互联网时代依旧是企业持续发展的动力，但不得不承认，快速反应是在消费者喜好、需求变化迅速的今天必不可少的竞争力。中国广东的服装企业从产品设计到摆上货架是 180 天，世界知名品牌是 120 天，而 ZARA 的整个上架流程只有两周。对于时效性极高的时装行业来说，产业链的运作效率是一个服装企业得以在市场上竞争的硬实力。

ZARA、H&M 等国际快时尚品牌为服装行业带来的理念冲击是打破了传统思维的束缚，打破了时尚即高附加值、高价格、高利润的行业惯例，

---

［1］ 李冰 . 数字解读 ZARA "快时尚"门道［N］. 中国经营报，2014-09-29（C15）.

把时尚与平价同时赋予商品，提供了此前市场上没有的、能满足当今消费者需求的"买得起的时尚"。适当让步质量，降低价格；快速反应潮流新款；少量多款，营销"饥饿感"；随意试穿，自由挑选……这种营销模式引发了更多频率的接触、更多频率的消费、更多频率的更换和更多的依赖。[1] 中国的服装企业大可紧跟消费趋势，充分发挥本土优势，向"快时尚"转型，用市场的眼光快速跟紧消费潮流，用合理的价格提供适应市场环境、满足消费需求的服饰。

吴声在《场景革命》一书中提出，"如果我们理解以人为中心的商业逻辑，就会发现商业就是忘掉生意、忘掉利益，是深入思考我们和拥护者的关系"。企业的经营无疑是为了获得利润、持续发展，但最好的营销是以人为中心、以消费者为主导。ZARA 做到了高效反馈消费者信息，也只有这样，才能做到最终灵敏的市场反馈。聆听消费者的心声，挖掘大众的喜好，在时髦的路人身上找灵感，根据销量随时调整产品供应———一切以服务消费者为核心，是今天营销的价值取向，是营销的未来趋势所向，也是 ZARA 得以创造快时尚营销奇迹的制胜武器。中国的服装企业，营销观念大多停留在"以产品为中心"而非"以顾客为中心"，"交易"而非"交换、服务与关系"，只有真正以消费者为主导，从消费者需求出发，服务消费者，才能真正实现价值的交换，才能在日渐萎靡的市场中重振、重整、重现昨日的风光。

ZARA 的营销理念与运营模式，有太多需要尚在探索之路上的中国企业借鉴与磨炼，但中国企业在学习的同时，也应结合自身企业、市场实际情况，因地制宜、因人制宜地利用自身优势，走出一条本土服装企业的新道路。

---

[1] 陈轶之. 解析快时尚对国内服装市场的启示 [J]. 流行色，2010，(10)：70-72.

184

第三节 双立人：小品类开拓大市场

调查数据链接：

双立人1995年正式进入中国，在2000年国家与品牌形象调查中，这个品牌还没有被消费者提及；而在2015年国家与品牌形象中，德国的品牌联想，白领群体提及率达到12.1%，仅次于奔驰、宝马和西门子等深耕中国市场多年的品牌，连还没有属于自己厨房的大学生提及率也有3.2%（见表4-2）。

表4-2 德国品牌联想提及率

2015 年				2000 年	
大学生	提及率（%）	白领	提及率（%）	大学生	提及率（%）
奔驰	60.3	奔驰	50.8	奔驰	32.8
大众	33.2	宝马	40.6	大众	22.8
宝马	30.3	大众	38.3	西门子	19.5
西门子	25.6	西门子	33.2	宝马	12.3
奥迪	11.6	奥迪	18.0	阿迪达斯	5.0
阿迪达斯	8.3	双立人	12.1	德国汉高	2.8
保时捷	4.3	阿迪达斯	5.1	彪马	1.0
双立人	3.2	博世	4.7	奥迪	0.8
博世	2.5	拜耳	3.9	蓝带	0.8
飞利浦	1.8	莱卡	2.7	妮维雅	0.5

诞生于1773年的德国"老字号"品牌双立人，从进入中国至今，一直处于厨具市场中更加细分的刀具市场，可以说其所在的品类无论是价值量还是对于消费者生活的重要性，都远不及汽车、电器等产品，然而其影

本节执笔：周婧璇。

响力却几乎能够与深耕中国市场多年的德国强势品牌相提并论，原因何在？

一、当前中国厨房用具消费市场的变化

1. 对慢生活的向往，饮食生活回归厨房

"慢"阅读、"慢"饮食、"慢"旅游……在高速发展的信息化时代，越来越多的都市人选择改变原来快节奏的生活方式，相对"缓慢"地度过自己的休闲时光。[1] CTR 中国商务人士调查（CBES）数据显示，从 2007 年至 2011 年，每周工作 50 小时以上的商务人士比例接连下降，已由 25.5% 降至 22.4%。并且认同"与工作相比，我更注重享受生活"的商务人士比例在逐渐提升，由 2007 年的 54.5% 上升至 2011 年的 66.2%。回归家庭，享受生活成了商务人士新的生活理念。[2]

这种新的理念在饮食方面表现为，过去人们由于忙碌的工作和生活，通常选择外食，很少有时间静下来为自己及家人做一顿饭。而如今，越来越多的人开始回归厨房，享受做菜的过程。人们将厨房看作是逃离社会的一个修行场所，愿意花费更多的时间来精心制作一道菜，厨房逐渐成为社交及家庭生活的核心。[3] 对厨房的回归，也让人们开始关注厨具市场。

2. 从盲目的比价到注重生活品质

回顾厨具行业发展历程，几年前消费者可能更注重厨房用具的价格和功能。近年来，消费者理性化消费的趋势越来越明显。随着厨房用具品牌营销广告力度的加强、价格体系进一步透明化以及业主装修意识不断增强，消费者在家装消费中更青睐的是厨房用具产品的性价比。

当然，作为与人们日常生活联系日益紧密的厨房用品，性价比只是人们考虑的一个因素。慢节奏的生活以及回归家庭的趋势，必然使人们开始

---

[1] "慢"生活新时尚都市人选择改变快节奏生活 [EB/OL]．[2011-12-06]．http：//city. sina. com. cn/focus/t/2011-12-06/102125448. html.

[2] 快节奏下的慢生活 [EB/OL]．[2012-11-22]．http：//blog. sina. com. cn/s/blog_a9fe04f9010150yw. html.

[3] 慢生活从享受厨房乐趣开始 [EB/OL]．[2014-04-07]．http：//www.v2gg. com/ent/nvmingxing/20140408/154429. html.

注重生活的品质，追求物质与精神的双重享受。不少消费者开始关注厨具的设计风格、环保材质、功能开发等因素，有的消费者甚至开始关注厨房家具整体的服务感受。随着人们生活条件的改善与生活品质的提高，日用品升级换代的需求刺激了销售的二次增长。[1]

3. 年轻一代的日用百货需求升级

当前，"80后""90后"的新一代消费群体已经进入组建家庭、培育后代的年龄，大家庭派生出的小家庭又对厨具构成了新的购买力。相对于传统的厨具布置而言，"80后"的小家庭追求厨房的多功能化，厨房不仅仅是烹饪空间，更是交流、聚会、朋友圈分享的场所。例如当下的半开放式空间厨房，通过操作台与客厅的视线打通，让厨房变成一个厨艺展示的空间，使人们在做饭的同时，还能与客厅中的家人进行交流，或者顺便看一集正在播出的肥皂剧，让厨房不再是一个让人生厌的地方。[2]

另一方面，日用百货开始向智能化、可移动化方向发展。随着智能技术的成熟和"80后"对房屋空间的迷你、简洁化追求，厨房用具在功能上融入了更多的智能化科技含量，在造型、色彩上更具时尚的韵味。[3] 厨房不再是一个固定的场所，而是可以直接简化为一个橱柜甚至一张厨桌，不仅便于移动，而且对房屋空间进行调整，增添厨房功能的同时，提高了房屋的利用率。

二、双立人的品牌优势

1. 高价、高标准、高品质

双立人在厨具行业是众所周知的高端品牌，它之所以能够一直保持其高价策略，源于其高标准、高要求的产品材质和品质。就刀具来说，在双立人刀具出现之前，刀具经常会出现生锈、刀刃卷曲、刀刃变钝等问题。

---

[1] 厨具市场分析：消费者更加注重性价比 [EB/OL]. [2015-05-22]. http://www.cfsbcn.com/news/27528583.html.

[2] "90后"的厨房要这样创新？惊呆我和小伙伴了！[EB/OL]. [2015-12-21]. http://www.v4.cc/News-718934.html.

[3] 解读厨具发展三大趋势 [EB/OL]. [2015-07-24]. http://jiaju.sina.com.cn/news/chufang/20150724/6030294160337338655.shtml.

因此，双立人的创办者自产品建设之初，就立下了让双立人成为高品质象征的豪言壮志。双立人的每一把刀具，从刀体到刀刃都力求持久锋利，仅制造工序就多达 40 道，始终保持与人体工程学的完美结合。[1]

在材料加工上，双立人重视创新，力求研发钢材材料加工的最佳方式。双立人研发出一种专利名为"FRIODYR"的特殊冷锻加工工艺，解决了刀刃日久生锈、变钝的问题。随后，双立人又陆续开发了 SCT 烧结金属合成工艺和 MagnaDur 涂层技术，使双立人在不锈钢领域成了产品领导者。双立人曾承诺消费者——终身只需磨两次刀，可见其对产品的自信。[2]

2. 创新为王，设计人性

双立人产品集美观、创新、功能性于一体，拥有人性化的设计，打造舒适的用户体验。

图 4-6　双立人与 Matteo Thun 合作推出的 Zwilling Pro 锅具

双立人在全球设立 7 个研发室，夜以继日地打造其英雄产品。例如，其锅具采用独特的四项锅底压制技术，能够均匀且迅速地传热，避免食物烧焦。又如其刀具，采用特殊配方的钢材以及尖端的工艺技术，因此能够保持持久锋利且兼具抗腐蚀性[3]。

此外，双立人还特邀著名的设计大师以及世界名厨参与设计开发。例如其与意大利著名珠宝设计师 Matteo Thun 合作推出了 Zwilling Pro 系列锅具，兼具德系产品的实用性和意大利设计的美观性。

---

[1]　双立人：值得中国炊具企业借鉴的营销模式［EB/OL］．［2010-04-12］．http://bbs.pinggu.org/thread-770896-1-1.html

[2]　双立人离品牌有多远？［EB/OL］．［2012-03-07］．http://www.doc88.com/p-6981860314018.html.

[3]　双立人，九大理由值得你拥有［EB/OL］．［2013-11-28］．http://finance.21cn.com/stock/express/a/2013/1128/18/25246851.shtml.

3. "德国制造"的文化根源

双立人的产地位于德国索林根，那里集合了日耳曼民族特有的严谨与精湛手工艺。提起"德国制造"，人们不禁想到耐用、可靠、安全、精密。这些可触摸的特征，是德国文化在物质层面的外显，而隐含其后的，则是"德国制造"独特的内在精髓。许多消费者在厨具购买初期，会因为"德国制造"而给产品加分。这些既定认知在无形中增加了双立人品牌的文化附加值，一方面增加了消费者的品牌好感度，另一方面塑造了正面的产品形象。

三、双立人的中国之路

1. 定位：高端的目标群体

双立人进入中国后，仍将高端消费者作为目标群体，他们的消费水平不同于普通消费者，即便没有厨房，他们也可以生活得很舒适，所以单纯的饮食诉求不会成为他们必须选择厨具刀具的原因，因此，双立人将自己的产品与更高层面如精神层面相结合，通过情感诉求引导他们主动购买厨具刀具，将双立人产品变成高端时尚生活的象征，成为高品位高端人士生活、情感的必需品。[1]

近几年，随着国内刀具市场的竞争日益激烈，双立人也开始对年轻一代的高端消费者展开攻势。但由于年轻群体的整体消费能力不足以支撑其消费理念，所以还有很大的成长空间。

2. 理念："产品+生活"

在双立人进入中国市场时，炊具行业的格局已经基本形成，如高端品牌德国的菲仕乐、WMF等占据了大量的市场份额，因此双立人在销售时选择另辟蹊径。

通常，人们在做出每一个购买决策时，都存在一个高于潜在消费者愿意支付的价格区间，这个区间会促使消费者思考"我是否需要这个好处"，

---

[1] 双立人离品牌有多远？［EB/OL］.［2012 - 03 - 07］. http：//www.doc88.com/p - 6981860314018.html.

而不是"哪一种商品最便宜"。因此，双立人想要达到的就是让消费者不再只关心价格，转而将注意力放到产品的价值上。进一步说，就是双立人试图营造附着在产品之上的情感价值，通过强调"烹饪的乐趣"，增加用户对品牌的黏性，让双立人成为新时代生活方式的引领者。[1]。

3. 产品："西洋拳+中国功夫"

双立人作为一个德国品牌，在进入中国市场后，对自身的产品做了相应的调整，使产品兼具中西方特色。如在锅具方面，双立人为了迎合中国美食爱好者的烹饪需求，特意研发推出全新 Zwilling Dragon 中式炒锅，满足中国人爆炒的烹饪需求，并且采用"会呼吸"的"Air Switch+气阀"设计，有效避免了烹饪时溢锅和油烟问题。在外形上，邀请意大利知名珠宝设计师 Matteo Thun 倾情加盟，针对中国市场独家设计，为原本造型单一的中式炒锅增添了时尚潮流感，让中国烹饪进入新时代。[2]

另外，双立人提出数字化与厨房结合的理念，为亚洲家庭"私人定制"中国厨房。双立人的这种"西洋拳+中国功夫"的产品组合，有效避免了外国企业进入中国造成的文化及生活差异，让品牌更好地融入海外市场。

4. 口碑传播：推销员的角色转变

为了加深顾客体验，双立人选择更多地利用销售人员进行传播。双立人每销售一件产品，小到一把刀具，都会对顾客的信息进行详细的登记。双立人在北京、上海等地的每个专卖店内一般有 4 位销售员，分为两班进行轮换，在一组上班进行产品讲解和产品演示的同时，会有另外一组对于前期购买双立人产品的顾客（前期销售时已登记）进行上门拜访，并且通过电话预约，在获得主人的同意以后上门演示产品，帮助主人烹饪食物。

为了扩大产品和上门演示本身的影响力，促销人员会选择在主人家里来客人或者朋友聚会的时候上门。因为来客和主人是收入比较接近的消费

---

[1] 黄锴. 刀锋上的舞蹈：双立人另辟蹊径 [J]. 21 世纪经济报道, 2011 (24)：4-15.

[2] 德国双立人中式炒锅开启中式烹炒新时代 [EB/OL]. [2015-09-17]. http://fashion. sina. com. cn/l/sn/2015-09-17/1710/doc-ifxhzevf0807881. shtml.

人群，这样做其实也是在悄悄地培养双立人潜在的购买者，通过巩固已有客户人群获得口碑，培养新的购买人群实现再销售，并且成功传播品牌口碑，一石三鸟。双立人的终端人群上门时还会自己带一些蔬菜和肉蛋，作为给主人的加菜。每个月，双立人公司都会给予促销人员固定的交通补贴和购买蔬菜、肉蛋的补贴。[1] 这样的方式，不仅让双立人的消费者获得了实惠，而且在朋友面前赚足了面子，获得中国消费者一致好评。

5. 选址严谨：加深品牌形象

双立人通过严谨的选址展现了其严谨的品牌形象，无形中扩大了品牌的影响力。除了选择具备足够高端消费人群的百货公司作为自己的产品展示和销售终端之外，双立人对于开发区域和经销商的选择有着更加系统甚至苛刻的标准。双立人会经过细致的调研，结合当地区域的人均收入、高收入人群的数量、高档百货公司的数量以及消费者对于家居用品的可支配支出等数据进行综合判断。当一个区域尚未达到专卖店设立标准，双立人对于招商或开设专卖店的行为会坚决叫停。

双立人进入中国之初，与其他外资高档品牌只能占据商场的顶层，面对客流量有限的压力，有店面邀请双立人搬移至人气较旺的地下一层，然而当时的店面经理坚持在商场顶层，即使牺牲一定人流也坚决不与楼下低端的超市品牌混在一起，以保持其品牌独特性。其严苛的选址标准也在无形中树立了双立人严谨认真的品牌形象，增加了消费者对产品质量的信任度。

6. 广告投放：多种媒介的尝试

双立人在广告的选择上十分谨慎。为符合其高端的产品定位，双立人不仅对广告质量要求很高。就广告投放而言，双立人一直采取全球统一的方式。为在短时间内打开中国市场，2014 年，双立人打破自己的原则，在中国选取黄晓明作为代言人，以型男回归厨房的观念让双立人在"摩登厨

---

[1] 双立人缘何单店销量过千万？ [EB/OL]. [2011-11-02]. http://blog.tianya.cn/post-3772835-36496292-1.shtml.

房"概念中找到共鸣。[1]

另外，双立人根据中国消费者的媒介接触习惯，开始尝试选择使用一些新的广告投放方式。如在近期热播的《好先生》电视剧中，双立人献出了国内植入首秀。德国双立人品牌总部认为，电视剧中的米其林三星的主厨，势必会与厨房利器打交道，剧组对厨艺细节精心安排，1∶1 还原米其林餐厅后厨规制，烹饪过程百分百真实，这与德国双立人的品牌精神相契合。在这次电视剧广告植入中，双立人与影视公司联合开发了剧中

图 4-7
黄晓明代言双立人广告

同款菜谱，在宣传中与网友互动，推送美食话题，达到了双赢的效果，为双立人赢得了广泛的知名度。

7. 公关为主，跨界营销

由于双立人的高端品牌特殊性，在中国很难依靠时间段密集的广告投放进行营销，因此，需要靠公关活动建立良好的口碑，同时了解消费者的消费偏好和饮食习惯。双立人会定期组织"锅友会"，以此拉近顾客与品牌的距离。锅友会为爱好厨艺或者家庭主妇类的顾客搭建了一个平台，在这里，双立人工作人员与会员交流有关厨具的保养信息，或者对制作菜品做相应指导。如此贴心的服务，也为双立人树立了良好的口碑。

同时，双立人不断通过活动和合作来加强品牌的影响力。例如 2011 年在武汉举办珍宝刀具展，双立人博物馆向世人展示了一只 1896 年的全身用双立人剪刀制成的"孔雀"；2010 年与《家居廊》（*ELLE DECORATION*）杂志合作的"锐！中国味道"设计大赛特别活动"寻找中国未来设计大师"；再如 2012 年与高端艺术家电品牌卡萨帝共同举办"格调与浪漫相约卡萨帝 & 双立人美食课堂"等活动。这些活动

---

[1]　德国双立人携手双料影帝黄晓明演绎摩登厨房大片［EB/OL］．［2014-04-25］．http：//fashion. sina. com. cn/l/sn/2014-04-25/1045/doc-ianfzhnh2697416. shtml.

大多与一些知名跨界品牌合作，让高可信度的口碑得以传播，形成了良好的传播效果。[1]

公关活动和跨界合作不仅让双立人获得了良好的口碑，而且进一步了解了中国消费者的喜好，这为之后的产品设计、营销等打下基础。

四、双立人在中国的未来发展

1. 机遇：横纵拓展，丰富产品线

随着消费升级，人们对厨房用品的需求日趋多样化，从刀具到厨房用品，为双立人今后的发展提供了极大的拓展空间。

横向上，双立人需要不断丰富厨房用具产品样式，凭借技术创新和理念创新，增加产品线。双立人已经从不锈钢的锅具、刀具，延伸到了水晶制品、陶瓷、电陶炉、红酒器具，甚至橄榄油等众多与厨房有关的商品上。

纵向上，不断收购企业和技术，保证其行业领军地位。如今，双立人已收购拥有百年历史的比利时皇家不锈钢锅具厂 Demeyere，并将"米其林大厨最爱"的珐琅铸铁锅（法国 STAUB，欧洲著名涂层锅品牌）、意大利厨具品牌 Ballarini 纳入旗下，展现了品牌在大环境经济下依然强劲的发展势头。[2]

2. 问题：国产品质下的高价格质疑

双立人一直以高品质而闻名，但是近几年，随着厨具行业制造信息的进一步透明化，中国消费者发现在双立人的全球战略中，中国市场销售的部分商品的产地并非在德国，而是在中国上海。例如炊具、餐具、剪刀等不少产品的系列都是中国制造。制作的国产化使得一部分消费者开始质疑双立人并非真正意义上的外国制造，对其高价出售表示不满。实际上，双立人旗下分为单立人和双立人，单立人均为国产商品，双立人商品则是从

---

［1］ 何煜雪. 双立人品牌浅议［J］. 江苏商论，2012（7）：102-103.

［2］ 德国双立人再掀厨房新浪潮 小菜大作拒绝平庸［EB/OL］.［2016-04-22］. http://fashion. huanqiu. com/news/2016-04/8819847. html.

德国进口原材料，而后在中国组装销售。虽然当下许多厨具企业都采用这种方式降低运输成本，但是这也让双立人"德国制造"的好名声受到挑战。

双立人的高价策略一直受到广泛争议。对双立人来说，高价位情况下，企业的利润率较高，但同时也阻碍了目标群体的扩大。双立人的目标顾客群是高品位的高端人士，这无疑会流失很大部分的市场群体，如老一辈的人通常是频繁的厨具使用者，在他们的观念中，花近千元去买一把刀是奢侈的；而年轻一辈的消费者，虽然他们思想开放，追求新颖和个性，但是其消费能力不足以支撑其消费理念，因此如何扩大消费群体是其需要思考的。

3. 威胁：中日品牌的品质赶超

近年来，双立人、WMF、Wüsthof 等德国产世界名牌由于昂贵的价格让许多消费者望而却步，将目光纷纷投向质量相仿且价格较低的日本品牌。例如入门日本厨刀藤次郎，凭借其产量大、性价比高，成为众多中国爱好者初次接触日系厨刀的选择。藤次郎相较于双立人，硬度更大，刀更加锋利。而在面对大量西式厨具的"入侵"后，国人也开始回归国产厨具品牌。例如"中国第一刀"的十八子，几乎占据了国内62%的刀场。十八子也许比不上德国和日本的大品牌，但几十元就能买到一把质量稳定、经久耐用的量产中式菜刀，能够满足大部分中端人群的需求。除此以外，王麻子、邓家刀等传统国产刀具品牌的普及，使双立人在中国市场的发展遇到不小的冲击。

五、对中国相关品牌的启示

当下厨具市场种类几近饱和，想要吸引消费者眼球，首先需要从用户需求出发，结合时代科技进行产品设计。中国市场中如张小泉、王麻子宣称有同样好的品质，但品牌影响力仍不如双立人，究其原因，是缺乏品牌的核心技术。例如指甲钳，除了"非常小器"拥有自己的发明专利产品外，其他企业申请到的专利还停留在外观和实用新型领域，没有实质性突破。一个被受众认可的品牌，一定有自己的专利技术和主打产品，让别人难以取代。虽然这些国产品牌可以满足受众基本的需求，通过设计和低价吸引消费者，但要想让品牌更长久，还是需要将重心放在科技革新上。

其次，双立人不仅仅是销售产品，更是销售一种生活态度。将快乐生活、精致生活的理念融入产品中，让其目标人群对双立人产生情感依赖，让产品成为高质量生活的符号。确实，在竞争日益激烈的厨具行业，仅依靠产品质量销售产品是很难获得长久发展的，当一个企业的产品质量达到一定程度时，企业需要思考如何让消费者离不开自己的产品，如何让消费者从关注产品本身到关注产品价值上来。

最后，双立人在传播上采用多渠道的传播形式，不仅通过各类媒体和锅友会、客服上门等线下活动拉近顾客与品牌的距离，而且通过微信公众平台、微博及网站与消费者保持及时的沟通与交流，从而形成线上线下一整套完整的营销传播策略，这对当下的厨具企业具有一定的借鉴意义。

第四节　Burberry：百年老牌的华丽新生

调查数据链接：

早在 2000 年国家与品牌形象的调查中，还没有中国消费者提及这个品牌；在 2015 年的国家与品牌形象调查中，Burberry 一跃成为英国提及率最高的品牌，达到了 23.5%（大学生）和 44.6%（白领）。如表 4-3 所示。十余年间，Burberry 在消费者心目中的形象变化如此剧烈，并且作为一个传统奢侈品牌，即使是对它不熟悉的消费者也不会将其误认为是盛产奢侈品的法国或者意大利品牌，可见 Burberry 所承载的"英国学院风""正宗伦敦范儿"，足以让其成为英国标志性的品牌。

本节执笔：廖慧。

表4-3　英国的品牌联想

2015 年				2000 年	
大学生	提及率（%）	白领	提及率（%）	大学生	提及率（%）
Burberry	23.5	Burberry	44.6	劳斯莱斯	16.0
劳斯莱斯	16.4	劳斯莱斯	15.0	茵宝	1.8
路虎	9.3	The body shop	6.9	壳牌	1.3
宾利	9.3	剑桥	6.9	安宝	1.0
剑桥	7.1	路虎	6.4	卫康	0.8
牛津	6.6	牛津	6.0	联合利华	0.8
BBC	4.4	宾利	5.6	登喜路	0.5
The body shop	4.4	捷豹	5.2	寿百乐（香烟）	0.5
捷豹	4.4	曼联俱乐部	3.9	路虎	0.5

创始于 1856 年的 Burberry，被誉为最具英伦风情的奢侈品牌，深受英国皇室的厚爱。在过去的 160 年中，Burberry 由一家专注于防水面料的户外服饰品牌跨越至时尚行列，而其消费者也由皇室和年纪偏大的名人扩展到多个层面，近年来更是深得年轻人的欢心。瑞士联合银行对来自中美两地的 2 109 名的"千禧一代"消费者进行调查，数据显示，Burberry 深受中国年轻消费者的青睐。

一、中国奢侈品消费市场的变局

1. 年轻化消费者的个性化需求

随着中国经济的飞速发展，居民收入的提高，中国已经成为世界上最主要的奢侈品消费国家，曾经高高在上的奢侈品如今也走进了寻常百姓家，尤其是越来越多的中国年轻人正在成为奢侈品的拥趸，奢侈品消费在国内呈现出"年轻化"的趋势。根据世界奢侈品报告显示，中国奢侈品消费者平均比欧洲奢侈品消费者年轻 15 岁，比美国年轻 25 岁。与西方年轻人年满 18 岁就要靠自己打工养活自己不同，中国的年轻人多为独生子女，在经济上一直依靠家庭的支持，在奢侈品消费上"底气十足"。

中国年轻消费者对于奢侈品的态度与老一辈已经发生了很大的变化。

根据对"90 后"的一项调查表明,"90 后"认为,好的生活品质不再是简单地拥有某些高价格的东西,而是建立在物质消费和文化消费之上的,更为重要的是,这些消费要基于个人的选择和特点。如今,中国有钱的年轻人将奢侈品视为自由发挥的地方,不再是对于产品外观的选择,而是成为个人价值展现与个性释放的重要方式。对于日益年轻化的中国奢侈品消费者来说,"现在已经不是通过买某个牌子的东西来让你成为一个有价值的人,而是你自己决定选择买哪个牌子的东西,来显示你自己具有某种特质"。

2. 奢侈品消费进入"性价比时代"

过去,中国消费者由于对奢侈品认识的局限与经验的缺乏,以及改革开放后迅速富起来的人们的膨胀心理,往往都要通过 LOGO、品牌等可见的物质表象来作为炫耀的资本,对于奢侈品的认知也仅限于名牌皮具、瑞士腕表、珠宝、超豪华汽车等品牌知名度较高的国际大牌。如今消费者认为是奢侈品的,除了上述品类外,还包括艺术品、游艇、高端酒店及奢华旅行等,对品类的认知表明中国消费者的成熟。随着中国消费者更加成熟和理性,他们开始关注的是产品的品质、对生活品质的提升以及自我的体验感、愉悦感,而品牌的符号意识逐渐在淡化。

近几年来,消费疲软以及中国的反腐措施成了各奢侈品业绩下滑的"罪魁祸首",由此也引发了奢侈品消费者消费动机与需求的巨大变化。其中,消费动机从送礼为主转变为自用。在过去礼品经济的时代,无论是送礼方还是收礼方,礼品的价值大多体现在品牌和 LOGO 上,但是当奢侈品转为自用,良好的产品体验和优质的服务必然成为最核心的诉求点,中国奢侈品消费正在进入"性价比时代"。

3. 奢侈品消费积极"触网"

根据贝恩公司发布的 2015 年度《中国奢侈品市场研究报告》显示,近 80% 的受访者一般从互联网或应用软件上接收奢侈品信息;60% 的受访者将社交媒体如微博、微信作为奢侈品信息的在线来源。互联网成为搜索奢侈品信息来源的重要渠道。

此外，奢侈品品牌消费者的消费习惯正逐渐向网络转移，而首要受益者是跨境电商、海外代购等。上述报告显示，跨境电商和海外购物网站两者合计规模为 480 亿元人民币，占中国内地消费者境外奢侈品总支出的 16.4%。跨境电商和海外网站作为奢侈品购物渠道越来越受欢迎，约一半的受访者表示他们去年通过这些网站购买过奢侈品。尤其是随着老一代奢侈品消费者的消费能力正在减缓，生于或成长于网络时代的"80 后"、"90 后"甚至是"00 后"正逐渐成为奢侈品的主要消费群体，他们的消费习惯与生俱来具有互联网色彩。

二、Burberry 的梦想与现实

Burberry 于 1993 年首次进入中国市场，20 多年间，在 30 多个城市开设了 70 多家门店，中国已经成为 Burberry 重要的市场。在 Burberry 的全球销量中，大约有 25% 是由中国消费者贡献的。2015 年，全球中国零售消费者为 Burberry 带来的收入实现了双位数百分比的增长，这些消费约有一半发生在中国国内。然而，受奢侈品不乐观的现状影响，Burberry 在中国也正面临着关店、降价以及假货等问题。那么，Burberry 如何在现实中延续它百年经典品牌的梦想？

1. 明确的产品优势，承载英伦风格

Burberry 的创办人 Thomas Burberry 在 19 世纪 70 年代研发出防水、防风、透气的布料 gabardine，满足英国潮湿、阴冷、多雨的气候中人们对于外衣的需求。而这种耐穿的布料成就了 Burberry 的辉煌，Burberry 也因为这种新型面料赢得了大家的认可。该布料用于风衣的制作，著名杂志《男装》将 Burberry 服装的性能特点概括为："Burberry 服装最能承受冷风、热风、雨、风暴，在寒冷气候下能形成良好的服装人体环境。"此后，Burberry 一直受到英国皇室的爱戴，分别于 1955 年及 1989 年成为皇室御用品牌，奠定了其高贵奢华的地位。由此 Burberry 设计的风衣成了历久不衰的潮流，直到现在，翻开英国牛津辞典，如果查询"风衣"这个单词，Burberry 已经成了"风衣"及"英伦风格"的另一个代名词。

除了面料外，Burberry 的另一个特征在于其经典格子图案的设计。格

子之于英国，如同旗帜徽章之于意大利，在英国被称为 Windows，是家族标志的象征。Burberry 的招牌格子图案由浅驼色、黑色、红色、白色组成的三粗一细的交叉图纹，不张扬、不妩媚，体现了 Burberry 的历史和品质，甚至象征了英国的民族和文化。优质的产品以及皇室的加持使 Burberry 品牌历经百余年而盛名不衰，熟悉 Burberry 的人们一看到"Burberry 格子"就如同看到了自己心爱的品牌，这成为 Burberry 品牌对消费者最有感染力的内涵。

2. 规避价格差的劣势

根据美国数据调查机构的最新报告显示，英国奢侈品牌 Burberry 的价格差在众多奢侈品牌当中依然最大，在国内的售价比国外贵37%。之前有分析师指出，在奢侈品行业，Burberry 是中国与欧洲商品售价差距最大的公司之一，虽然 Burberry 方面曾表示将采取亚洲降价欧洲提价的措施，但依然没有改变现状。香奈儿在中国开启了降价阀门之后，让奢侈品牌市场竞争更加激烈，Burberry 近来产品设计缺乏新意，如果价格依然高居不下，将更难赢得市场。

3. 抓住年轻人

年轻化是中国奢侈品消费者的特点。根据调查显示，中国奢侈品消费者的平均年龄偏低，一个重要奢侈品消费群体是 25～40 岁的年轻人，并且规模正在快速增长，而在西方发达国家，40～70 岁的中老年人是奢侈品消费的主力。随着奢侈品行业的不景气，造就了奢侈品牌的惶恐，2015 年以来，奢侈品牌都围绕着消费者做或多或少的小动作，甚至为了讨好潜在的消费群"千禧一代"，更是铆足了比拼的劲头。对于百年品牌 Burberry 来说，顺应时代，抓住年轻人这一消费群体，实现品牌年轻化，是必然的趋势。

4. 积极应对各种威胁

中国奢侈品市场一直持续高增长，这让很多品牌把目光锁定在中国市场，加大了对中国区的投资，但这种投资相对而言过于单向，并没有充分考虑市场需求及风险。日益成熟的中国消费者不再会为单一的品牌埋单，转向为品牌性价比埋单，由此推动了多元化、个性化的轻奢小众品牌的发展。这些小众设计师品牌凭借着鲜明的设计风格，"限量加订制"的规则满足了消费者"独具一格"的消费心态，这给近些年缺乏设计的 Burberry 造成了极大的压力，销售乏力。加之中国反腐措施的影响，以及中国内地和香港市场对品牌的需求正在下跌等各方面的因素，导致 Burberry 将面临更艰难的挑战，因为 Burberry 对中国市场具有较高的依存度，大约 40% 的零售销售额来自中国消费者，而同行奢侈品的平均水平是约 30%。

三、Burberry 的中国进击之路

中国市场是各大奢侈品牌的必争之地，相比 20 年前，面对内外环境的重重挑战，如今 Burberry 在中国市场该如何进行策略的调整，以重塑其百年品牌的魅力，实现销售的持续提升？

1. 产品聚焦——发展核心产品，打造中国风

Burberry 给中国消费者最深刻的记忆就是由浅驼色、黑色、红色、白色组成格子图案，以及抗风防雨的经典风衣。然而这一记忆正在被 Burberry 的其他各种产品瓦解，从男女服饰到包包，到苏格兰裙，甚至宠物用品，这些产品分开来看都没有什么问题，但当它们合在一起时，你会发现它缺乏重点——人人都能找到自己需要的东西，但没有一种产品是独一无二的。为了改变这一品牌统一概念弱化的局面，Burberry 提出了产品"聚焦"的策略，正式合并旗下 Burberry London、Burberry Brit、Burberry Prorsum 三大子品牌，回归 Burberry 原有定位，以前主品牌撑门面、副线品牌揽金的商业模式正在逐渐土崩瓦解。为了配合风衣优先的战略，Burberry 对其中国区的营业员进行了深入的培训，把产品教育置于核心位置。专门开发了视频，来展示精工细作，展示如何缝纫，如何处理细节。还给每个门店配备了音响设备以及 ipad 来达到最好的播放效果。2013 年，Burberry. com 还推出了风衣定制，用户可以自行搭配，有超过 1 200 万种款式可以选择。

为了贴近中国市场，Burberry 推出以中国元素为主题的产品，以迎合中国消费者的口味。为了延续 2014 年的节庆主题 "From London with

Love"，Burberry 以 2015 农历新年为灵感，推出农历新年礼品系列，包括绣有吉祥福字的喀什米尔围巾、Heritage 经典风衣、男女包款、钥匙圈、小皮件、节庆彩妆系列 Winter Glow 与 My Burberry 女香等各类礼物，统一使用华丽的金色节庆包装，并且备有过年绝对不能少的红包袋，以展现 Burberry 对中国市场的重视。

2. 重购渠道——收回代理，改为直营

2010 年 6 月，Burberry 集团公司宣布以 7 000 万英镑的价格收购中国地区 50 家店面和特许经营伙伴 Kwok Hang Holdings 公司的相关资产，将中国的代理权正式收回。通常国际顶级奢侈品服装品牌在中国的发展，其典型的路径是经销代理及公司专营。这种经营方式的选取，其实是充分分析中国市场后的积极选择。这一时期所有品牌采取的方式都是在日本、韩国、新加坡等地选择经销商，利用这些既了解国际品牌、懂得品牌经营，又熟悉中国文化的经销商发展在中国的市场。然而，随着中国消费者购买能力的快速发展，对于奢侈品服装的需求逐渐加大，欧美顶级品牌的利润份额稳步增长，为了省却流通成本，提高利润比重，加之他们对中国消费者的消费特性和习惯的了解与日俱增，这些公司开始舍弃中间经销商，选择直接在中国创办分公司或专营机构。通过直接运作，奢侈品品牌在中国的发展有了更清晰的蓝图，让消费者更好地体会其产品和品牌。实现公司直营之后，真正的改变从 Burberry 北京耀莱新天地旗舰店开始。Burberry 的宣传姿态呈现了"一家亲"的特色，颇为亲民，Burberry 全球创意总监 Baily 甚至亲自在开业仪式上担任主持人。Burberry 不仅仅将中国市场作为一个整体考虑，现在还要考虑如何更好地迎合中国消费者的口味。

3. 注重体验——满足消费者的个性追求

对于现在形象更年轻的 Burberry 来说，中国是一个增长迅速的市场，取悦这里的消费者变得十分重要。国内成熟的奢侈品消费群体正在形成，但是人群属性相对比较复杂，除了既有的高消费力人群外，年轻人群体已构成影响奢侈品市场风向标的主力群体。Burberry 因此而调整目标群体，将目标定位于"80 后"与"90 后"，根据他们的喜好创新出 300 多个新款式，并搭配年轻人喜欢的铆钉、皮草衣领等元素。针对中国年轻人喜欢明亮的色彩，也爱紧跟世界时髦潮流的特点，2011 年 Burberry 春夏系列中就考虑到了这些因素。Burberry 为北京耀莱新天地店员配备了 ipad，这是为了让中国 的 VIP 客户感觉就在秀场第一排。在 2011 春夏发布会时，VIP 客户只需要通过 ipad 订购，便能在 7 周之内收到秀场新品，同时也能订购店内没有但是想要的款式。此外，Burberry 正在杭州大厦为 VIP 提供在围巾上绣字的服务，而且这是羊绒围巾第一次提供了多达 30 多种色彩的选择。这些服务的变化源于消费者从追求品牌个性到自我个性的转变。

4. 创新沟通——注重交流的本土化与数字化

在谈到 Burberry 这样一个国际品牌的时候，经常提到的就是"国际品牌，本土文化"。广告是否能与目标受众所在地域的民族习俗相交融，成为其打开国际市场夺取国际消费者的重要一环。例如 Burberry 的一条围巾广告，讲述了一个上海小女孩与一个外国小男孩相遇的故事，他们具有不同的国籍，却共同品尝一个糖人，他们之间的情感由一条围巾来传递。这则广告通过选用中国风的"糖人"、上海的弄堂、小女孩的装扮等元素，将 Burberry 的围巾产品与东方美结合，进一步打动中国消费者。而最近，"小鲜肉"吴亦凡登上 Burberry 2016 秋冬男装系列秀场的新闻更是在国内媒体上铺天盖地，迅速抓住了国内民众的注意力，这也是 Burberry 期望借助中国新生代偶像来获取中国年轻消费者的关注与认可。

中国年轻消费者与其他地区的消费者存在很大不同，不仅在于年轻化，更在于他们是数字化的一代。他们生来就接触到手机等移动终端，时刻保持着数字化连接状态，随时获取各种资讯；他们将自己的生活大方地展示在网上，在网络上进行消费。针对这一趋势的洞察，Burberry 成了数字化营销的先行者。数字化营销已经成为 Burberry 战略规划的核心，涉及的内容也非常广泛，从数字互动宣传到 T 台时装秀现场直播，再到运用最新数字技术打造的全球性"零售剧场"环境以及各种创新社交媒介活动。例如，2011 年 4 月，在北京举办的 3D 全息影像秀上，Burberry 借用数字科技仅仅用 6 个模特就完成了一场豪华的秀典。配合这一盛会的开展，Burberry 与街旁网合作，将 LBS 技术应用到与消费者的互动当中，号召人们"寻回纯正的英伦范儿"。此外，Burberry 整合已有的优势平台（包括官网、其他 SNS 平台、门户网站、垂直网站等）与百度进行合作，利用百度的搜索平台和问答平台，特殊定制专属于 Burberry 的品牌专区和知道专区，展示品牌信息和有冲击力的视频，并允许用户分享视频，进行二次传播，提升品牌影响力。为了拥抱中国最大的线上消费人群及日益增长的钟情奢侈品消费的年轻化人群，Burberry 还全力进行线上布局，与天猫合作建立官方旗舰店，Burberry 旗下服饰、箱包、香水、手表等全线产品均可在其天猫官方旗舰店中购买，真正实现打通中国线上线下市场。

四、对中国相关品牌的启示

随着我国奢侈品消费时代的全面到来，我国的奢侈品市场几乎全部被以 Burberry 为代表的国外品牌所包揽。他们凭借出色的产品设计、创新的材质、深厚的品牌底蕴以及娴熟的营销运作，满足了中国消费者对奢侈品的渴望与需求。本就数量不多的国产奢侈品却鲜有人问津。对于中国本土奢侈品牌将来的发展，或许可以从 Burberry 吸取几方面的经验。

1. 明确品牌定位，坚持品牌鲜明的特色

Burberry 之所以能够屹立于众多奢侈品中一百多年，除了优质的产品，更重要的是其一百多年来不断在消费者心目中强化的英国传统高贵的形象。如 Burberry 对于其风衣产品的坚持和对格子元素的运用和坚持，不仅体现了 Burberry 的历史和品质，甚至象征着英国文化的继承。中国悠久的历史文化中，也可以从中凝练出几个元素，如云纹、中国红等作为品牌的核心元素，并一直将其贯穿于产品设计中，保持品牌的一致性与差异化。

2. 抓住年轻人

随着中国奢侈品消费日趋年轻化，奢侈品牌的年轻化不仅是未来的趋势，也是自然的趋势。越发活泼的迪奥、产品越来越萌的芬迪（Fendi），借助二次元传播的路易威登，以及热情拥抱互联网的 Burberry，都在通过各种手段来吸引年轻人。因此，中国本土奢侈品牌应该主动抓住这一新的时机，通过能贴近年轻消费群体的新兴网络媒体，开展网络宣传攻势，强

化与消费者的互动沟通。而奢侈品品牌与消费它的明星们一向是分不开的，可以通过明星、网红效应并主动进行传播，将名人的特质融入品牌当中，进行协同塑造。

第五节　宜家：以北欧风席卷中国家居业

调查数据链接：

作为一个北欧小国，瑞典在中国人心目中远不及美、日、韩那样被熟知。在 2015 国家与品牌形象调查中，瑞典的产品联想填答率和品牌联想填答率仅为 30.75%（大学生）、50.76%（白领）和 22.98%（大学生）、62.98%（白领），其产品联想的整体认知度几乎为被调查的 12 个国家中最低。

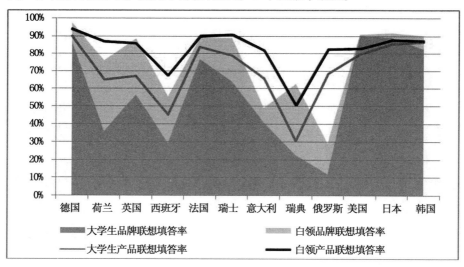

图 4-8　产品和品牌填答率

　　然而，宜家却以 53.8%（大学生）和 61.2%（白领）的高提及率位列瑞典品牌联想排名第一（见表 4-4）。同时，家居产品同时也是瑞典提及率最高（大学生 15.2%、白领 39.8%）的产品，然而所对应的家居品

本节执笔：周婧璇。

牌仅有宜家。可见宜家这个品牌对于瑞典的家居产业乃至国家形象，都具有极高的带动作用。

表4-4　瑞典的品牌联想

大学生	提及率（%）	白领	提及率（%）
宜家	53.8	宜家	61.2
H&M	43.1	沃尔沃	33.9
沃尔沃	35.4	H&M	12.7
爱立信	6.2	爱立信	7.9
斯沃琪	3.1	ABB	3.6
北极狐	3.1	萨博	3.6
柯尼赛格	1.5	哈苏	2.4
诺基亚	1.5	绝对伏特加	2.4
欧米伽	1.5	伊莱克斯	2.4
可爱多冰激凌	1.5	利乐	1.8

自从1998年进入中国以来，宜家用不到20年的时间将北欧式家居风格带入了中国，并成为瑞典的形象符号。在宜家风格下成长起来的一代大学生、白领，如今正成为这个社会最坚实的消费力量。

一、当前中国家居消费市场的变化

1. 个性化消费，追求私人定制

近几年，"80后""90后"逐渐成长为家居市场的消费主力。相比于上一世代的消费群体，这类群体在成长过程中接触更丰富的信息，受到更多元文化的影响，加之海外代购的全球物流畅通使人们获取世界各地家居品牌的产品成为可能。因此，在消费习惯上追求以个性需求为基础的定制模式，家居消费也呈现多元化趋势。

就当下的居家生活方式来看，单一的家居模式不再满足消费市场，人们会根据自己的生活方式主动地选择需要的产品。[1] 中式传统与西式时尚混搭、现代潮流与古代元素的碰撞带来了多元化的家居模式。不少家居企业，如索菲亚、欧派、尚品宅配等，都为客户提供定制服务。[2] 相比传统的成型家居，定制家居能够轻松解决尺寸不合适、空间利用率低等缺点，不仅满足中老年群体的实用需求，而且符合年轻群体积极的消费观，是其个性的彰显。在多元的消费需求变化中，"私人定制"成为家居领域的常态。

2. 安全问题频出，追求健康环保

自 2014 年起，涂料、地板等引发的环境问题备受关注，加上全国范围内的严重雾霾污染，使得室内装修污染与室内空气质量问题受到广泛热议。[3] 随着环保理念的贯彻和安全理念的盛行，消费者对家居材质的绿色环保、健康安全的要求越来越高。因此，家居行业开始关注家居材质的安全问题。越来越多的企业在家居材质上开始采用传统原料，如天然原木、实木、藤编等，力求保持材质的原貌，减少对人体健康及环境的伤害。[4] 可以看出，家居的安全问题已成为家居市场重点关注的问题。业内人士透露："最近五六年，实木家具销售额每年都有近 10 个百分点的递增，占卖场家具总销售额的比例每年也有相应提升。"

3. 家居向智能化、多功能化方向发展

数码时代下成长的"90 后"乃至"00 后"拥有更为积极的消费观。一方面，大部分大城市生活的年轻人没有足够的能力购置大房，只能将现有的小户型达到面积最大化利用，这要求家居在功能上能更加多样化，比如衣柜的合理布局、洗漱空间的优化等。

[1] 家居市场现新刚需消费需求呈现多元化趋势 [EB/OL]. [2015-03-12]. http://home. 163. com/15/0312/06/AKG4GU2G00104JST. html.

[2] 2014 家居消费市场十大趋势分析 [EB/OL]. [2014-10-07]. http://www. jia360. com/zhengmu/20141009/1412837848776. html.

[3] 材质安全环保成为家具的新趋势 [EB/OL]. [2015-10-27]. http://home. focus. cn/msgview/952/347763618. html.

[4] 2015 家居潮流趋势风格融合绿色环保 [EB/OL]. [2015-01-14]. http://jiaju. sina. com. cn/news/20150114/399840. shtml.

另一方面，快节奏、高强度的生活方式让人们对家居环境的品质有了更高的要求。人们开始尝试在家居产品中置入智能化操作，如无线充电套装、智能扫地机器人等，极大地便利了人们的生活，让人们在繁忙的工作之余享受更便利的休闲功能。

4. 线下体验与线上消费，O2O 成家居消费新渠道

随着互联网的快速发展，家居行业不再局限于到实体店购买的固定模式。不少消费者在线上了解商品和品牌信息，获取口碑，比较产品后，再去线下的实体店观摩体验，最后下订单购买；或者在线下实体店了解产品信息，体验产品，而后到线上购买产品，这类现象已在家居消费中十分常见。许多家居企业开始探索最有效的家居电商 O2O 模式，例如天猫与日日顺合作的"线上销售+线下物流配送安装服务"模式、美乐乐独立发展的O2O 模式等。[1]

二、宜家的品牌优势

1. 大师设计，平民价格

宜家作为全球最大的家居用品零售商，不仅掌握渠道，而且控制产品，即通过坚持不懈的产品创新获得品牌产品专利。

每年，宜家都会聘请国内外 100 多名专业设计师精心设计产品，从而免除制造商的压力，并且将少数人享用得起的奢侈品改造成大众能接受和负担得起的产品。例如在灯具类产品中，意大利灯具品牌 Flos 下有一款 Fantasma 灯，由设计界名师 Tobia Scarpa 设计，宜家通过材质的改造，推出了一款样式相似但材质不同的杜德鲁落地灯，售价仅 99 元，使得更多的人可以享受"大师设计"的家居产品。

宜家以科学的方式开发"极简"产品，以降低物料的浪费，并通过其独特的设计理念，用"极简"的形式科学地降低成本，使其在同样价格的产品中达到更低的设计成本。在采购上，宜家在全球范围内实行制造外

---

[1]　中国家居建材行业之 O2O 篇 [EB/OL]. [2014-09-10]. http://home.163.com/14/0910/13/A5PMCTBU00104JV9.html.

包，通过大量采购，最大限度地降低制造成本。宜家鼓励各供应商之间自由竞争，使得供应商被迫卷入"低价高质"的角逐中。

宜家产品种类齐全，拥有超过 10 000 多种产品系列，其内部的"4×4×N"的"家居产品矩阵"[1] 达到了超细分和高覆盖。同时，在产品的设计制造、分装运输、组合搭配上坚持模块化原则，并且出售单独部件，给用户提供了足够的自主搭配空间与想象力发挥的空间，满足了一部分 DIY 能力强的人的自主安装需求。

宜家产品始终保持简洁、自然、朴实的北欧设计风格，在家居产品中有较高的辨识度，形成了广泛的受众支持。

2. 提供逼真的生活场景

与传统的"导购"模式不同，宜家独特的体验式营销营造了"家"的氛围，增强了顾客的购买欲。轻松、自在的购物氛围让消费者在购物时，除非主动向店员寻求帮助，否则店员不会来打扰。这种自助购物模式保证了消费者的个性化特点。宜家鼓励消费者在样板间中做相对私人的活动，如看书、睡觉等，从而提供给顾客一种安全感。这种将安全感和体验感发挥到极致的做法，让消费成为一种"享受"。宜家的样板间设计具有生活情境感，为避免产品买回家后不协调等问题，它不是单件物品的展示，而是整体展示，丰富了样板间的样式，充分展现产品效果，容易让消费者产生"连带购买"的效果。

在商场规划上，商场划分为最热区、热区和冷区。无论是单件展区、样板间，还是低碳分区，都有一个最佳销售位置，留给每一个产品类别中的畅销款。宜家从产品矩阵中，挑选足够畅销的产品布置在最热区，以提高销售额和利润；按照二八原则，将常规产品和偏冷门产品规划在热区；冷区则利用小部分的心跳产品来提高热度。

---

[1] 4×4×N 的"家居产品矩阵"是宜家产品布局的方法，即 4（指产品风格，包含乡村风格、斯堪的纳维亚风格、现代风格、瑞典潮流风格）×4（指产品定价，包含高价、中价、低价、超低价）×N（指产品品类，包含宜家厨房、宜家儿童、PS 系列等）。

三、宜家的本土化发展之路

1. 定位：为年轻白领提供不可思议的高质低价

从创建初期，宜家就决定与家居用品消费者中的"大多数人"站在一起，这意味着宜家要满足具有不同需求、品味、财力且希望改善家具状况，创造美好日常生活的人的需要。进入中国市场后，宜家仍坚持这一理念，将其产品定位为"外表时尚、功能实用并且价格实惠"的家居用品。

1998 年，宜家在上海徐汇区开了第一家宜家商场。由于当时中国与西方国家的经济发展水平存在差异，国人消费水平普遍不高，所以即使是在欧美属于低价的宜家产品，在国内也很少有人问津。为了改变"西方产品普遍较贵"的刻板印象，宜家亚太区总裁表示要打破这种想法，转变中国人认为西方商品价格更高的观念，宜家走上了降价之路。例如宜家颇受欢迎的 Erktorp 系列扶手椅的零售价格在中国仅为 112 美元，比美国同种商品的价格低了 67%。

针对中国市场的特殊性，宜家做了相应的目标人群调整。它不再是面向大众的家居用品提供商，而是把目光投向了大城市中相对比较富裕的阶层。因此，宜家在中国的市场定位是"想买高档货，而又付不起高价的白领"。

出于"精打细算"的消费观，消费者在购物时钟情于低价经典款。因此，宜家在关注低价的同时，也保证其产品的高品质。在 2014 年度的财报中，宜家中国区销售经理说："我们确实在低价产品上投入更多，尤其是那些满足日常基本需求的产品"。

宜家在中国的价格差异很大，但无论在什么价位，与同价位产品相比，宜家的产品深受消费者喜爱。有消费者认为："比宜家便宜的或同等价位的产品，质量没有宜家的好，差距甚至巨大；而比宜家昂贵的产品，不一定比宜家的产品好用。"这种独特的"低价高质"现象，吸引了许多中国消费者。

2. 实地调研，深入了解中国消费者

为深入了解中国消费者，宜家还成立了专门的调研团队，收集中国人梦想中家的样子。他们将一个城市的家庭按照收入水平、年龄、婚姻状况、是否有孩子等分为若干个组，从每一组中随机抽取一些样本进行家访和研究。将同一需求的梦想划分为一组，根据这些需求设计出解决方案，这也帮助宜家迅速了解了中国消费者的消费需求。

为及时了解消费者需求，宜家每年都会针对中国人群，整理发布《中国都市人居家生活报告》，根据报告中大家关心的话题，推出不同的产品。如 2016 年《中国都市人居家生活报告》中将"厨房"作为研究的重点，发现中国家庭通常会有 8 个调味瓶、3 个刀具、4 个烹饪器皿、11 套餐具、4 个厨房用具、4 个小型的厨房电器、2 块砧板。当下，在家里招待朋友是中国市场兴起的新趋势。就此，宜家面向中国市场推出了大量的烹饪和用餐新品，迎合了国人的市场需求。

3. 贴心服务：独特的标准化经营

严格控制各个环节以减少经营成本是宜家中国的制胜法宝。在欧美国家，宜家商店均采用自选方式，减少服务人员。但在中国，由于消费者不习惯缺少服务的购物过程，他们希望店员能够主动讲解产品，并免费将货物送至住处，使得宜家在中国改变了原有的人力模式，增加送货服务，并降低送货费用。

在售后方面，考虑到运输的不便，宜家将 14 天的退货时间延长至 60 天，进一步满足了中国本土消费者的特殊需求。另外，宜家在中国增加了售后组装服务。由于宜家产品采用平板包装，需要送达后消费者自己 DIY 组装，这在中国较为罕见，在初期不被中国消费者所接受。为适应中国本土消费者的消费习惯，宜家增加有偿上门组装服务，减少消费者购买决策的后顾之忧。[1]

这一系列的改变，不仅为宜家赢得良好的口碑，而且贴合消费者，帮助宜家迅速打开中国市场。

---

[1] 吴花果. 宜家中国的家居本土化努力 [EB/OL]. [2012 - 05 - 08]. http://finance. sina. com. cn/leadership/mroll/20120508/174812018850. shtml.

4. 店面即生活方式

宜家在中国的店址选择也十分贴合中国消费者的消费偏好。通常，宜家把自己的商店开到郊区，并配备相应的汽车停车场和其他便利设施。在中国，由于宜家店铺多设立在大城市，其目标人群是中产阶级，即大部分都拥有私家车，因此交通便利成为首选。另一方面，由于线上家居的兴起，越来越多的人开始选择网上购物，而很少去实体店。为了保证足够的访问量，宜家家居需要设立在交通便利的繁华地区，并具备一定规模。然而宜家在中国很多城市已经变成一种地标，能够帮助吸引人流量。北京宜家的选址从北三环的马甸到东北四环的四元桥，再到南五环的大兴，宜家效应带动了人迹稀少地区的发展，甚至成为地产商的优势"资源"。

另外，宜家通过其独特的店面布局，使其卖场在人们眼中已不单单是一个购买家居用品的场所，它代表了一种生活方式——小资情调、简约生活。所以，当你看到追求时尚的年轻人提着印有宜家标志的购物袋神采飞扬地走出宜家卖场，你不会惊讶。可以说，用宜家已经像吃麦当劳、喝星巴克一样，成为一种生活方式的象征。[1]

5. 传播：多样化的消费者接触渠道

目录手册和会员俱乐部是宜家宣传的一大特色，也是其与消费者沟通的主要方式。宜家俱乐部中国已经拥有 900 万会员，而目前宜家销量的40% ~ 50% 来自会员。宜家为扩大宣传，一方面不惜成本锁定对象免费散发目录手册，另一方面注重会员俱乐部建设。它不仅定期推出一些针对会员的促销，还通过宜家粉丝博客与粉丝实时互动。

另外，宜家选择多渠道进行广告投放，重视移动互联网与宜家宣传的结合。如通过《宜家美好生活》的短片播放，打开电视渠道；通过"宜家家居"的中文官网、宜家 APP、宜家微博及公众号，及时推出新产品，与消费者第一时间进行交流，打开网络渠道；通过店内大型广告与周年短片，形成独具特色的中国式宜家广告风格，即强调家文化的概念和温馨的人文关怀。

---

[1] Jone. 宜家的 4P 营销战略 [EB/OL]. [2009-12-21]. http：//blog. sina. com. cn/s/blog_49ff952a0100g4ey. html.

图 4-9　宜家的中国电视广告

四、宜家未来发展的问题与机遇

问题 1：研发成本过高，同行仿造容易

在产品的研发方面，宜家开发一件产品平均耗时两年，这对某些产品来说，耗费的时间过长。近年来，宜家的产品开发机制变得僵化守旧，制定了太多的传统规则，使得企业效率下降。而经过多年研发的产品，却由于成千上万的家具制造商，加上中国不太健全的法律环境，经常受到其他企业的仿造与欺骗。许多代工厂开始"自立门户"，希望形成本土的"宜家"。如 2012 年 9 月 16 日成立的嘉宜美家居连锁商超，其投资创办人公开标示会通过差别化、本土化的方式与宜家竞争。宜家模式的仿造及产品设计的仿造，让过去独占鳌头的宜家开始探索新的道路，给宜家的海外拓展及企业发展带来不小的挑战。

问题 2：物流体系不完善，制约线上电商

物流一直以来都是宜家的薄弱环节，宜家采取的政策是对仓储区域进行低投入，以迫使物流系统必须尽可能有效地运转，这给产品销售带来很大的压力。在中国市场的高额物流成本和仓储成本也制约着宜家电子商务的开展。以上海徐家汇商场店的宜家为例，由于没有自建物流，配送服务都交给第三方，加上目前合作伙伴的力度不强，不具备办电商的条件。随着京东、淘宝等对网上家居市场的占有率逐步提升，宜家需要考虑如何从传统企业过渡到线上线下结合的现代企业。

机遇 1：二、三线城市旺盛的消费需求

宜家进军中国 18 年，却只开了 19 家分店，并且大多集中在东部的一

线大城市，很少在中西部地区设店。因此，对宜家来说，还有很大的拓展空间。随着国人消费水平的上升，潜在顾客最关心的是"什么时候开到我们这儿"，这给宜家在中国之路提供了有力的保障。未来一线城市市场饱和竞争加剧，以二、三线城市为目标的市场则将成为新的增长点。宜家可以逐步打开中西部市场，将分店从一线城市向二、三线城市转变，使越来越多的人接触宜家，体验宜家，而不是"代购"瑞典产品。

机遇 2：行业跨界，打造宜家购物中心

宜家作为一个家居品牌，通过其强大的品牌效应和坚实的受众基础，开始向餐饮业进军。宜家有单独的餐饮区为消费者提供来自瑞典及北欧的各种中西式美食，结账区提供价廉物美的冷饮和小食，超市里更是提供瑞典特色的肉丸、巧克力等食品。据了解，有消费者专门为了美食而去逛宜家。最新数据显示，截至 2015 年，宜家中国餐厅的销售额达到 10 亿元人民币，相当于其中国商场整体销售额 105 亿元的 1/10。成功的美食跨界也带给宜家更多的可能性。

当下，宜家凭借其地产优势，开始向购物中心发展。例如，北京的西红门宜家，除了家居商场外，还在附近开了宜家购物中心，集百货、超市、时尚、家电、运动、残影、娱乐影院等消费功能于一体。在未来，这种购物中心在中国将有很大的发展空间。

五、对中国相关品牌的启示

在个性化消费的时代，人们已经不再满足于被动地接受企业的诱导和操纵，而是对产品的设计提出更多要求，因此，在产品整体概念中所包含的心理属性因素就越来越重要。宜家通过人性化的产品设计联结消费者。在产品开发过程中，企业需要十分重视产品的品位、形象、个性、情调、感性等方面的塑造，以消费者为导向，营造出与目标消费者心理需要相一致的心理属性，使产品更贴近消费者。例如，宜家根据不同的产品设置不同风格的样板间，为了达到逼真的效果，甚至调节了灯光。宜家为了让消费者安心购物，在入口处设置了有专人看管的儿童天地。宜家商场随处可见的购物袋、铅笔、一次性卷尺、购物卡，也都是为了使消费者有"宾至如归"的感觉。在商场路线的设计上，并不是设计出最简短易识别的路线，让消费者迅速找到目标，然后离开，而是让购物成为一种解压方式，通过卖场"迷宫式"的路线设计，使消费者可以很自然地跟着别人的脚步，往"同一个方向"走，无形中增加了消费者购物、体验的时间。

当情感达到共鸣后，宜家在消费者心中就成了一个文化符号，将消费者购买产品这一行为变成一种新的生活形态。比如在当下，人们认为购买宜家的产品是一种"简约生活"的体现。

第六节　飞利浦中国：观欲宏而行若微

调查数据链接：

在2000年及2015年的国家与品牌调查中，荷兰提及率第一的品牌一直是飞利浦，可见飞利浦在荷兰的地位（见表4-5）。然而另一方面，这依然不能阻止飞利浦被很多消费者误认为是德国或美国的品牌，如图4-10所示，调查中，更多消费者认为飞利浦来自于盛产高科技产品或制造业发达的德国和美国。

表4-5　荷兰的品牌联想

2015年				2000年	
大学生	提及率（%）	白领	提及率（%）	大学生	提及率（%）
飞利浦	53.5	飞利浦	34.0	飞利浦	19.0
壳牌	19.8	壳牌	14.5	壳牌	6.8
喜力	15.1	牛栏	11.5	子母	2.0
多美滋	9.3	喜力	6.0	诺基亚	1.3
联合利华	4.7	美素佳儿	6.0	联合利华	1.3
TNT	3.5	多美滋	5.5	喜力	0.7

本节执笔：宁诗韵。

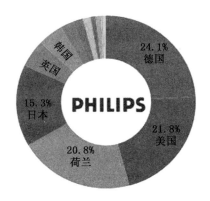

图 4-10 飞利浦的品牌来源国识别

2011—2015 年连续五年，飞利浦被全球独立品牌研究与评判机构 Superbrands 评为"中国人喜爱的品牌"[1]。根据相关行业数据显示，飞利浦作为全球最佳品牌 100 强[2]之一，在全球照明、家电以及医疗领域都享有很高的影响力。2015 年天猫双十一小家电商家排行榜中，飞利浦在品牌销售额榜单中排名第二，飞利浦官方旗舰店在商家销售额榜单中也位列第二。[3]

业务方面，飞利浦不同于很多相对单一产品的品牌，其产品线相对较广，涵盖医疗保健、照明和优质生活三大业务板块。医疗保健以 B2B 模式为主，即飞利浦公司和医疗机构直接交易，消费者参与度较低；照明领域既有 B2B 模式也有 B2C 模式，相对来说比较混杂。可能正是其业务过于复杂的原因，让消费者对于其品牌存在认知不清晰的情况。

一、当前家电消费市场的变化

1. "线下体验、线上移动终端消费"模式盛行

快节奏的生活压缩了消费者线下实体店的消费时间，京东商城、天猫电器城、苏宁易购等主流家电网购平台大力推动线上消费，智能手机和移动互联网的进一步普及和发展，以上种种正在逐渐改变消费者的消费习

[1] 飞利浦荣登《环球科学》2014 年度跨国企业创新十强［OL］. 新浪财经，2015.
[2] MBA 智库·百科. 2015 年 Interbrand 全球最佳品牌 100 强［OL］.
[3] 2015 年天猫双十一小家电商家 TOP 5 排行榜［OL］. 2015.

惯，越来越多的消费者选择通过线上移动终端购买家电商品，尤其是智能手机普及率极高的"80后""90后"这一消费群体，是家电线上移动终端消费的主力军。中国电子信息产业发展研究院发布的《2015年中国家电网购数据分析报告》[1]中显示，2015年，我国B2C家电网购市场（含移动终端）规模超过3 000亿元，并且通过智能手机等移动终端支付比重将持续增长，移动终端将是各大家电电商"必争之地"。

虽然线上购买家电产品给消费者带来了极大的便利，但网购看不到实物，无法体验，在购买一些价格昂贵、卷入度较高的家电产品时，绝大多数消费者会在线下体验店、专卖店先行试用，以减少线上购买的风险。于是，各大电商和品牌商不遗余力地弥补"体验式"消费的缺陷。2015年6月，阿里与湖北工贸家电、湖南通程电器等联手推出其首批智能家电体验馆；12月，京东众筹建立的第一家线下智能家居体验店也在成都开业，消费者可以在线下体验最新的智能家电产品，然后在线上下单。

2. 智能家电成"新宠"，小家电受欢迎

在刚刚过去的2015年，智能家电却成为行业的"新宠"。根据GFK（捷孚凯市场研究集团）的《2015数码家电消费趋势报告》[2]显示，在过去三年，天猫电器城智能家电的成交额年复合增长率近300%，2015年线上销售智能家电规模约为2012年的38倍。除了智能电视、智能冰箱等大家电深受消费者的追捧，智能扫地机器人、智能电饭煲、智能空气净化器等小家电产品也日渐受到年轻消费者的喜爱。

此外，功能各异的小家电也成为人们改善生活水平的必需品之一，咖啡壶、料理机、煮蛋器等小家电消费高涨。小家电功能不断优化、细化，价格却较为亲民，消费者为了提高生活品质而购买家电产品时，小家电是优先选择的产品，因此，小家电的普及率正在逐步上升。

3. 消费需求追求个性化，追求健康舒适的优质生活

就目前的市场情况来看，我国一、二线城市的家电市场消费趋于饱

---

[1] 2016年家电网购市场将呈现五大趋势［N］. 中国电子报，2016. 2. 25
[2] GFK市场研究集团. "90后"成智能家电主要买家［R］. 2015数码家电消费趋势报告.

和，市场的家电需求正在从单纯的使用需求向个性化需求转变，消费需求不断细分。在注重家电产品性能的同时，彰显自己个性的鲜明外观、高端的智能功能、更人性化的服务成了消费者选购的参考因素。伴随着环境变化和技术创新，家电产业技术朝着"智能、节能、低碳环保"方向发展，并且消费者的需求不断细化，新需求不断出现，如面条机、空气炸锅，等等。

根据中怡康 2015 年报告显示，截止到 2015 年，城镇居民人均可支配收入为 31 195 元，农村居民人均纯收入也达到 11 422 元，较 2005 年的 9 422 元和 2 936 元有了显著的增长。[1] 消费能力的强弱取决于可支配收入的多少，只有居民的可支配收入提高了，他们才有能力、才愿意增加消费来提高生活品质，这是一切消费的基础和来源。

随着居民可支配收入的增加，其健康消费意识也逐渐增强，健康类家电持续快速增长。吸尘器作为清洁类产品的代表，到 2015 年零售额、零售量同比增长超过 40%。咖啡消费不断增长的同时，带动了电咖啡壶的消费，电咖啡壶市场 2015 年迎来持续高增长，同比增长 41.1% 和 18.1%，增额速是近三年最高值。[2] 此外，空气净化机、净水设备和加湿器等提高生活品质、打造健康舒适生活的家电设备，日益成为消费者居家必备的家电产品。

二、飞利浦的中国品牌发展

1. 随时调整品牌定位

飞利浦进入中国市场，一直都是高端产品的象征，是优质生活的体现。具体细化到品牌定位，则分为三个阶段。

1985 年进入中国之初，飞利浦提出"让我们做得更好"的品牌口号，直到现在还没有过时。"给客户更可靠的品质"是品牌承诺的精华，这一品牌承诺是基于飞利浦对消费者的认识，即：消费者对服务、需求和态度

---

[1] 白天亮. 2015 年城镇居民人均可支配收入 31 195 元［N/OL］. 人民网，人民日报，2016.

[2] 中怡康时代. 2015 年生活电器年终观察［OL］. 百度百家，2016.

的个性化程度的要求越来越高。对于飞利浦来说，除了要给人们提供优质的产品和服务外，还要致力于改善人们的生活和工作质量。正是在这样的品牌理念及思想的指导下，飞利浦公司才会不断发展成为国际知名品牌。

2004 年，飞利浦调整了品牌策略，推出经典的品牌承诺"精于心，简于形"，这个品牌承诺包含三方面的内容，即"为您设计"、"轻松体验"和"创新先进"，这已成为飞利浦为客户提供服务与解决方案的宗旨与承诺。这个品牌承诺继承一如既往的可靠品质，同时提供简单轻松的用户体验。"科技应该像打开盒子这么简单"，这是飞利浦在创新上力求达到的效果。由于品牌战略的转换，公司也从"电子产品的制造商"转变为"代表医疗保健、时尚生活和核心技术的公司"。

随着时代的变化，客户的需求也在发生改变，飞利浦的品牌定位需要及时调整，形成新的承诺，以顺应消费者的需求，并且建立与竞品之间的差异点，为品牌的长远发展奠定好的基础。对此，飞利浦在 2014 年制定了新的品牌定位和品牌承诺——"创新为你"，提出"以人为本"的创新目标。与此同时，飞利浦将"健康舒适、优质生活"确立为公司发展的主题，不断进行业务整合，新任飞利浦全球首席执行官万豪敦决定将公司的业务线条更为精简地调整为健康科技和照明解决方案，在这一主战略之下，集团旗下只分为两家公司：健康科技公司和照明解决方案公司。

2. 产品紧随市场需求，瞄准市场空白点

飞利浦公司成立至今已有 125 年的历史，积累了相对较高的品牌知名度和品牌认可度。公司最初的全称为"荷兰皇家飞利浦电子公司"，有着皇家的"血统"，被誉为"商业贵族"。后更名为皇家飞利浦公司，据外部调查表明，飞利浦的品牌价值达 98 亿美元，是一个全球领先、备受信赖的品牌。

尽管飞利浦是一个有着百年历史的多元化公司，但却紧随时代变化、创新品牌理念，现如今在"健康舒适、优质生活"领域成为中国消费者向往和热爱的品牌。飞利浦针对中国市场推出了高端空气净化机、电动牙刷等产品，这些产品都是在中国特有的环境、消费者独有的需求下推出的。另一方面，针对中国家用医疗保健器械几乎为零的现状，飞利浦专门设计了小型化的医疗器械，适用于家庭使用。而中国本土化的产品在全球范围

可以再次开发，如豆浆机在法国成了"制汤机"、面条机在意大利可以用来制作意大利面。此外，结合奔腾的电饭煲平台和3D加热技术，融入12款俄罗斯菜肴配方，飞利浦还面向俄罗斯市场推出了引领市场的多功用炊具（Multi-cooker）。

3. "线上+线下"多媒体联动带来全覆盖式整合传播

"线上线下，跨屏互动"模式已经成为飞利浦品牌营销的常用方式。"飞利浦创新优生活"在优酷首页、专题页面上大力宣传，提升传播效率和效果；线下在全国400个城市超过8 000多家柜台落地宣传，更针对30个重点城市，连续推出30场主题路演活动。[1] 与贝太厨房联合举办线下活动，邀请消费者到厨房中亲自操作飞利浦智芯IH电饭煲和慢榨机等新产品制作夏季食品，从中既能实际体验新产品的性能，又能学习到很多美食的制作方法。

微信公众号、官方微博上实时更新最新的品牌活动等相关信息，把品牌融入消费者的日常生活体验中，加强与消费者的联系。飞利浦除了在天猫官网上设置旗舰店之外，还拥有自己的独立APP——"飞利浦：线上直购体验店"，服务品牌会员，提升购物体验。并且针对自己的优势品牌和消费者最关注的需求开发了其他APP，如"飞利浦智能空气"手机APP提供国内多个城市的实时空气质量信息，并且与飞利浦智控净化器联手追踪和掌握室内空气质量。

通过SNS平台上的信息收集，飞利浦能够了解消费者对于品牌的信赖程度、产品使用的好与坏，了解消费者的需求点在产品的哪些点上，从而得知飞利浦最受欢迎的产品以及消费者热衷产品的亮点及抱怨哪些不足之处，产品创新能够有的放矢。飞利浦把重心放在LinkedIn和Twitter等社交平台上，它看重的是这些平台上的10 000多名社交媒体大V，让这些大V参与到飞利浦的项目中，通过他们影响更多的人。Damien Cummings表示，营销团队要做的事情是管理内容，培养社区话题，通过标签等来引导对

---

[1] 周瑞华. 飞利浦如何唱出"好声音"[J]. 成功营销，2014.

话、做出回应。[1]

4. 利用社会公益事业塑造企业形象

飞利浦照明中国自 1998 年开始参加中国各项爱心工程，包括在中国兴建希望小学、爱心教室、医疗卫生所和图书馆，利用科技创新技术和产品，为农村学生提供更好的学习和生活环境，免费为教师和乡村医生提供培训，在二、三线城市做"名医义诊"等。除此以外，飞利浦倡导节能环保的公益活动，积极向全社会宣传绿色、环保、高效的理念，着眼于人类生存的大环境。在 2015 中国社会责任公益盛典上，飞利浦荣获"2015 年度中国社会责任科技创新奖"。

飞利浦参加的公益活动经常是以捐赠最新的产品为主，从商业角度考量，该种方式既提高了品牌美誉度、塑造了良好的企业形象，还有利于加强与社会公益团体以及政府的关系。积极从事公益事业、承担社会责任，能够有效地拉近与消费者的关系，提升品牌好感。

三、飞利浦品牌存在的问题与威胁

1. 产品过于多元，缺乏统一的形象和核心优势

现如今，飞利浦官方网站给自己产品归类为三大板块：医疗保健、优质生活和照明用品。早在几年前，飞利浦的产品多到让人头晕目眩，包括电视、手机、影音、DVD、多媒体和耳机配件等，甚至连飞利浦高层都说不清飞利浦擅长什么。面对不断变化的市场和自身臃肿重叠的业务，飞利浦大刀阔斧地改革，将自己"瘦身"为一个只有三大业务板块的公司。即便如此，飞利浦的产品依然过于复杂、多元，消费者对公司缺乏清晰的定位，无法为飞利浦下一个简单、明晰的属性定义。

同时，飞利浦的产品没有形成相对有辨识度的风格，消费者的品牌追随较低。飞利浦不同的产品类型是由不同的设计研发团队主导，所以会因为团队的不同而形成各自的设计风格，没有一个相对统一的风格。再加上

---

[1] 飞利浦如何打造营销指挥中心 [J]. 成功营销，2015.

飞利浦有一部分产品是授权给 ODM（original design manufacturer）厂商 "PHILIPS" 这个标识的使用权，比如飞利浦的 MP3 就是一家深圳厂商在做。种种原因造成了其设计风格多变。消费者表示，除了飞利浦的照明系统之外，其他产品并不能给其留下很统一的品牌识别印象，如果擦掉产品上的 PHILIPS 标识，基本上看不出某产品就是飞利浦。

飞利浦的产品线比较广，正因为如此，产品种类较多，飞利浦把有限的精力投入到繁杂、广泛的产品线中，导致其没能在某一个领域做到极致，反而是在各个细分领域都能遇到专业化、强劲的竞争对手。如在厨房小家电领域，有中国小熊、虎牌、凯伍德、惠人等竞争品牌；在个人护理市场，日本松下是飞利浦的强劲对手；而在生活电器类产品中，戴森等新品牌已蚕食其不少市场份额。

2. 盲目抢夺低端市场，模糊品牌定位

近年来，LED 照明市场竞争激烈，飞利浦照明为了抢夺二、三线城市的市场，提高占有率，与竞争对手开展了一场价格战。2014 年，飞利浦照明推出了一系列低价 LED 灯管，其价格直逼佛山照明、木林森等国产品牌。飞利浦自称是根据客户的需求，满足其"物美价廉"的消费体验。

飞利浦原本是高端产品的象征，是优质生活的体现。为了扩大市场占有率，飞利浦并不想仅定位在"高端、品质"这个层级，而是试图在高、中、低端市场都分别布局。短期来看，这种策略确实能够提高产品销量，扩大品牌的市场占有率。长远来看，中、低端产品市场的竞争尤为激烈，新品牌层出不穷，无底线的价格战导致利润急剧下降，消费者的品牌忠诚度也较低；而高端产品市场品牌相对较少，利润空间大，消费者的品牌忠诚度较高。当飞利浦开始布局中低端产品市场，其品牌形象在消费者心里逐渐发生改变，"高端、品质"的品牌定位会逐渐被模糊，中低端品牌形象逐渐加强。

3. 随意授权品牌，质量问题损害消费者信任

飞利浦的灭蚊灯、电磁炉均被抽检出质量不合格，致使消费者对飞利浦的品牌信任造成了一定的损害。这主要是由于飞利浦在国内没有生产制

造基地，主要采用代工生产模式。加之飞利浦正积极布局低端市场，只能奉行低价策略，必然要压低代工厂的利润，而代工厂本身利润就不高，压低利润后质量和标准能否保证就存在问题。另外，飞利浦授权给 ODM 厂商，实际上很难控制 ODM 厂商的生产质量和水准，一旦贴牌产品质量出现问题，消费者就会降低对飞利浦的品牌信任度。

国内许多国产品牌由于其成本较低，在市场上热衷使用低价策略来占领市场，再加上许多假冒、低质量的产品出现，尤其是在网络购物平台上，许多劣质的产品假冒"飞利浦"的品牌进行销售，不仅影响飞利浦在整个市场的占有情况，也对飞利浦品牌形象产生了严重的冲击。

四、飞利浦在中国市场的新机会

1. 节能环保、智能家居概念带来更大市场空间

根据全球的环境和能源现状，全球的经济发展向低碳经济转型，环保节能产品代替传统能耗产品是人类生活发展的必然趋势。目前我国环保节能产品的市场营销正处于迅速成长阶段，尚未形成行业规范和规模，生产企业的产品销售通路不畅，形成了市场上的环保节能产品种类少、价格高，消费者选购难、使用贵的现象。飞利浦可抓住节能环保的大趋势，洞察国内环保节能家居产品的市场营销现状，推出健康、环保节能家居产品，打开全国市场，扩大市场占有率。

另外，随着"互联网+"的兴起，家居行业也会与飞利浦进行深度融合。我国智能家居行业正处于一个导入期与成长期的临界点，市场消费观念还未形成。企业应抓住中国目前消费结构转折、进行供给侧改革的时候，在环保、设计、文化方面下足功夫。随着智能家居市场推广普及的进一步落实，培育起消费者的使用习惯，智能家居市场的消费潜力必然是巨大的，产业前景光明。目前，飞利浦正加快与阿里巴巴、小米、ABB 等企业的合作步伐，大力发展智能产品，拓展中国智能家居的市场。

2. 中西部及三、四线城市发展潜力巨大

在经历了四年"家电下乡"政策的刺激后，中国农村家电市场的刚性

需求得到了相当程度的释放，农村消费者的家电消费意识已经被唤醒。相较趋于饱和的一、二线城市的家电市场，三、四线城市和农村市场的家电普及率相对较低，且随着城镇化进程的持续推进，农村生活水平有了很大程度的提高，城镇年轻人对互联网接触较多，消费观念发生了本质转变，乡镇物流体系不断完善，各家电巨头也在积极布局，抢占农村市场。早在2014年，京东就开始在县级市场设立"京东帮服务店"将家电卖到农村，仅一年时间，"京东帮服务店"在全国的数量已经达到1 293家，农村市场在京东家电销售额的占比已达27%；2015年初，苏宁在江苏宿迁洋河镇开设首家"易购直营店"，后来陆续新建了1 000多家店。[1] 三、四线城市和农村家电市场存在巨大的发展潜力，这片"蓝海"将成为各大电商和品牌商重点抢占的市场。

伴随着中西部城市化的加速推进、基础设施建设的快速发展和人们生活水平的日益提升，中西部三、四线城市的家电市场和照明市场的前景非常广阔。早在2011年，飞利浦就发布了2017战略，把"走向西部"作为战略重心，用以配合中国政府西部大开发战略，更好地服务于广大的中西部地区。如照明领域，飞利浦在成都投资兴建了专业LED照明基地和全球最大的照明应用中心，以便开拓中西部LED照明市场，提高品牌和产品的市场占有率。

五、对中国相关品牌的启示

我国小家电产品过去一直以低价闻名于全球，受到国内外消费者的喜爱，但是，也由于质量问题，低价并未赢得好声誉。现在的消费者不再将价格作为消费的首要考虑因素，越来越多的消费者注重产品的质量，宁愿花费更多的钱，也要买到质量上乘的产品，尤其是家电产品，消费者对其安全性、稳定性等质量要求极高。中国有相当一部分的家电品牌不顾企业原本的品牌和产品定位，盲目投入其他市场，降低了品牌的影响力。产品定位不明，产品类型零散、混杂，都会难以在消费者心中形成集中和统一

---

[1] 王珍. 家电巨头乡镇争霸［N］. 第一财经日报，2016-03-07.

的形象。

因此，国内家电品牌应该把产品质量放在企业长远发展的首要位置，并且走向专业化，决不能盲目地延伸产品线，给消费者留下"多能不专"的印象。而为了避免中低端产品破坏企业的整体形象，国内的家电品牌应该尝试为自己的产品分系列，既有高端品质系列，也有专门的低端平价系列。通过对产品系统的划分，既能够拓展消费市场，又不至于让品牌形象受损。

第七节 悦诗风吟："韩流"文化造就的年轻护肤品牌

调查数据链接：

在 2000 年组织的国家与品牌形象调查中，韩国产品联想度最高的是料理（14.3%）、汽车（10.3%）和家电（8.3%），化妆品和服饰仅有5.8% 的提及率；而在 2015 年调查中，韩国的化妆品及整容业共获得66.8%（大学生）和 58.5%（白领）的高提及率。如表 4-6 所示。

表 4-6　韩国的产品联想

2015 年				2000 年	
大学生	提及率（%）	大学生	提及率（%）	大学生	提及率（%）
整容、化妆品	66.8	整容、化妆品	58.5	料理	14.3
手机	28.9	汽车	29.7	汽车	10.3
韩剧	22.0	手机	21.4	家电	8.3
电子竞技	13.7	韩剧	15.7	服饰、化妆品	5.8
泡菜	12.6	泡菜	15.3	显示器	4.0
汽车	10.1	服装	12.2	高丽参	1.8
服装	7.9	食品	9.2	家电	1.8
旅游业	7.2	电子竞技	8.3	钢铁、重工业	0.8

本节执笔：孔希。

　　而以悦诗风吟为代表的韩国护肤品，搭载着"韩流"这股劲风，得到了越来越多年轻人的青睐。从表4-7中可以看到，年轻人尤其是大学生，对悦诗风吟的品牌联想度仅次于三星、LG、现代等国家层面的韩国品牌。

表4-7　韩国的品牌联想

2015 年				2000 年	
大学生	提及率（%）	白领	提及率（%）	大学生	提及率（%）
三星	74.2	三星	69.7	三星	47.0
LG	37.5	现代	45.0	大宇	28.3
现代	16.9	LG	30.3	现代	15.5
悦诗风吟	7.1	雪花秀	10.1	LG	15.5
兰芝	6.0	兰芝	9.7	蝶妆	1.3
SM 娱乐集团	4.1	起亚	7.6	多多	0.8
菲诗小铺	4.1	大宇	5.9	高丽堂	0.5
爱丽小屋	3.7	后	4.6	起亚	0.5
SBS 电视台	3.4	SK	2.9		
起亚	2.6	悦诗风吟	2.1		

　　从《来自星星的你》到《太阳的后裔》，从 Super Junior 到 EXO，近年来，无论是韩剧还是流行天团，韩流文化席卷中国年轻群体。而搭载着韩国电视剧和天团一同被传播进年轻人视野的，还有来自韩国的品牌。

一、中国美妆护肤消费市场发展现状

1. 化妆品消费持续增长，需求细分

　　随着我国市场经济的持续发展，我国人民的生活水平得到了一定程度的提升。新兴城市白领阶层的崛起、日益壮大的高校生群体对美妆护肤方面的注重等，都为美妆护肤市场的繁荣提供了基本的发展条件。国内化妆品市场规模由 2011 年的 2 051.87 亿元增长至 2014 年的 3 180.3 亿元，预计未来三年国内化妆品市场规模将保持约每年 12.3% 的增长率，2016 年市

场规模将至 4 000 亿元，2018 年将突破 5 000 亿元。[1]

而在使用需求上，随着消费群体逐步年轻化、各种资讯的日益发达、消费者对美的理解不断加深，大家对产品提出了更多个性化的要求，如除传统美白需求以外，对护肤品提出了抗氧化、祛痘、镇静敏感等新的功能性诉求，对于不同的部位如眼部、脸部、颈部、身体、手臂等也有不同的功能需求。

2. 日韩品牌整体崛起

美妆护肤领域的品牌包括欧美系、日韩系及本土系几大类别。曾经中国中端消费者较为习惯使用的是以欧莱雅为代表的欧美系美妆护肤品牌。直到近几年，随着"韩流"文化的影响，大量韩妆品牌袭入中国，且在中国市场有了较佳的整体表现，欧美品牌的市场份额受到了一定程度的挤压，露华浓等欧美品牌甚至已经退出中国市场。

在肤质上，日本和韩国国民的肤质与中国人最为相似，在审美眼光上，日韩同受中国儒教文化千年来的影响，审美价值观也较为一致，追求白、瘦、透。另外，日韩系化妆品价格相较欧美同类品牌便宜、购买方便，逐渐成为国人首选的进口化妆品。[2] 韩国贸易协会发布的数据显示，目前市面上流行的韩国化妆品品牌有兰芝、思亲肤（Skinfood）、悦诗风吟（Innisfree）、雪花秀等品牌。各类中端平价韩国品牌专卖店也已陆续进入中国，如菲诗小铺、谜尚、爱丽小屋等。韩国最大的化妆品集团——爱茉莉太平洋集团的海外销售占比为 17.6%，而中国市场已经占到其海外销售额的 56%。2015 年，韩国化妆品对华出口同比增长 1 倍，为 10.88 亿美元。

二、悦诗风吟的本土化成功要素

悦诗风吟在 2004 年就以百货专柜的形式首次进入中国，然而在强势的

---

[1] 2016 年中国化妆品市场发展趋势及市场规模预测 [OL]. 中国产业信息网. http：//www. chyxx. com/industry/201512/367854. html.

[2] 顾英荟. 日韩化妆品在我国市场优势地位原因分析 [J]. 合作经济与科技，2015，11：76–77.

竞争对手压制下无法打开渠道和市场，不久便退出中国。随着城市购物中心的崛起和电子商务的发展，2012 年经过调整渠道和产品策略后，悦诗风吟重返中国市场。截至 2014 年在中国开设了百家店铺，2015 年创下了 5 000 亿韩元的销售额，中国市场功不可没。[1] 趁着强劲的发展势头，韩国化妆品品牌商不断在中国市场开拓"疆域"。目前，悦诗风吟已于亚洲 7 个国家开设了超过 200 家直营店铺，其在上海的全球最大旗舰店总面积达到 822 平方米。[2]

在爱茉莉太平洋集团的下属品牌中，悦诗风吟被归类为天然类护肤品牌。作为韩国最早的自然主义化妆品品牌，悦诗风吟一直秉持自然、健康、朴素、时尚的理念，其在中国市场历经一退一进，而后获得成功绝非偶然。

1. 定位精准：自然、朴素、健康

悦诗风吟的推出是基于 20 世纪 90 年代末对于都市女性所做的全面调研，并挖掘出都市女性心目中所向往的未来化妆品的特性：自然、健康、朴素，主张产品原料选自纯净岛屿——济州岛的精粹原料，主打"小清新"品牌调性，目标消费市场为 20 ~ 30 岁热爱美妆护肤的年轻群体。无论是产品包装、店铺装修、广告宣传等都以"小清新"的风格迎合年轻目标群体的口味与需求，将品牌主张以轻松愉悦的方式植入年轻消费者的内心，易打动追逐自然和时尚的消费人群。

在产品包装方面，悦诗风吟也秉持绿色营销的理念，采用低碳环保可回收的 PP 塑料容器、购物袋，以水果皮为原料制成产品标签纸等，不仅精致而且环保，清新活泼的包装风格有效吸引了不同肤质的目标消费者。

2. 产品优势：更适宜亚洲皮肤

首先，悦诗风吟针对不同的皮肤问题推出丰富的产品线。21 个产品系列近 700 件单品数量满足了消费群体的多样化需求。从品牌产品类别看，

---

[1] 2015 年我国韩妆市场发展现状分析 [N/OL]. http：//www.chinabgao.com/freereport/68634.html.

[2] 2015 年典型购物中心新兴品牌进驻分析 [N/OL]. http：//www.199it.com/archives/426242.html.

涵盖了基础护理类、面膜类、美妆类、防晒类、男士护理等类别。从产品功效看，涵盖了清洁、美白、保湿、祛痘、修复滋润等具有不同功效的产品。从产品更新频率来说，悦诗风吟的产品更新速度较快，且中国市场与韩国完全同步。

其次，韩国在化妆品立法和标准方面超过了欧洲、美国、日本的同类型产品。硬性的标准和法规，既保证了化妆品在生产、销售环节的合法合规，同时也使产品的质量得到保证。悦诗风吟品牌本身的天然主张，安全无刺激的产品，以及在政策方面的保障，使消费者可以安全放心地选购产品，这也使品牌形成了良好的信誉和口碑。

相较欧美和日本的品牌，韩国的护肤品更适合亚洲人的肤质，讲求的不是依靠药物修复皮肤，而是借助产品中的天然物质慢慢恢复皮肤状态。悦诗风吟还推出了明星产品列表，包括火山泥清洁面膜、悦诗风吟小绿瓶、绿茶喷雾等，更符合中国人的护肤需求。

3. 渠道优势：单店模式成王牌

"二进"中国市场时，在终端形态上，悦诗风吟并没有以百货专柜形式进驻中国，而是通过购物中心专卖店、百货店中店形式将单品牌店的发展模式复制到中国，保留了韩国模式的营销特色[1]，弥补了百货专柜渠道无法突出品牌形象的缺点，知名度迅速提升。加上其"快时尚"风格及强大的可复制性及推广性，店铺形象统一鲜明，16个系列的2 000个单位库存量也足够保证消费者的不同需求。

基于爱茉莉太平洋集团的大力协助，在店铺地理位置的选择上，悦诗风吟得以在人群流量大的商业街、地铁站等建立商铺，捕获了大量的目标消费群体，有力地促进了产品的销售和品牌形象的传播。[2] 悦诗风吟选用专业的导购与服务人员，进行全程的"保姆式"跟踪服务，体贴入微地为消费者提供全方位的美妆护肤指导。包括谜尚、爱丽小屋等韩国品牌在

[1] Michael Szivos, Innisfree, 姜敏华. 悦诗风吟首尔旗舰店 [J]. 现代装饰, 2016, 2 (3)：114–119.
[2] 蔡健人. 悦诗风吟打造独特 Innisfree way [J]. 成功营销, 2016, 21 (4)：45–46.

中国的专卖店都是由代理公司运营，文化的差异让专卖店失去了原有的内涵。在店面装潢与引导方面，悦诗风吟的中国店面布局基本保持了原汁原味的韩式风格，怡人的店堂装饰与视觉风格给予顾客优良的购物体验。

另外，单品牌店模式还为品牌延伸提供了空间。悦诗风吟于济州岛开设了一家结合有咖啡厅的品牌概念店"悦诗风吟济州屋"，在原料选取、菜单设定等方面同样秉持健康、绿色的主张，与悦诗风吟美妆护肤品的理念保持高度一致。

4. 定价合理，性价比亲民

定价策略方面，悦诗风吟经历过转变的过程。第一次进入中国时，悦诗风吟走的是高端护肤路线，价格相对偏高，并就选择在中高端百货专柜售卖，因而受到在当时已经有一定品牌根基的佰草集和欧舒丹等相似风格品牌的挤压。

2012 年第二次进入中国时，与单品牌专卖店相匹配的是，悦诗风吟的产品线也做了很大的调整，除了更加突出环保与小清新的风格外，价格比6 年前降低了一半。此外，由于汇率等多种因素的影响，在中国购买悦诗风吟产品与在韩国购买的价格相差不大，因此免去了消费者代购、"海淘"的麻烦。尤其与欧美同类产品相比，悦诗风吟整体价格亲民，性价比较高，符合年轻都市白领女性和大学生群体等的消费需求。

5. 强大的整合营销传播

（1）互动营销：利用粉丝与消费者进行互动

悦诗风吟目标消费者定位于 18～30 岁，把大部分营销推广都放在了PC 端和移动终端媒体上。利用互联网和粉丝经济，悦诗风吟用较小的推广成本实现了极佳的口碑传播。

如在 2012 年 4 月即将登陆大陆之际，悦诗风吟借助其代言人、韩国艺人李敏镐主演的互动式微电影《初恋》，让粉丝自己制作出专属粉丝个人与李敏镐的《初恋》故事微电影。微电影推出后，悦诗风吟的官网、新浪微博的流量、粉丝数和评论等短期内极速上升，这无疑为悦诗风吟进入中国做了不少铺垫。

悦诗风吟充分发挥广告代言人的明星效应，从 2000 年品牌诞生至今，担任过悦诗风吟品牌代言人的有韩彩英、金泰熙、宋慧乔、文根英等女星，这些偶像清新的特质与悦诗风吟的品牌理念高度一致。当下担任悦诗风吟代言人的是韩国当红偶像组合"少女时代"的成员林允儿和高人气影星李敏镐。[1]

（2）文化营销：借"韩流"的劲风

基于韩国美妆护肤行业自身良好的发展态势与消费口碑，大众对于韩国美妆护肤类产品的印象受到来源国效应的影响，在大多数情况下利于培养消费者对韩国美妆护肤类品牌的好感度。再综合考虑安全优质的产品、韩星代言等多种因素的影响，消费者对韩国美妆护肤品的印象与信赖转移至对产品的追逐与喜爱上。

悦诗风吟充分运用韩剧传播的优势，借助于通过《继承者们》等韩国热剧而获得高人气的李敏镐作为品牌代言人，成功地将明星粉丝转移至对品牌的拥护与喜爱上来，同时培养了潜在的忠诚消费群体。为了充分发挥粉丝群体的力量，悦诗风吟通过线上线下渠道共同推出微电影等与品牌高度结合的内容，吸引受众关注度。如在 2015 年 5 月，悦诗风吟推出了由李敏镐、林允儿共同出演的网络迷你剧《夏日恋曲》，通过新浪微博、视频客户端、网页等渠道进行了广泛流传，通过小制作、小成本实现了可观的经济收益，促进了悦诗风吟产品的推广与消费者好感度的提升。

图 4-11　李敏镐、林允儿为悦诗风吟代言的广告

（3）移动营销：线上线下联动

除了中国官网暨官方商城外，悦诗风吟还充分运用微博、微信等社会化媒体平台，定期更新产品信息与最新活动，聚拢人气，形成了具有一定

---

[1]　美乐智慧美妆. 悦诗风吟成功之道：先做品牌再做店铺［N/OL］.［2013-11-12］. http：// meirong. 3158. cn/20131112/n15746679139307. html.

规模的粉丝社区。在新浪微博上，悦诗风吟拥有过百万的粉丝数量。在百度贴吧中，悦诗风吟拥有 8 万以上的粉丝数量，帖子总数超过 127 万。为了迎合品牌主流消费群体的需求，悦诗风吟完全抛弃了传统的纸质媒体和电视广告，借力于互联网，间歇性发布代言人短片，举办社交媒体活动等，充分发挥互动营销与移动营销的力量。

在传播策略上，微博与微信的定位不同，宣传策略不同。微博是弱关系，但是可以利用明星吸引更多的注意力和活跃度来"吸粉"；微信是强关系，可以做窄传播来培养用户的黏性和忠诚度。然而，品牌并没有忽视线下销售的重要性。除了店铺销售外，悦诗风吟还经常举办其他线下活动回馈消费者，有力地促进了品牌与消费者的互动，推动着品牌建设与忠实消费者的维护。针对潜在客户群，悦诗风吟进行免费样品的派发活动，建立品牌认知度，培育消费者好感。

6. 市场需求旺盛，政策环境优渥

国内美容、整容市场迎来了新的发展高峰，市场需求增长强劲。国内化妆品产业的低档路线渐渐地不能满足现代消费者的需求。护肤品市场的潜在空间相当大，客户群有逐步扩大的趋势。与此同时，美妆护肤行业面临着消费升级的问题，消费者追求的品牌调性也在改变。而在当下的同类品牌中，悦诗风吟倚靠着绿色环保的品牌理念与综合实力脱颖而出。

2016 年 3 月，中韩领导在华盛顿举行晤时，商定进一步发挥中韩人文交流共同委员会机制作用，引领和推动中韩人文交流取得更大发展，并共同发布了《2016 年中韩人文交流共同委员会交流合作项目名录》，致力于推动在商业、文化等领域更广泛的合作。这对于韩国的文化传播及品牌传播而言，提供了绝佳的发展机遇。曾经良好稳定的中韩政治经济环境，也为悦诗风吟的发展奠定了良好基础。

三、在中国发展的问题总结与破题之道

悦诗风吟在进入中国市场之后，短期获得了非常好的市场反馈。但依然存在一些问题，通过对悦诗风吟所处市场环境进行分析，可以总结其品牌的几点问题：

1. 市场竞争激烈，同质化严重

由于悦诗风吟进入中国市场较晚，知名度不足，而且同类竞品繁多，再加上本身系列和产品型号过于丰富，使其产品很容易被同类品牌混淆。

2006年9月，悦诗风吟在中国撤柜是由于在佰草集等强劲对手的施压下导致销售业绩不佳。随着经济的快速发展，越来越多的化妆品企业不断崛起，中端品牌的品质赶超较为快速，竞争对手增加，竞争压力加大。当下，悦诗风吟的竞争对手有巨头化妆品企业的同类型产品、主打绿色的化妆品品牌及产品功效相仿的中国本土品牌等。对于同类的挤压，悦诗风吟的价格优势乏力，这也给其品牌的发展带来了一定的压力。

破题之道 可以实施差异化的产品线设计，在主要价位对标竞争对手产品，紧跟竞争对手布局。与此同时，要树立独特的竞争优势，向高端产品线做防御性拓展，提升品牌附加值和差异化。然而，目前悦诗风吟的主要消费者为年轻白领和大学生，目标受众过于固定，从某种程度上来说限制了品牌向中高端市场的延展。

2. 过于依赖韩剧文化，出现"偶像包袱"

悦诗风吟的成功很大程度上是以韩剧为代表的粉丝经济和文化经济的成功。根据品牌的调性，悦诗风吟相继邀请过韩彩英、金泰熙、宋慧乔、文根英等韩国演艺界自然派美女出任代言人，引起了强烈关注，而担任悦诗风吟第六任代言人的则是韩国当红偶像组合"少女时代"的成员林允儿和年轻帅气的知名男演员李敏镐。

明星代言虽然于品牌有利，助力品牌的短期推广，但另一方面也会增加品牌的负担。消费者"喜新厌旧"的心态，要求品牌不断更换最新的代言人，这会大大增加营销成本。与此同时，由于对某一明星的依赖，一旦明星出现"偶像包袱"乃至形象危机等问题，对品牌也是非常大的风险。

破题之道 明星代言是快消品迅速打开市场的有效策略，在知名度形成后，悦诗风吟需要进行营销重点转移：从以代言人形象为诉求点，转变为以产品和品牌为诉求点。代言人是传递品牌内涵的载体，而非营销传播的重点，任何时候都不可以本末倒置，品牌内涵才是核心。

3. 过于强调"自然",功能性较弱

通过对悦诗风吟使用者的访谈,被访者对悦诗风吟品牌的基本印象是"韩国品牌"、"天然无刺激",但也会有"用着无害,但不一定起作用"的声音。可见,悦诗风吟"自然健康"的品牌传达是成功的,但"绿色"一方面会给大家"自然"的内涵,另一方面也会让消费者感觉产品过于温和、功能性较差的印象。

破题之道 品牌需添加"功能性"的内涵。在产品线设计方面,在"自然健康"的基础上,也要对产品功效加以突出,破除消费者对其功能性的弱化,这样可以进一步开拓功能性市场。

四、对中国相关品牌的启示

悦诗风吟的成功是由多种因素共同作用达成的。面对韩国美妆护肤类品牌的冲击,我国本土品牌可从中汲取一些经验。

首先,在定位上,大部分国产美妆护肤类品牌,由于定位不明确或品牌主张时常变化而未传达给消费者稳定的品牌诉求,不利于品牌的建设与长远发展。而在悦诗风吟产品线呈现方面,对年轻群体"小清新"需求的发现,展示出定位对于品牌发展的重要性。对此,相宜本草等中药护肤品牌就较好地发挥了中国传统文化的优势,在市场上以相对独特的品牌主张获得了发展。

其次,发挥粉丝效应的作用是所有韩国品牌惯用的模式,悦诗风吟的品牌代言是较为典型的成功案例。然而,对于品牌代言人的选择,要综合考虑企业预算、品牌调性与代言人的吻合度等方面,做出可持续的品牌发展规划。而不是单纯地瞄准当下最红、最火的明星,期待通过短期而强烈的粉丝效应获得经济收益。

最后,单品牌店的垂直发展模式在促进悦诗风吟的品牌发展过程中发挥着重要的作用。在各方条件有保障的前提下,单品牌店利于品牌理念的传达与品牌氛围的营造,方便与消费者进行互动与沟通,值得其他品牌借鉴和学习。

第八节　阿迪达斯中国：营销立新，稳中求升

调查数据链接：

在德国的品牌提及率中，阿迪达斯排名前十（见表4-8），在德国品牌中享有与保时捷、双立人、博世等品牌不相上下的提及率。然而，如果不先提到德国，阿迪达斯会不可避免地被大部分消费者认为是美国品牌（见图4-12）。阿迪达斯也并不介意被消费者误认为是美国品牌，原因何在？

表4-8　德国品牌联想提及率

2015 年				2000 年	
大学生	提及率（%）	白领	提及率（%）	大学生	提及率（%）
奔驰	60.3	奔驰	50.8	奔驰	32.8
大众	33.2	宝马	40.6	大众	22.8
宝马	30.3	大众	38.3	西门子	19.5
西门子	25.6	西门子	33.2	宝马	12.3
奥迪	11.6	奥迪	18.0	阿迪达斯	5.0
阿迪达斯	8.3	双立人	12.1	德国汉高	2.8
保时捷	4.3	阿迪达斯	5.1	彪马	1.0
双立人	3.2	博世	4.7	奥迪	0.8
博世	2.5	拜耳	3.9	蓝带	0.8
飞利浦	1.8	莱卡	2.7	妮维雅	0.5

本节执笔：李思瑶。

图 4-12　大学生对阿迪达斯的品牌来源国判断

　　作为一个走在时尚前端的运动品牌，多年以来阿迪达斯一直被拿来与耐克相比较，甚至在本次调查中，71.8%的大学生被访者将阿迪达斯误认为美国品牌。然而对于阿迪达斯来说，被消费者强加的美国特征或许正是品牌所希望看到的——美国在运动品牌领域的强势地位，在产品营销传播方面的优势，以及对消费者意见的重视，都是重视品质的德国品牌所看重的要素。阿迪达斯似乎难以撼动耐克在中国运动市场排名第一的地位。然而，经过近几年在品牌战略上的调整，阿迪达斯2015年初在中国的市场占有率已经与耐克持平，均为12%[1]。并且大中华区依旧是阿迪达斯全球表现最出色的市场，年营业收入达到24.69亿欧元，超过了5年前设定的目标。

一、当前运动用品市场环境

1. 从"时尚的运动"到"运动得时尚"

　　中国运动品牌市场的特色之一是将运动品牌当作时尚品牌来消费。如耐克旗下的 air Jordan 系列篮球鞋，新百伦复古跑鞋，阿迪达斯运动经典系列中的 Super Star、Stan Smith、NMD 等。这些原本具有专业功能性的运动鞋，经过时尚杂志、娱乐明星、社交媒体中潮流博主的包装、传播，摇身一变成为人们眼中的时尚单品。这一特点一方面反映了中国市场消费者追

────────────

　　[1]　肖文杰. 阿迪达斯保持不变 [J]. 第一财经周刊, 2016 (394).

求美、时尚、潮流的特性，以及意见领袖对流行的引领力量；另一方面则反映了美观与性能兼具将成为运动品牌迎合消费者需求的关键要素。

中国消费者的这一特性使这些国际知名运动品牌一方面扮演了运动商品供应者的角色，另一方面则成了所谓的"潮牌"。

从我国国民运动观念来看，人们在生活水平提高、注重精神文化建设的同时，也越来越重视对身体健康的经营。2013—2014 年，中国兴起一股全民跑步的热潮，诸如马拉松、color run 等跑步活动得到越来越多人的参与。预计到 2020 年，我国体育产业总规模将超过 3 万亿元，体育产业增加值在国内生产总值中的比重将达 1.0%，未来 5～10 年我国体育产业将迎来黄金发展期[1]。同时，人们愿意为提高自己的健康水平、改善生活状态而付出时间、精力和金钱，在消费方面追求运动本质的人将会增加，运动品牌所面对的消费者会越来越专业。根据第一财经商业数据中心发布的《中国消费趋势报告：2015 年我们为什么埋单》，在运动户外行业消费中，购买运动产品的消费者往往购物目的性很强，并且受其生活观念变化的影响，会追求更专业的运动项目相关产品，特别是一线城市的消费者。[2]

2. 流行风潮普及迅速，更迭也迅速

中国消费市场庞大，同一品类内的品牌产品种类充盈，消费者整体面貌中具有"从众"的特征，加上消费者购买力提高、消费观念发生改变，更多人愿意为自己"心水"的品牌产品付出心理溢价。这些综合因素使在中国掀起消费热潮比较容易。2013—2016 年，以国际知名运动品牌出品的鞋履为例，流行风潮已经经历了多个阶段。

2013 年开始，新百伦各种色彩的复古跑鞋开始出现；2014—2015 年，耐克休闲跑鞋 roshe run、阿迪达斯专业跑鞋 Ultra Boost 火遍全国。之后，复古网球鞋 Stan Smith 成为 2015 年人们心中首席的时尚宠儿，2016 年被阿迪达斯推出的新款概念跑鞋 NMD 迅速取代。与此同时，美国休闲运动品

[1] 崔玲. 阿迪达斯：2020 年想超过耐克，当中国市场老大 [J]. 中国企业家·资讯视界，2016（6）：24.
[2] 第一财经商业数据中心. 中国消费趋势报告：2015 年我们为什么埋单 [J/OL]. [2015－12－08]. http：//mt. sohu. com/20151214/n431187487. shtml.

牌斯凯奇的复古跑鞋 D'Lites 系列也加入到流行趋势中。

正如电子产品的迭代一样，消费者对潮流的目光也在不断地转换，各个品牌不断地推出新一代产品来满足消费者的需求。这对品牌提高消费者的品牌忠诚度、强化品牌关系提出了更高的要求。

二、阿迪达斯的全球品牌分析

1. 优势：专业与美观兼备

阿迪达斯不断推出兼具核心科技与美观外形的明星产品。特别是在运动经典系列中，这些明星产品既可以满足消费者对功能性的要求，又能满足他们对时尚外观的挑剔。而这一切基于阿迪达斯对消费者需求的洞察。

在我国，运动服饰和鞋类很多时候被当作一种时尚而不仅仅是运动装备。过去的 5 年里，阿迪达斯通过市场调研，充分把握流行趋势和中国消费者的心理。中国市场中的优秀销量很大一部分就是得益于它相较于其他品牌更好地满足了消费者的偏好：让产品又"酷"又专业，使消费者在一个产品中可以兼得"鱼与熊掌"。

2. 劣势：国家特色的"保守"营销

阿迪达斯常被误认为是美国品牌，是因为其在营销层面有意模仿美国的快消品营销模式，但它骨子里却有摆脱不掉的"德国特色"。无论是从公司战略、产品研发还是到营销策略层面，都表现出"冷静""保守""不善言辞"的特点。然而在体育营销中有一条不成文的规定——用 1 块钱赞助赛事，用 10 块钱让更多的人知道你在赞助。在作为 NBA 官方赞助商的十余年里，人们经常以为 NBA 的赞助商是耐克而非阿迪达斯，连一些业内人士也不例外。

此外，在广告宣传方面，阿迪达斯更偏向于传达产品本身的诉求，无论是用运动员还是娱乐明星代言品牌，都注重将穿着的感觉传达给消费者，建立起相对传统的品牌形象。相较之下，耐克更倾向于传达"运动精神"给消费者，讲述自己的品牌故事和品牌哲理，赋予品牌更多文化和精神价值。"保守""低调"的德国品牌与"开放""激情"的美国品牌相比时，德国品牌在营销方面存在的不足便显露出来。

3. 机会：技术驱动长效发展

随着中国体育产业的发展、国民健身意识的增强，加上人们有消费能力去投入一项运动等因素，消费者的喜好逐渐回归到运动本身。这一点在一线城市已有显现，并且将很快影响到低线城市。阿迪达斯大中华区董事总经理高嘉礼表示，"国外消费者 10 年间的变化，中国只要 3 年就能完成"[1]。阿迪达斯已经意识到这种趋势，当产品的竞争力不能只通过时尚风格来解决，阿迪达斯开始尝试将技术与外形双管齐下，在提供时尚外观的同时，更加注重产品专业科技的注入，并让技术成为阿迪达斯未来发展的长效驱动力。在重视运动经典系列带来品牌效应的同时，主打运动表现系列，巩固专业性地位。

4. 威胁：更多更专业的运动品牌浮出水面

阿迪达斯的竞争对手并非只有耐克。2015 年，一个诞生于美国东部巴尔的摩、成立历史比阿迪达斯晚将近 50 年的专业运动品牌 Under Armour 在北美的市场份额超过了阿迪达斯，排在耐克后面成为第二[2]。阿迪达斯纵然在大中华市场扬眉吐气，但是在渠道下沉的过程中，它也面临着众多中国本土运动品牌的威胁。中国的运动品牌在低线城市已盘踞多年，并在营销、产品方面不断发力。例如匹克，在过去的三年里，从销售渠道到终端服务进行了一系列的优化：销售网络推行渠道扁平化策略，增加分销商数量和分销商直接经营的零售网点数量，减少中间环节，加快跟进市场需求变化和产品流通速度。

面对这些优势与劣势、机会与威胁，阿迪达斯下一步的战略还面临着许多发展空间和复杂的考验。

三、阿迪达斯的中国营销

阿迪达斯于 1997 年通过运动表现系列率先进入中国市场。在此前的

---

［1］ 肖文杰. 阿迪达斯保持不变［J］. 第一财经周刊，2016（394）.
［2］ 张晶. 耐克"回到未来"［J］. 第一财经周刊，2016（397）.

17 年里，耐克先发制人，进入了中国。从进入中国的时间来看，阿迪达斯似乎落后于耐克，但它在中国运动品牌市场中的地位，似乎不能简单地用"追随者"来定义。

消费者面对阿迪达斯和耐克，会有 3 种不同层次的认知：最浅层次的消费者认知，是认为阿迪达斯与耐克是分庭抗礼的两大国外运动品牌巨头，是高端运动品牌；较深层次的消费者认知，对阿迪达斯和耐克有不同的品牌偏好，从品牌价值角度认为其中一方优于另一方；更深层次的消费者认知，是对阿迪达斯和耐克有比较理智而丰富的认识，如认为阿迪达斯在足球领域的专业性、技术及设计上是无可比拟的，是第一品牌，而耐克在篮球领域则更为专业，也更广为认可。

消费者认知会直接影响消费者的购买决策，处于最浅层次的消费者在购买过程中受广告、促销、意见领袖等营销方式影响的可能性更大；已形成品牌偏好的消费者会更惯性地忠诚于某个品牌，对于品牌来讲，强化并保持这部分消费者的联系是最关键也是收效最高的；对于有较为理智、清晰、全面消费者认知的人群来说，品牌需要提供的是更直观而实在的优质产品，以及与之相匹配的营销策略。因为营销策略在很大程度上，影响着品牌产品本质之外的品牌价值与品牌形象。

因此，对阿迪达斯来讲，产品和营销都是它应发力的地方。阿迪达斯最初进入中国时，通过高专业性和较高的定价策略打入市场，树立高端运动品牌形象。而随着中国运动市场环境多样化、人们收入水平提高、审美要求提高，阿迪达斯开始进军各个运动领域，同时开发不同定位的产品线，占领不同层次的市场。

在 2010—2015 阿迪达斯中国的"第一个五年计划"期间，阿迪达斯捧红了至少 4 个明星产品。其中产品本身的因素固然重要，但更离不开阿迪达斯的营销传播方式。数据显示，2015 年阿迪达斯的营销投入占到销售总收入的 14%，比 2012 年的时候增加了 2%[1]，增加的营销成本换来的是成倍的品牌影响力。阿迪达斯通过对明星产品的饥饿营销、结合社交媒体传播、销

---

[1]　牙韩翔. 阿迪达斯如何制造爆款 [J]. 第一财经周刊, 2016 (389).

售渠道下沉等方法，将市场状况保持在一个健康向好的态势上。

1. 饥饿营销，蓄势待发

NMD 是阿迪达斯在回归运动专业技术的同时兼备时尚元素的一款明星产品，2016 年 3 月在中国正式上市前，发布了一则极具未来感的电视广告，倡导人们放下手机、减少汽车电梯的使用、投入到运动中。由电视广告引发第一轮关注后，阿迪达斯通过明星、时尚博主等意见领袖进一步激发消费者的好奇与欲望。NMD 产品上市前，已经开始频频出现在如刘德华、范冰冰、吴亦凡等众多娱乐明星和时尚博主的脚上。他们的穿搭、造型都成了为阿迪达斯进行口碑传播、蓄积能量的无声"代言"。当 NMD 在中国正式发售时，阿迪达斯采取了限量供应的销售策略和保证后续销售的中端定价策略，通过稀缺供应的方式引发消费者排队抢购的行为。阿迪达斯通过这样的"三部曲"将 NMD 捧红，饥饿营销步步为营，一双鞋的代购价一度被炒至原价的 4 倍。

除此以外，已经问世了 52 年的 Stan Smith 系列网球鞋，经过近两年阿迪达斯的营销策略，销量已经超过 4 000 万双，打破了产品流行周期。为了成功引爆 Stan Smith，阿迪达斯首先在 2014 年暂时停止对这双鞋的供应；同年 9 月，阿迪达斯安排该品牌设计师 Phoebe Philo 在 Céline 品牌的发布会上穿 Stan Smith 谢幕。这位有品位又低调的设计师的鞋子，立刻引起了时尚圈及女性消费群体的关注。

引爆一件单品的方法实际上或许逃离不出"明星效应"与"饥饿营销"。但阿迪达斯的高明之处在于，它循序渐进，一步步积蓄势能，引爆前准确预估消费趋势，并设计好时机与步骤；引爆后用明确的销售策略来承接并延续热度。

2. 借助社交媒体，让消费者参与品牌传播

2015 年 3 月下旬，阿迪达斯在公布新的五年战略计划中提到：品牌将以开放的姿态，邀请运动员、消费者和合作伙伴成为品牌的一部分[1]。

---

[1] 罗盈盈. 阿迪达斯想在社交媒体上嗨起来，但这一定是一场大冒险 [J/OL]. [2015-04-09]. 梅花网, http://www.meihua.info/a/62898.

让普通消费者在社交媒体上为品牌"发声"，是阿迪达斯在五年计划中提到通过开放拉近和消费者距离的重要举措之一。

2016 年初，阿迪达斯在品牌的豆瓣小站上发起了"Super Star，我的独家记忆"UGC 活动，让消费者制作自己与阿迪达斯经典鞋款 Super Star 的纪念海报上传至品牌小站，并与大家一起在作品下评论互动。最终根据作品热度和质量由官方评选出优秀作品，赠予创作者 Super Star 的新款鞋。在活动进行的 1 个月里，阿迪达斯豆瓣小站共收到 500 余份作品，收到消费者较高的卷入度和参与度。阿迪达斯希望通过社会化媒体上对经典产品文化内涵的强调来增加消费者忠诚度，为品牌赋予独特的符号意义。

此外，阿迪达斯还在新浪微博实行矩阵传播[1]，将业务分拆给多个微博运营，如@阿迪达斯篮球、@阿迪达斯跑步、@阿迪达斯足球、@阿迪达斯官方旗舰店等。不同的微博负责推广不同的信息，以不同形式与粉丝交流。这种差异化信息、分类聚合粉丝、联动辐射传播的微博矩阵传播方式，可以多样化、全方位地为粉丝提供其需要的信息，同时避免同质化信息泛滥，刷屏降低粉丝好感度。

图 4-13　阿迪达斯品牌形象广告

3. 理性赞助，投资转向基础性项目

从 2005 年阿迪达斯赞助 NBA 至今已经有 10 年时间，2014 年，阿迪达

---

[1] 万辉. 新浪微博矩阵营销研究：以阿迪达斯为例 [J]. 黑龙江科技信息，2014（25）：162-164.

斯放弃赞助 NBA，原因之一是阿迪达斯将对包括赞助在内的营销策略进行整体调整。[1] 阿迪达斯正在全球范围内转变自己的营销战略，从过去对顶级赛事、团队的赞助，转向更为经济划算的运动明星赞助和长效的基础项目赞助。

阿迪达斯在放弃赞助中国足球后，开始将目光放在青少年身上，投身发展和培训青少年足球人才，举办青少年足球赛事。自 2009 年以来，阿迪达斯赞助了全国 123 个城市的 270 万名学生的"中国校园足球"，培养了 7 500 多名教师和教练，还支持了 40 个业余足球队，并计划每年培训 500 多名专业足球教练员。中国教育部在 2015 年初决定，到 2017 年，在全国范围内建设约 2 万所校园足球特色学校，以及大约 30 个校园足球试点县（区），可以说阿迪达斯恰逢其时地迎合了中国政策。

4. 多级市场，多管齐下

阿迪达斯选取了包括上海在内的全球六大核心城市，将其作为阿迪达斯推出新产品、新概念的首发窗口。此外，对包括上海在内的中国 23 个重点城市，阿迪达斯将投注一半以上的总业务量。[2] 除了核心城市和重点城市之外，阿迪达斯将继续下沉门店至低线城市，甚至到六线，以求拉近与更广大消费者的距离，拓展并占领市场。

阿迪达斯认为，新兴城市是阿迪达斯销量在未来的增长引擎。就我国经济形势来讲，现行经济新增长依赖于低线城市消费者可支配收入的提高。同时，这些地区的消费者品牌意识正逐步增强，对诸如阿迪达斯这类国际品牌产品的购买力也逐渐增加。

同时，阿迪达斯根据不同的子品牌分布自己的店面。2014 年，阿迪达斯对其概念店进行重组，将店面配置与子品牌特性相结合。从 2014 年开始，阿迪达斯在中国市场开设鞋类专营店、户外专营店、篮球专卖店，其中篮球专卖店专注提供各式篮球鞋及篮球服装。此外，阿迪达斯还在全国

---

[1] 朱耘. "弃赛" NBA，阿迪达斯营销全面改革在即 [N]. 中国经营报，2015-04-06（C02）.

[2] 崔玲. 阿迪达斯：2020 年想超过耐克，当中国市场老大 [J]. 中国企业家·资讯视界，2016（6）：24.

各地开设了 1 200 多家童装专营店，抓住儿童市场先机的同时，进一步开发现有的成人市场，深化顾客与品牌的联系。

5. 调整经营模式，保持健康库存

2010 年，阿迪达斯在中国市场饱受库存之苦。此前，阿迪达斯、耐克等国际知名运动品牌，只负责品牌营销和产品设计，销售则全都交由经销商负责。面对困境，阿迪达斯开始深度介入经销商的库存、陈列和营销策略，从单纯依靠经销商变为帮助他们实现最终销售，从而把品牌和经销商联结得更紧。在过去的 5 年里，阿迪达斯把自营业务比例提升至 12%。

此外，阿迪达斯过去注重经销商批发出货量，现在更加关注经销商的零售售罄率。每日收集 75% ~80% 的门店销售数据，继而根据销售数据，针对每家门店、每件产品进行详细的分析和比较，了解当季产品中卖得最好的商品，以及消费者想要什么样的产品。当某款产品销售量非常可观、售罄率高时，阿迪达斯在下一季生产中就会加大开发该款式产品的力度，增加不同的设计和不同色系，根据消费者需求与喜好有的放矢、随时调整生产和供货行为。

然而，从整体价值链角度来讲，对于一个长期处于成熟期的品牌，阿迪达斯若想继续保持上升发展的态势，必须优先强化核心竞争力，并在支线上与同类产品齐头并进，在专业性和长处上充分突出差异性，在品类和市场流行趋势中把握同质性。强化自身优势，如专业技术，才是阿迪达斯克敌制胜的长远之计。

四、对中国相关品牌的启示

首先，可以根据中国消费者的生活方式和习惯开发有针对性的产品。广场舞在我国最早兴起于 20 世纪 90 年代，随着 21 世纪流行音乐在中老年人群中的普及，广场舞的热潮再一次掀起，并形成"全民"之势。根据调查，跳广场舞的城镇居民中，32.5% 为 41 ~ 50 岁，26.7% 为 51 ~ 60 岁；40.3% 的人每周参与广场舞锻炼的次数为 7 次以上。[1] 从数据上来看，这

---

[1] 刘君. 城镇广场舞运动对构建和谐社会的作用探究 [D]. 武汉：华中师范大学：体育教学，2014.

是一个具有购买力、产品使用频次高，并缺乏专业产品提供的细分市场。在全国范围流行广场舞的当下，运动品牌针对这一市场推出针对性产品，可能会创造出一片极有潜力的"蓝海"。

其次，国内国货复古风潮兴起，海魂衫、搪瓷杯、回力鞋等产品被人们当作时尚单品追捧。国内品牌在产品方面可以利用消费者的复古思潮，将经典产品重新包装投入市场。回力球鞋看准经典回归的这一趋势，在不断生产经典款的同时推出更多新颖的鞋款，并开设专卖店。经典产品往往代表了人们对记忆的留恋，高端产品则代表了品牌的专业能力和品牌价值，李宁在 2016 年推出 CBA 全明星装备家族，在使用其专利"云技术"[1] 满足 CBA 球员运动中力量和速度需要的同时，结合中国传统图腾、文章元素，使运动装备更加美观时尚，具有未来感。

再次，在营销方面，品牌可以尝试根据不同层次或不同类型的市场设立不同的子品牌，做到差异化的同时，适当区隔各子品牌之间的关联影响，避免定位混乱或由于某一子品牌的负面因素波及其他子品牌和母品牌。但这一策略适用于品牌已经在市场中占有一定稳固的地位，并且产品线、产品品类不再单一的运动品牌，如李宁、匹克、特步等。尚未成熟的品牌过早分设子品牌，可能会分散消费者注意力，并在原有市场上减弱竞争力，使尚未完全建立起的品牌资产被稀释、市场地位被挤压。

最后，企业要坚持并不断传播品牌的核心价值，在洞察消费市场特点和需求之前，不轻易转换品牌定位。在这方面，李宁一度成了一个"反面教材"。2010 年李宁转换品牌定位与口号，根据他们分析，年轻市场是更具开发潜力的领域，而李宁此前的消费者大部分属于中年人群。李宁为使品牌调性年轻化，于是改变了定位、LOGO、口号等，然而突然的转变却导致其当年净利润率从前一年同期的 12% 下跌至 6%～7%。[2] 从今天来看，李宁可以尝试为年轻群体开设子品牌或逐步推出符合年轻人群喜好的

---

[1] 网易体育. 李宁 2015—2016 CBA 全明星装备家族亮相［J/OL］.［2016 - 01 - 14］. http：//sports. 163. com/16/0114/22/BDASBOR700052UUC. html.

[2] MBA 智库文档. 李宁定位错误案例分析［OL］.［2012-06-15］. http：//doc. mbalib. com/view/5f65d6c7623e1cda9e4598a25281c953. html.

系列产品，在占领青年市场的同时保守住既有中年市场的地位，而不应选择忽然间在市场中制造巨大的变动。

综合来看，中国运动品牌在"主场地"有一定的优势和基础，但在品牌战略管理、营销策略创新，以及国际化等方面还有更长的路要走。而阿迪达斯，不失为一个很好的学习榜样和借鉴经验教训的对象。

第九节　苹果中国：放弃高冷，走入凡间

调查数据链接：

在 2015 年国家与品牌形象调查中，苹果（主要以 iphone 为代表）在美国的品牌提及率为第一（大学生 59.2%、白领 38.9%），且比例远超第二名（见表 4-9）。另外，在大学生对美国的国家形象联想中，苹果作为国家联想排名前十中仅有的品牌，以 7.8% 的提及率位列第六，成为名副其实的国家形象符号。

表 4-9　美国的品牌联想

2015 年				2000 年	
大学生	提及率（%）	白领	提及率（%）	大学生	提及率（%）
苹果/iphone	59.2	苹果/iphone	38.9	微软	37.8
微软	18.2	福特	20.5	耐克	18.5
耐克	15.4	麦当劳	14.6	可口可乐	17.5
福特	13.4	微软	12.1	IBM	13.8
麦当劳	10.3	通用	11.3	麦当劳	8.3
肯德基	8.9	耐克	10.9	福特	7.5
谷歌	8.2	肯德基	8.8	通用	6.3

如今，苹果已经取代可口可乐和麦当劳，成为美国新的消费文化符号。通过对智能手机、ipad、ios 系统等产品和技术的开发，苹果颠覆了人

本节执笔：武思颖。

类生活习惯，打破了营销思维，引领人们进入移动互联网时代。当下，苹果在中国消费者心目中是如何建立品牌的？为何竞争者不断模仿它，"果粉"的忠诚度依然居高不下？在手机通讯市场竞争激烈、国产品牌持续发力的今天，苹果又将何去何从？苹果产品品类众多，本文仅以 iPhone 为例，来分析它在今天中国市场的地位与表现。

一、苹果如何成为信仰

1. 理念：不迎合消费者，只引领消费者

三星最辉煌的时候曾经在中国市场拿下 30% 的份额，如今已今非昔比。三星在短暂的登顶之后，开始衰退、下滑，目前已让出了中国市场的领袖地位。三星在中国一直开展本土化战略，讨好中国消费者，然而本土化并不能解决一切。对于任何品牌，产品本身是否吸引人，才是真正的购买理由。

而苹果与三星恰恰相反，经营模式全球统一，几乎找不到在中国市场的本土化改变，但苹果将自己的品牌精神打造为一种信仰，不一味地迎合消费者，而是始终领先消费者，改变消费者的使用习惯。苹果是传统营销的反叛者，相比于满足消费者需求，苹果更愿意相信的是："了解消费者，创造最好的产品，然后告知消费者，苹果才是最好的，牵着消费者向前走。"

2. 产品：铸就品牌信仰的根基

（1）顺滑的设计

苹果所使用的 ios 系统的软件与硬件的整合度相当高，使其分化大大降低，这与安卓系统使用一段时间后就会产生大量系统垃圾不同。功能设计上，iPhone 提倡给用户做减法，尽量减少操作流程，简洁的设计令用户第一次使用就很容易上手。由于产生的系统垃圾较少，苹果极少会死机，且整个操作系统简约、人性化。当用户第一次上手使用，就对它所能做的了然于胸。操作上采用多点触摸技术，使用户摆脱传统机械的烦琐按键操作，在触摸中感受产品的人性化。ios 系统的用户更愿意更新系统，因为用户相信"越更新越好用"而不是对待安卓系统"更不更新无所谓"的态度。

（2）封闭系统，安全把控

苹果是封闭的，无论是其 ios 系统还是其从生产到销售的环节。苹果对 ios 生态采取了封闭的措施，ios 设备使用严格的安全技术和功能，苹果建立了完整的开发者认证和应用审核机制，每一个应用程序的设计都必须按照苹果的规矩来办。这对于用户来说，封闭的 ios 系统能够保障移动设备的信息安全，不管是企业和客户信息，或者是个人照片、银行信息或者地址，恶意程序基本上没有登台亮相的机会。

另外，从产品的研发、生产、发布到销售，一切都是"秘密进行"。苹果召开发布会之前，尽管有许多猜测，但谁都不知道真正的 iPhone 是什么样子。除去官方因产品上新，对旧产品进行调价，市场上的价格绝不会出现过大的偏差。苹果的官方销售主要是官网与直营店销售，尽管运营商和零散的销售渠道也会售卖苹果产品，但是价格依然不会跳水。

（3）应用商店，带来更多可能

2008 年 7 月 10 日，以苹果 iTunes 的一次软件升级为契机，应用商店作为一个虚拟的零售商场正式开业了。苹果开发的应用商店模式，是整个智能手机的发展基础，其中心思想是：可选的应用，都是可交易的。应用商店第一个月便取得了 100 万美元的销售佳绩。截至 2010 年中期，共有超过 25 万个应用可供下载。平均来看，每个应用的价格只有 2.70 美元，而每位 iPhone 用户每个月在新应用上平均投入 4.37 美元。对于消费者来说，应用商店里的程序可以使手机摇身一变，成为一部移动计算机。

而对于应用开发者来说，所有的程序开发者只要按照苹果的规则来，就可以将自己的产品放在应用商店，苹果公司把商店中 70% 的收入给了应用销售方，余下的 30% 供公司用于支付发行、处理、下载支持、广告和人工费用等。一切销售取决于市场需求。苹果公司与开发人员共享商店的成功，并因此创建了一个良好的环境，激励这些开发人员为了同一个目标而不断努力。而这些应用也构成了苹果的可持续的应用生态。

3. 营销：深谙消费心理的造神运动

苹果以迅雷之势打开中国市场，与其独特的销售方式有关。苹果一直深谙消费者心理，将神秘营销、新品迭代发布会、现场造势、族群营销、饥饿营销等各种营销方式运用熟稔。以 iPhone 4 为例，正式发售前，苹果对其新品的设计、工艺、外观、功能和发布时间持续保密，不时放出小道消息，引发外界的猜测和讨论，利用与媒体的良好关系在发售前几个月持续造势，保持话题的高热度。iPhone 4 发布后，新浪编辑以 10 800 元人民币购入中国"第一台"，并用于"测试"，第一时间对 iPhone 发布的消息进行密切的跟踪报道。苹果本身的神秘感和媒体的所谓"新机曝光"、"新机测试"，增加了消费者的期待值，助力了产品的曝光和销售，"第一台"这个概念被强势用于之后苹果新品的营销，以至于出现产品首发当天用户连夜排队购买的场面。

每当有新品发布，苹果体验店门口总是会彻夜排队、热闹非凡，也总是会有媒体拍摄采访。苹果总会为媒体提供新鲜素材和新闻爆点，这是苹果独特营销方式中的现场造势。在此不得不提的是，这些彻夜排队的"果粉"，对 iPhone 之后的销售也起到了极强的推动作用，他们像苹果的"旋风"中心，不断辐射、牵引、拉入周边的人，加入"果粉"的行列。

苹果在最初进入中国市场时，从未将中国列为任何产品的首发地。苹果在中国大陆的价格也是最高的，这与一般厂商重视中国市场的情况相反。苹果不是不重视中国，而是深谙中国消费者"好货不便宜"的消费心理。苹果通过媒体的"抢购新闻"和身边人的"时尚引领"获得大众认知和社会认同，在此基础上，通过体验店的产品体验与用户沟通。

苹果的产品让消费者因为足够有趣和新奇产生喜爱和购买的想法。当这种体验让消费者觉得满意的时候，消费者就会产生"iPhone 是手机中最好的，即使它有问题，那别的手机也同样会有"的不那么理智的想法。苹果的狂热者"果粉"，像是有宗教信仰一样热衷于苹果的品牌与产品，当一个人愿意信仰上帝的时候，他/她还会质疑上帝有任何缺点吗？

4. 消费者关系：持续"入坑"的信徒

"果粉"是对苹果忠实消费者的昵称，与其他电子产品的忠实用户所不同的是，"果粉"往往从苹果的一个产品开始接触苹果（往往是 iPhone），进而接触 iPad、iPod、Mac 等产品，并越来越痴迷、执着，把对苹果的认可感染周围人群，并期望第一时间拥有全部苹果新品。"果粉"对于苹果新产品的追求，已经不仅停留在消费需求的满足上，而是近乎一种膜拜的心理，在不停地追逐苹果的脚步。

在"果粉"的推动下，与抢购相对应的是"脱销"。好卖、排长队、需要预约、预约不到、断货，是 iPhone 新品给消费者的印象。苹果的解释称"供货量不足"，实则是苹果限制购买量的结果。苹果高高吊起消费者的胃口，却不急于满足他们。这种饥饿营销是让消费者产生"产品好到断货""既然这么好我无论如何也要买一台""我有别人没有就是最时尚、最酷"的消费心理，这种心理也一度让购买量放开之后的 iPhone 成为"街机"。"大家有我没有，那我也要买""和大家都一样，那我必须换新款"，又变成了"对新品的期待"。苹果在提供好产品的时候，又会在合适的时间告知更好的在后面，"期待营销"配合饥饿营销，从而促成了 iPhone 一波又一波的抢购热潮。

二、当前中国手机市场的消费变化

1. 市场份额：从两家独大到国产手机竞争惨烈

国内智能手机市场一度是苹果和三星二分天下，而当前在安卓系统的助力下，越来越多的本土品牌开始在智能手机领域发力，近五年来国产手机市场份额不断攀升。

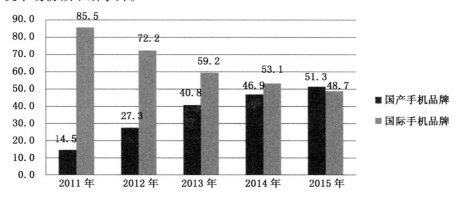

图 4-14　中国手机市场国产、国际手机关注比例对比（％）

数据来源：ZDC 互联网消费调研中心 . 2015—2016 年中国手机市场研究年度报告［EB/OL］.［2015-12-16］. http：//tech. hexun. com/2015-12-16/181226284. html.

2015 年国产手机的用户关注度达到 51.3％，已经超过国际品牌（见

图4-14）。中国智能手机市场份额前十的品牌中，只有苹果、三星两个国际品牌，其余全部是中国品牌（见图4-15）。国产手机厂商的影响力已经赶超国际厂商，成为其在中国市场强有力的竞争者。

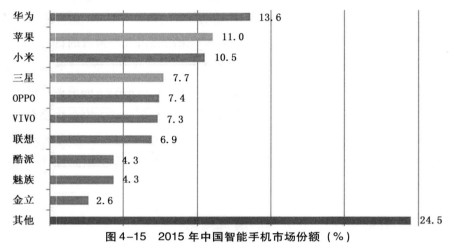

图4-15　2015年中国智能手机市场份额（%）

数据来源：赛诺. 2016年国产手机：国内格局明朗海外围攻三星［EB/OL］.［2015-12-19］.
http：//news. mydrivers. com/1/462/462269. htm.

　　IDC数据也显示，2015年前五大智能手机厂商的出货量、市场份额相比2014年同期都有20%以上的增长，而其他品牌的综合增长率为-25.5%，远低于整体平均值2.5%（见表4-10）。这意味着，排名靠前的品牌正在不断扩大自身的市场份额，市场集中度进一步提高，未来的主要品牌竞争将更加惨烈。

表4-10　2015年前五大智能手机厂商出货量、市场份额同比增长（百万台,%）

厂商	2015年销量	市场份额	2014年销量	市场份额	同比增长
1. 小米	64.9	15.0	52.7	12.4	23.2
2. 华为	62.9	14.5	41.1	9.7	53.0
3. 苹果	58.4	13.4	37.4	8.8	56.0
4. OPPO	35.3	8.1	25.9	6.1	36.2
5. VIVO	35.1	8.1	27.9	6.6	26.1
其他	177.5	40.9	238.3	56.4	-25.5
总计	434.1	100	423.3	100	2.5

数据来源：IDC亚太地区季度手机跟踪报告. IDC：2015年中国智能手机出货量达4.3亿
［EB/OL］.［2016-02-17］. Http：//news. yesky. com/392/100629892. shtml.

2. 消费体验：从通信工具变为必不可少的"身体延伸"

在功能手机时代，消费者追求的是彩屏、和弦铃声、通话质量高、手机内存大、拍照像素高……然而，在智能手机时代，因为信息获取和社交的需要，网速好不好、运行卡不卡、有多少 APP，成为消费者最为关注的重点。事实上，手机已经替代了 MP3、钱包、钥匙、书、菜谱、学习工具、电视机、电脑、计步器、收音机、海拔表等很多工具，变成一个帮助人们学习、生活、娱乐、社交的多合一功能的超级工具合体，极大地便利了人们的生活。它出现于生活的各个场景，不可缺少且存在无限可能。所以，消费者会非常重视手机的选择，他们对消费体验的追求，已从硬件到软件、从功能追求到人性化定制。特恩斯市场研究公司（TNS）公布的数据显示，中国手机用户的平均使用时间为 3.9 小时，平均每天看手机次数高达 85 次。手机已成为人们的生活必需品，甚至成为人们躯体的一部分。[1]

因而，在手机购买上，消费者一方面需要更多的考虑和决策，另一方面又会依赖品牌带来的使用习惯，特别是苹果的用户，往往忠诚度较高，会不断地追买品牌推出的最新款。

3. 国产手机发力中高端市场

经过五年多的发展，中国智能手机市场规模由 2011 年的 1.2 亿部升至 2015 年的 4.7 亿部，新增市场已经完全变成 4G 换机市场（见图 4-16）。二次换机的现状决定了用户体验要求会更高，拉动的将是中高端手机的市场份额，这为国产手机的提档升级带来了机会，也为苹果带来了挑战。对比 2013 年，由于运营商政策性拉动下的中低端智能机快速普及，千元机占据着市场大头，2013 年 1 500 元以下的价格段在整体市场占比达 67.6%，2015 年，这一数据降至 57.1%。[1]中端机与高端机的市场比重逐步增大，苹果将遭遇更多的竞争对手。而目前的国产手机品牌在功能诉求上更加明确，定位于"美颜"的 OPPO 手机、强调待机时间的金立手机等，纷纷强

---

[1] 四海网. 你每天会花多少时间玩手机？[EB/OL]. [2015-11-27]. http://www.4hw.com.cn/new/20151127/120637.html.

调不同定位以迎合更个性化的需求。

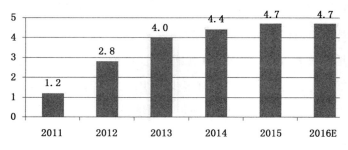

图4-16 2011—2016 中国智能手机市场规模（亿部）

数据来源：赛诺，网易手机. 2015 中国智能机市场分析：国产机成主流 ［EB/OL］. ［2015-12-14］. http：//mobile. 163. com/15/1214/10/BAPPJRC600111179O. html#tiePostBox.

除此之外，苹果还面临被本土品牌的品质赶超，颜色、外形仿冒严重，本土化投入少，存在国内外价格差异、服务不对等等威胁。换机时代的来临，对苹果既是机遇也是挑战，苹果能否借此机会一举突围，将会全面影响未来智能手机行业的产业格局。

三、苹果的"中国特色"

1. 苹果劣势：不开放、偏贵、可选择产品少

ios 的封闭系统在为用户带来安全与顺滑的同时，也带来了麻烦。首先，苹果用户只能通过 iTunes 上传和下载（同步）歌曲、电影等文件，因为没有安卓系统的"资源管理器"，所以通过数据线传送，不能同时下载。其次，iPhone 的蓝牙功能只能与苹果产品连接，而不是所有品牌的电子设备。并且，所有 APP 必须从 APP Store 下载，而不能通过文件安装。此外，对于习惯安卓系统的用户来说，"不能换输入法、不能换电池、不支持来电归属地、更换铃声很麻烦、除了壁纸以外桌面风格不可换、系统只能升级不能降级"都是有些难以忍受的。许多安卓用户将安卓系统的可开发性作为乐趣，而 iPhone 留给用户的可开发空间极小，限制了用户对手机的个性化设置。

另外，iPhone 最大的劣势是可选择产品少。国产手机品牌的发力，让智能手机市场的产品进一步优化，消费者可选择商品多且功能全面。而

iPhone 每年出一到两款新品，消费者能选择的只有屏幕大小、颜色和内存大小。而苹果如果一直依靠一两款产品保持高高在上的姿态，在琳琅满目的智能手机市场中一枝独秀，可能会被逐渐个性化的消费者所抛弃。

2. 苹果中国的战略调整

然而，随着在中国市场慢慢站稳脚跟，苹果带来的新鲜感和热潮正在逐渐消逝，也因此，苹果开始在中国进行一些本土化的改变，运用时下流行的方式，与消费者保持沟通。

首先，苹果利用运营商、电商和手机卖场免费"吆喝"。每到 iPhone 推新品之时，运营商、电商、手机卖场铺天盖地地充斥着苹果广告，力图证明自己可以最快到货。这种推广，不知不觉将苹果推上了"神坛"。并且，因为苹果自身的品牌吸引力，运营商经常与 iPhone 制定相关合约，出售合约机。

其次，苹果曾在微博和朋友圈投放苹果音乐广告。相比于之前仅仅在传统媒体和户外投放广告，苹果此举更像是在投石问路。朋友圈的这条广告，也是继去年《老唱片》之后，苹果推出的第二条春节广告。

图 4-17 乐视手机朋友圈广告

对比乐视之前针对苹果的"街机"广告，《送你一首新年歌》显得大气而又有格调，符合苹果的一贯风格。

图 4-18   苹果在朋友圈上的广告

最后，在 2016 年，苹果大胆投资 10 亿美元进驻滴滴出行，苹果公司首席执行官库克抵达北京，为此次投资造势。库克谈及投资原因时说："滴滴每天在中国的订单量已超过 1 100 万单，服务 3 亿用户。这笔交易的达成只用了 22 天。"这句话有两层含义，一是苹果能通过这笔投资分享到滴滴积累的数以亿计的固定用户、更为中国用户青睐的地图应用等实际利益，二是为其在华培植多项业务铺路[1]。此次投资足以证明苹果对中国市场的重视。

四、对中国相关品牌的启示

如果以苹果作为对比，国产手机主要分为两种：一种为不模仿苹果，试图超越苹果的，如华为；一种为正在模仿苹果，也希望超越苹果的，如小米、OPPO。

全球市场调研公司 Trend Force 发布的 2016 年第一季度全球智能手机出货量报告显示，第一季度中国品牌的智能手机出货总量（含出口）达 1. 25 亿台，以 42. 9% 的市场占比首次超过三星和苹果出货量总和，其中华为以 9. 3% 的市场份额坐稳全球第三的位置[2]。

华为成功的原因主要有二：首先，是对自主研发的高投入。华为年报数据显示，仅 2015 年该公司在研发上的投入就达到了 92 亿美元，2016 年的研发投入预计更是会突破 100 亿美元，而在过去 10 年里，华为的累计研

［1］ 苹果投资"滴滴"意在华培植多项业务铺路［EB/OL］.［2016 - 05 - 19］. http：// mt. sohu. com/20160519/n450352070. shtml.

［2］ 新浪新闻. 国产手机"华为现象"启示录［EB/OL］.［2016 - 04 - 24］. http： // news. sina. com. cn/c/2016-04-24/doc-ifxrprek3121133. shtml.

发投入更是达到了 2 400 亿元之多[1]。其次，提升产品质量，在中高端市场站稳脚跟。华为的自主研发带来的专利，帮助华为用技术提升品质，从而提升价格。

小米和 OPPO 等品牌其实也在致力于创新与品质提升。然而，因苹果和华为中高端机的压制，无法进一步提升价格，加上没有过硬的创新技术和品牌魅力来支撑价格，价格提不上去，产品服务自然不会好，所以长期处于不上不下的状态，全靠低价和广告来促进销售。

OPPO 的机型与苹果十分相似，却用特别的营销方式打开了年轻人的市场。"充电五分钟，通话两小时"、"OPPO 天生会转拍照手机"等广告语朗朗上口，加上"现象级"偶像的代言和广告、影视剧综艺的冠名植入，吸引了一部分年轻人购买，并正在形成粉丝效应，在品牌和销量上取得了双赢。

"果粉"对苹果的喜爱类似一种信仰，这是品牌文化的魅力。国产品牌也将逐渐打造自己的独特品牌气质，华为的不少粉丝，集中于商务和高知领域，他们喜欢华为，不仅仅是因为好用，还因为华为自身的品牌价值。如何通过产品的优势将消费者转化为忠实的粉丝，并且在市场环境逐渐变化的过程中调整策略，才是中国品牌值得学习与思考之处。

第十节 THE BODY SHOP：不在江湖，却从不缺少它的传说

调查数据链接：

在 2015 年国家与品牌形象调查中，THE BODY SHOP 的品牌提及率位列英国品牌联想前十，如表 4-11 所示，也是英国产品提及率排名前十之一的护肤品类别中唯一上榜的护肤品品牌。

本节执笔：张贺如。

[1] 新浪新闻. 国产手机"华为现象"启示录 [EB/OL]. [2016 - 04 - 24]. http：//news. sina. com. cn/c/2016-04-24/doc-ifxrprek3121133. shtml.

自 1976 年建立以来，英国护肤品牌 THE BODY SHOP 从未正式进入过中国市场，然而这并不影响中国消费者对它的认知与肯定。没有官方的广告，没有实体的销售渠道，这些都不能阻止中国消费者对这个品牌的热情，这一切正是当下中国消费的写照——无国界消费。

表 4-11　英国品牌联想

2015 年				2000 年	
大学生	提及率（%）	白领	提及率（%）	大学生	提及率（%）
Burberry	23.5	Burberry	44.6	劳斯莱斯	16.0
劳斯莱斯	16.4	劳斯莱斯	15.0	茵宝	1.8
路虎	9.3	The body shop	6.9	壳牌	1.3
宾利	9.3	剑桥	6.9	安宝	1.0
剑桥	7.1	路虎	6.4	卫康	0.8
牛津	6.6	牛津	6.0	联合利华	0.8
BBC	4.4	宾利	5.6	登喜路	0.5
The body shop	4.4	捷豹	5.2	寿百乐（香烟）	0.5
捷豹	4.4	曼联俱乐部	3.9	路虎	0.5
莲花汽车	3.3			莲花、BP、甲壳虫	0.3

一、中国护肤品市场的变化

1. 经济助推，消费"洋货"热情高涨

随着国内经济水平的整体提高，人均可支配收入也水涨船高。商品种类的日益繁多，刺激中国消费者不断迸发出强劲的购买力。而网络技术的发展让国人有更多的渠道关注国外品牌，消费者有能力也有条件去追逐更为新奇和高质量的产品。另外，关税壁垒的降低及购物渠道的便利，让代购成为一种常见的购物方式，消费者可以从国外买到国内买不到的商品。

2. 消费者线上购买习惯养成

近几年中国电子商务的飞速发展，拉高的不仅仅是中国的 GDP，更是

在某种程度上改变了中国消费者的生活方式，收取快递已悄然成为年轻人日常行为中的一项。生活节奏的加快使得长时间的购物既占用工作时间又消耗体力，因此消费者将网购看成是双全的解决方法——既不需要消耗体力，又能在各个零碎时间浏览要购买的商品。可以说，中国消费者尤其是年轻消费者，已经养成了依靠网络进行购物的消费习惯。

3. 追求绿色和健康的生活方式

经济水平的提高从根本上改变了人们对消费的认知和态度。消费者要追求高品质的生活，消费态度也更为多元和开放。消费者将日常皮肤护理已经视为常事，而近年来国内食品、药品的安全问题使得人们对天然绿色概念的生活理念十分推崇，更为关注产品内在原材料并重视企业的社会使命，一味追求利润的企业是无法得到消费者好感的。

二、THE BODY SHOP 品牌的优势

1. 诞生之初——遥远而神秘的纯天然护肤方式

THE BODY SHOP 的创始人安妮塔·罗迪克曾在联合国工作时访问了很多落后国家，研究当地妇女的生活，她发现很多地区的妇女都使用一些流传几个世纪的天然草药保养皮肤。而在当时的欧美，正是广告行业与化妆品行业飞速发展的时期，大量化妆品企业利用女性爱美的天性，以一些不实的广告及可疑的原料来吸引妇女顾客。[1] 罗迪克整理出 20 世纪以来的药典、祖传美容化妆品秘方、美容化妆品企业经营管理书籍，从书籍的记载中，搜集了不少例如"将煮熟的葛芭与酥梨弄成汁液抹脸""从烛火中收集黑炭用作眼影"等纯天然美容方法[2]。这些来自遥远地方的神秘护肤方法，一方面让消费者相信产品原料的纯天然特征，另一方面又满足了消费者的对于护肤的神秘性的猎奇感，与当时其他化妆品显示出了极大的差异性。

---

[1] 谭商. 新世纪管理方式的实践者 美体小铺创始人：安妮塔·罗迪克［J］. 科技智囊，1996（1）：50-53.
[2] 玥羽. 美体小铺的 CEO 化妆品业巨子安妮塔·罗迪克［J］. 财经界，2006（1）：101-105.

2. 成长过程——坚守朴素的品牌哲学

THE BODY SHOP 选择的都是纯天然无化学制剂的原材料，品牌创始人在周游世界的旅行中发现了当地人们直接运用来自大自然的原料制作护肤品，比如澳大利亚的土著用茶树来消炎，用带有麝香味的小黄花接骨木花来抚平细纹，而产品的名字也是直接使用原料命名，没有过多的其他修饰词，既简单质朴又明确告知消费者产品原料。由于化妆品直接接触皮肤，其中的化学成分的安全性和剂量就成为不了解化学知识的消费者担忧的重要因素，"天然无添加"这样的理念直击消费者心理。

THE BODY SHOP 从成立之日起就一直使用简单廉价的塑料瓶作为产品的包装。由于品牌建立之初没有资金支撑，用来装化妆品的大量外包装成了问题，创始人利用偶然到医院里的机会发现剩余的检验瓶消毒后可以用来装化妆品，这样既环保又能解决资金不足的问题。直到现在，这些塑料瓶还是公司产品主要的包装物。为了坚持环保的主张，公司将塑料瓶的循环使用和回收作为其整体环境保护计划的一部分。利用如此简单的包装反而让消费者眼前一亮，同时让品牌的价值理念更加深入人心。

3. 社会关系——造福更多利益相关者

THE BODY SHOP 从建立起就打上了环保和以社会利益为己任的烙印，并形成独特的品牌定位。[1] 其人文关怀精神使得企业的关注点不仅仅停留在盈利，而是让品牌充满人情味。

企业的活动对外表现在联合消费者签名请愿巴西政府保护热带雨林、保护鲸鱼等；对内表现在制定保护环境的规定，分别在产品包装瓶和对内部员工的培训上下功夫，即使用可降解的外包装，让企业内部员工认同绿色环保价值观。

通常化妆品行业是从批发商那里直接买原材料，THE BODY SHOP 因为品牌创立的灵感是来自于世界不发达国家或地区的护肤方法，因此，品牌据此开展了公平贸易的项目，支持经济不发达地区种植原材料并与当地

---

[1]　志明. 美体小铺的成长"密码"[J]. 工厂管理，2003（4）：76-77.

的农民进行交易，让当地农民能通过自己的劳动获利。直接从农民手中购买原材料，既保证了产品源头的安全性和稳定性，又最大化保障了农民的利益，减少过多中间环节，还能够把中间环节中节省出的利益让利于消费者。因此在这一点上，企业同时造福于消费者和供货商，保障了各方的利益。

三、THE BODY SHOP 品牌的中国传播

近年来，中国市场上主打绿色、环保的护肤品品牌不在少数。国外品牌如悦诗风吟、Skin food，国内品牌如佰草集、自然堂、相宜本草等，都是利用天然原材料，以"本草养肤"为理念面对消费人群。在如此激烈的国内纯天然护肤品市场上，THE BODY SHOP 为何还能占有一席之地？

1. 来自无国界的口碑传播

THE BODY SHOP 没有在中国大陆设代理商和专柜，没有直接对大陆地区投放广告及营销宣传工作。可以说，品牌在中国的一切传播几乎都来源于口碑效应。

然而即使在海外，THE BODY SHOP 同样放弃选择花费巨资做广告开拓市场的价值传播方式，而是通过线下实体店铺的装潢和有关社会问题海报和宣传手册等手段进行推广。初期，品牌通过留学生、海外工作者、出国旅游者以及护肤行业意见领袖将品牌传播到国内。在中国，作为一个不进行传统意义上的广告投入，且没有线下实体销售渠道的品牌而言，THE BODY SHOP 品牌借助其在欧美市场及港台地区的知名度以及存在于人与人之间的良好口碑，才能频频出现在各大电商平台的品牌曝光区，在综合性电商品牌的美妆区以及化妆品垂直型电商平台上形成了一种来自经销商的"终端广告"。配合美妆类微信公众号以及时尚美妆类媒体的宣传，THE BODY SHOP 获得了更广泛的受众群。而当今"海淘"、代购和电商的发达，更是让没有正式销售渠道的品牌能够被超越国界的消费者轻易购买。

THE BODY SHOP 在中国的传播途径正是"电商平台品牌曝光+产品好评+线下熟人口碑"。由于电子商务和社会化媒体的发展，才能为没有正式

进入中国市场的品牌提供无障碍的信息渠道和销售渠道。

图4-19　THE BODY SHOP 店铺终端广告

2. 企业创始人的文化传播

虽然产品没有进入中国，然而创始人的理念和价值观却早已进入中国。1997 年，《安妮塔·罗迪克与柏迪连锁店》一书在中国出版；2005 年，罗迪克撰写的《与众不同的商业》一书中文版出版。其序言中写道："中国毕竟是历史上发展最快的经济体之一，我希望这里的读者可以联想一个真正成功的企业，心里除了钱还有些别的东西。面对世界，企业更应具有远见卓识而不是安于现状。"[1] 安妮塔·罗迪克关于企业永续经营的商业理念正符合当时"走可持续发展的道路"的思路，中国的商业环境下，企业市场营销的目的，应该是让企业与环境和社会和谐均衡共生。因此，企业在开展市场营销活动的同时，需要努力消除和减少生产经营对生态环境的破坏和影响，走可持续发展的道路。[2]

四、品牌在中国市场的机遇与问题

由于反对用动物实验，THE BODY SHOP 的产品坚持不送审动物检验检疫，与中国国家检验制度不符，品牌坚持的原则与中国的检验检疫制度不可调和，因此品牌一直无法进入中国大陆市场销售渠道。当下中国消费者只能在中国台湾和香港地区或者通过网上代购购买相关产品，在中国市场未来的发展过程中机遇与问题并存。

---

[1]　志明. 美体小铺的成长密码 [J]. 工厂管理，2003（4）：76-77.
[2]　王典. 从美体小铺的成功之道浅谈用社会营销与绿色营销理念塑造企业品牌 [J]. 商场现代化，2010（29）：40.

1. 可持续经营的价值观优势

当消费者购买 THE BODY SHOP 产品能够获取物质满足以外，还享有一份对环境的保护和关怀社会满意值。随着中国经济的发展和人们思想觉悟的提高，环境保护已经深入民心。虽然当前国内企业中不乏心系天下的品牌，但 THE BODY SHOP 多年来在国外公益项目上的知名度已经足够为品牌形成社会责任背书。经济的发展势必会对环境产生一定的伤害，而人们也会逐渐认识到这种粗放式发展的不可持续性，保护环境、可持续发展的观念随时间发展得到大多数人支持是大势所趋。

2. 持续增长的市场和持续增长的竞争者

根据市场研究机构 Organic Monitor 预测，到 2017 年泛亚洲市场的天然、有机化妆品销售额将突破 10 亿美元的大关。其中，中国是亚洲最主要的天然和有机化妆品市场，亚洲消费者购买天然和有机化妆品有一部分原因是因为产品来自西方国家，生产标准高于当地。随着中国有机食品市场规模位居世界第四，再加上亚洲天然化妆品销售额以两位数的速度增长，因此亚洲地区的消费者仍将继续偏爱天然、有机产品[1]，泛亚洲市场销售前景广阔。

然而，市场中的众多品牌都注意到"绿色天然"的概念对于消费者的吸引力，如何使品牌显示出更明显的个性，成为亟待解决的问题。

3. 难以避免的假货问题

当下中国消费者只能在中国台湾和香港地区或者通过网上代购购买相关产品，其品牌在受到消费者追捧的同时也引起了一些无资质商家的注意，不少卖家模仿官网的设计和图片来误导消费者，而且会有大量假货及真假掺卖的情况发生。繁多的电商平台和平台中的店铺使得产品的真伪难辨，仿冒品的仿制技术使消费者难以利用可靠的检验手段来做判断，因此，品牌在中国的流通除了要考虑秉持相同品牌价值观的竞争者，还要谨防假货损害自身品牌形象的问题。消费者会将来自于非正品造成的危害与

---

[1] 雨果网. 亚洲天然有机化妆品市场将达 10 亿美元 [EB/OL]. [2015-08-22]. http：//www. cifnews. com/Article/16548.

品牌自身原因混淆，因此，THE BODY SHOP 面临着假经销商、假货的双重威胁。

五、对中国相关品牌的启示

与打价格战、捞"快钱"的品牌相比，THE BODY SHOP 更重视品牌的持久价值。之所以在中国市场中未见其真正进入，却从来不缺品牌的消费者，源于品牌的创立背后对消费者的承诺，以及产品品质所带来的强大口碑效应。因此，纵观 THE BODY SHOP 的发展轨迹，中国化妆品企业可以从以下几个方面获得或多或少的启示：

首先，在产品上，化妆品行业本身具有特殊性，直接接触人的身体发肤，消费者会更加看重原材料的安全性。THE BODY SHOP 在对原材料来源、加工等方面严格把控，并及时把相关信息传达给消费者。

其次，在品牌理念上，不少中国企业采用的生产方式是高消耗、高污染的模式，对环保包装的重视程度少之又少。而 THE BODY SHOP 从产品到包装都注重环保和回收再利用，消费者只需要拿着产品空瓶就可以八五折的价格买到产品，对于消费者的环保教育效果要比铺天盖地的广告宣传来得更为实际和印象深刻。

最后，在没有产品专柜、店铺以及广告的中国市场，THE BODY SHOP 完全依靠多年来攒下的好口碑，主动登上一些购物网站的首页，可见口碑传播是对于品牌非常有效的传播方式。来自身边出国的朋友、留学生以及化妆达人的推荐，使得品牌逐渐被中国消费者所熟知。而口碑传播的基础依然在于其产品自身。

附录：国家与品牌形象认知调查报告

第一部分 国家形象认知情况

调查说明：

1. 样本选取

本调查于 2015 年 1—2 月在北京地区执行。选取大学在校本科生及年轻白领为调查对象。大学生群体有效样本量 322 个，包括清华大学、北京大学、中国人民大学在内的北京地区 15 所高校本科学生。年轻白领群体为在北京地区工作的 22~40 岁之间人士，有效样本量 262 个。

2. 调查范围

问卷涉及德国、荷兰、英国、法国、瑞典、瑞士、意大利、俄罗斯、西班牙、美国、日本和韩国等 12 个国家。

3. 问题设置

关于国家联想、产品联想、品牌联想，均为开放性问题。

4. 对比数据

2000 年《国家与品牌联想调查报告》调查范围为包括美国、日本、韩国、俄罗斯、意大利、法国、德国、英国、荷兰、巴西、澳大利亚、加拿大在内的 12 个国家。调查样本为中国北京 15 所高校的在校大学生。有效样本 400 份，以问卷调查形式，设置了关于国家联想、产品联想、品牌联想等问题，均为开放性问题。

1. 年轻消费者最想去的国家

表 F-1 2000 年大学生、2015 年大学生和白领最希望去学习的国家

2015 年				2000 年	
大学生	提及率（%）	白领	提及率（%）	大学生	提及率（%）
美国	28.8	美国	33.2	美国	63.0
英国	20.8	英国	19.8	英国	9.5
德国	12.4	德国	14.0	德国	5.8
其他	9.7	法国	8.9	法国	5.3
日本	7.8	日本	6.5	加拿大	4.0
法国	6.7	瑞士	4.9	日本	4.0
韩国	3.4	其他	3.2	中国	2.8
瑞士	2.4	意大利	3.0	澳大利亚	1.3
荷兰	1.8	西班牙	2.1	荷兰	0.8
意大利	1.8	瑞典	1.8	韩国	0.3
俄罗斯	1.5	韩国	1.3	俄罗斯	0.3
西班牙	1.5	荷兰	1.1	意大利	0.3
瑞典	1.4	俄罗斯	0.2	巴西	0.0

表 F-2 2000 年大学生、2015 年大学生和白领最希望去旅游的国家

2015 年				2000 年	
大学生	提及率（%）	大学生	提及率（%）	大学生	提及率（%）
其他	15.9	法国	14.9	法国	27.0
法国	12.6	美国	14.1	澳大利亚	19.5
英国	11.3	意大利	12.8	意大利	11.8
美国	10.5	瑞士	11.2	荷兰	10.0
日本	10.4	日本	10.3	美国	5.3
德国	7.9	其他	8.7	加拿大	4.8
瑞士	7.2	西班牙	5.9	巴西	4.0
荷兰	5.9	英国	5.4	日本	3.0
意大利	4.8	德国	5.3	中国	2.3
韩国	4.3	荷兰	5.0	英国	2.3
瑞典	4.0	瑞典	3.5	德国	2.0
西班牙	3.3	俄罗斯	2.1	俄罗斯	1.0
俄罗斯	1.8	韩国	0.7	韩国	0.8

表 F-3　2000 年大学生、2015 年大学生和白领最希望去定居的国家

2015 年				2000 年	
大学生	提及率（%）	白领	提及率（%）	大学生	提及率（%）
其他	18.8	美国	20.2	中国	28.0
法国	11.7	瑞士	17.6	加拿大	23.5
美国	11.2	其他	13.9	澳大利亚	10.5
瑞士	10.5	德国	8.9	美国	8.8
日本	7.7	瑞典	7.6	法国	7.3
英国	7.5	日本	6.9	荷兰	6.3
德国	6.7	法国	6.7	德国	3.0
荷兰	6.3	英国	5.7	意大利	2.5
瑞典	5.5	荷兰	5.5	英国	2.3
意大利	5.5	意大利	3.0	日本	1.5
西班牙	3.5	西班牙	2.3	韩国	0.5
韩国	3.4	韩国	1.4	俄罗斯	0.5
俄罗斯	1.7	俄罗斯	0.2	巴西	0.3%

表 F-4　2015 年白领和大学生最希望去购物的国家

2015 年			
大学生	提及率（%）	白领	提及率（%）
美国	23.7	美国	25.5
法国	18.6	日本	19.7
韩国	15.2	法国	17.7
日本	15.0	韩国	10.4
英国	6.5	意大利	8.3
其他	4.7	德国	5.7
意大利	4.5	英国	5.2
德国	4.0	瑞士	2.7
瑞士	2.8	其他	2.7
荷兰	1.6	俄罗斯	1.2
西班牙	1.6	西班牙	0.8
俄罗斯	1.3	瑞典	0.2
瑞典	0.7	荷兰	0

表 F–5　2000 年中国大学生最希望去工作的国家

排名	国家名称	百分比（%）
1	美国	30.0
2	中国	25.8
3	加拿大	9.5
4	法国	8.3
5	德国	6.5
6	澳大利亚	3.8
7	日本	3.0
8	荷兰	2.8
9	英国	2.5
10	意大利	1.3
11	韩国	0.8
12	俄罗斯	0.3
13	巴西	0.3

2. 年轻消费者对于不同国家形象的认知

表 F–6　中国年轻消费群体对德国的国家认知[1]

	2015 年			2000 年
提到德国，你能想到什么？	大学生	提及率（%）	白领	提及率（%）	科学家、艺术家和战争狂人并存的国家
	足球	29.7	严谨	37.9	国民素描：正面——缜密、务实、严格；反面——教条、好斗、野蛮。 文化：历史——第二次世界大战噩梦、纳粹、盖世太保和党卫军，对历史反思深刻。 饮食：啤酒、香肠、面包、土豆。 经济：发达的资本主义、汽车、精密仪器值得信赖。 人物：希特勒、爱因斯坦、贝多芬、德彪西、黑格尔、马克思
	汽车	25.6	足球	23.8	
	严谨	20.6	汽车	21.1	
	啤酒	17.2	啤酒	19.5	
	工业	8.1	工业	10.3	
	两次世界大战	6.9	产品质量好	6.9	
	希特勒	6.3	二战	6.5	
	纳粹、法西斯	5.6	纳粹、法西斯	5.0	
	香肠	3.8	希特勒	3.4	
	法律制度严谨	3.8	古板、刻板	3.4	

――――――――――

[1]　因篇幅所限，每个国家的国家联想只选取提及频率排名前十。

表 F-7　中国年轻消费群体对荷兰的国家认知

	2015 年			2000 年
	大学生	提及率（%）	白领	提及率（%）	飘着乳香的农业小国
提到荷兰，你能想到什么？	风车	59.5	风车	52.3	国民素描：快乐天性。 文化：历史——曾经的海上强国、海盗风格。 体育：橙色足球队服、阿贾克斯。 政治：欧洲小国、政治地位不高。 经济：农业繁荣、乳牛很多、奶制品美味可口、造船业极其发达。 地理：围海造田、阿姆斯特丹、空气清新、渔港星罗棋布、田园风光、旅游胜地。 特色事物：风车、木鞋、郁金香、拦海大坝、乡村民俗、美丽的包着头巾的农村姑娘、荷兰特色的民族服饰。 其他：与荷兰无关的联想——荷兰猪、荷兰豆
	郁金香	31.0	郁金香	45.0	
	足球	15.2	足球	17.4	
	同性恋	6.0	阿姆斯特丹	6.6	
	奶制品	2.5	橙色	5.8	
	阿姆斯特丹	3.8	奶牛、牛	5.4	
	鲜花	3.5	牛奶	5.0	
	橙色	2.8	大麻合法	4.7	
	大麻合法化	2.5	鲜花	4.7	
	奶牛、牛	2.5	色情业	4.7	

表 F-8　中国年轻消费群体对英国的国家认知

	2015 年			2000 年
	大学生	提及率（%）	白领	提及率（%）	阴雨连绵的昔日帝国
提到英国，你能想到什么？	女王	18.0	女王	25.0	国民素描：古板。 文化：代表文化——绅士、淑女、皇室、王子王妃、皇家芭蕾音乐。 流行：披头士、美国塑造的英国超级特工007、福尔摩斯。 体育：英超、曼联。 自然：气候——雾多、阴雨连绵、潮湿寒冷。 代表人物：贝克汉姆、欧文、丘吉尔、牛顿、戴安娜、莎士比亚。 特色事物：牛津、剑桥、伦敦桥、古堡、教堂、苏格兰裙、BBC 新闻台
	绅士	12.0	足球	18.5	
	王室	10.4	绅士	16.9	
	伦敦	9.5	贝克汉姆	10.0	
	大本钟	9.2	剑桥	8.1	
	足球	8.9	伦敦	7.7	
	剑桥	8.2	王室	7.3	
	牛津	5.4	大本钟	6.9	
	贝克汉姆	4.7	雾都	6.9	
	福尔摩斯	7.6	福尔摩斯	3.8	
	腐国	4.1	英国国旗	3.5	

表 F-9　中国年轻消费群体对法国的国家认知

	2015 年			2000 年
	大学生	提及率（%）	白领	提及率（%）	充满激情的浪漫之都

<table>
<tr><td rowspan="13">提到法国，你能想到什么？</td><td>浪漫</td><td>32.7</td><td>浪漫</td><td>42.0</td><td rowspan="13">国民素描：正面——浪漫、热情、爱情；反面——奢侈、浪费。
文化：历史——大革命、巴黎公社、封建王朝。
代表文化：绘画、雕塑、建筑、电影、《三个火枪手》。
流行：化妆品、时装、香水。
饮食：大厨、法式面包。
体育：1998 世界杯。
经济：空中客车。
人物：拿破仑、戴高乐、卢梭。
特色事物：埃菲尔铁塔、罗浮宫、凯旋门、香榭丽舍大道、塞纳河、马赛曲、美女、葡萄酒、高卢鸡、玫瑰、骑士</td></tr>
<tr><td>埃菲尔铁塔</td><td>26.8</td><td>埃菲尔铁塔</td><td>28.4</td></tr>
<tr><td>香水</td><td>20.2</td><td>巴黎</td><td>14.4</td></tr>
<tr><td>巴黎</td><td>17.1</td><td>葡萄酒</td><td>12.1</td></tr>
<tr><td>时尚</td><td>10.3</td><td>香水</td><td>11.7</td></tr>
<tr><td>葡萄酒</td><td>7.5</td><td>罗浮宫</td><td>8.6</td></tr>
<tr><td>法国大餐</td><td>5.6</td><td>奢侈品</td><td>7.4</td></tr>
<tr><td>奢侈品</td><td>4.7</td><td>时尚</td><td>7.0</td></tr>
<tr><td>时装</td><td>4.7</td><td>凯旋门</td><td>6.6</td></tr>
<tr><td>罗浮宫</td><td>4.0</td><td>拿破仑</td><td>5.4</td></tr>
<tr><td>凯旋门</td><td>4.0</td><td>艺术</td><td>5.4</td></tr>
<tr><td>巴黎时装周</td><td>3.1</td><td>法国大餐</td><td>5.4</td></tr>
<tr><td>香榭丽舍</td><td>3.1</td><td>时装</td><td>4.0</td></tr>
</table>

表 F-10　中国年轻消费群体对意大利的国家认知

	2015 年			2000 年
	大学生	提及率（%）	白领	提及率（%）	美食与艺术王国

<table>
<tr><td rowspan="12">提到意大利，你能想到什么？</td><td>意大利面</td><td>31.5</td><td>足球</td><td>34.0</td><td rowspan="12">国民素描：很灿烂的性格、热情浪漫、幽默乐观。
文化：代表文化——文艺复兴、绘画、古老文明、电影节、歌剧、《我的太阳》、教皇。
流行：服装。
饮食：通心粉、面条、比萨饼、冰激凌、馅饼。
体育：足球、意甲、AC 米兰、意大利防守。
自然：地理——威尼斯、佛罗伦萨、西西里岛、阿尔卑斯山、地中海地区的旅游胜地。
人物：巴乔、画家拉斐尔。
特色事物：皮草、靴子、古罗马决斗场、古堡、比萨斜塔、手工艺品、玻璃制品、小提琴。
其他：社会问题——黑手党、暗杀、暴力</td></tr>
<tr><td>足球</td><td>20.6</td><td>意大利面</td><td>13.4</td></tr>
<tr><td>罗马</td><td>10.9</td><td>罗马</td><td>9.9</td></tr>
<tr><td>威尼斯水城</td><td>9.3</td><td>比萨</td><td>9.5</td></tr>
<tr><td>比萨</td><td>8.0</td><td>威尼斯水城</td><td>7.9</td></tr>
<tr><td>文艺复兴</td><td>7.1</td><td>黑手党</td><td>7.9</td></tr>
<tr><td>米兰</td><td>5.8</td><td>时尚</td><td>7.5</td></tr>
<tr><td>美食</td><td>5.1</td><td>文艺复兴</td><td>7.1</td></tr>
<tr><td>黑手党</td><td>4.8</td><td>时装</td><td>6.3</td></tr>
<tr><td>比萨斜塔</td><td>4.2</td><td>比萨斜塔</td><td>6.3</td></tr>
<tr><td>奢侈品</td><td>4.2</td><td>米兰</td><td>5.1</td></tr>
<tr><td>手工皮鞋</td><td>3.9</td><td>手工皮鞋</td><td>4.7</td></tr>
</table>

表 F-11　中国年轻消费群体对俄罗斯的国家认知

2015 年				2000 年
大学生	提及率（%）	白领	提及率（%）	处于低谷的雄狮
普京总统	35.8	普京总统	30.5	国民素描：正面——彪悍、淳朴、憨厚、豪爽、热心肠、勇敢忠诚、刚强不屈。反面——固执、野蛮、刻板。
美女	13.0	寒冷	22.4	文化：历史——沙皇、十月革命、侵略扩张、共产主义、红军、东宫、苏联、卫国战争、美苏争霸、苏联解体。
寒冷	12.3	伏特加	14.6	代表文化：民歌、芭蕾、戏剧、传统舞蹈、《三套车》、《莫斯科郊外的晚上》。
好斗	10.1	美女	13.0	饮食：烈性酒、伏特加、面包、土豆、牛肉、熏肠、大马哈鱼、鱼子酱。
俄罗斯套娃	7.3	红场	11.4	体育：体操。
红场	6.6	俄罗斯套娃	11.0	政治：不民主、贫穷、落后、战乱、车臣问题；政治盟友；侵略野心、大国沙文主义；强大时欺负中国、弱小时求助于中国。
苏联老大哥	5.7	好斗	6.9	军事：武器发达、核武器、核协议、军火、军工品、望远镜、坦克、黑海舰队、与美国抗衡。
石油大国	5.7	冰天雪地	6.9	经济：困难、混乱萧瑟；处于低谷的雄狮、瘦死的骆驼比马大；经济改革；重工业发达、汽车、火箭、拖拉机、精密仪器、笨重却实用的重型机器、冰箱、宇宙空间站。
卢布暴跌	5.4	石油大国	6.1	自然：地理——西伯利亚、冻土地带、能源丰富、石油、林木、广漠寒冷。
面积大	4.7	苏联老大哥	5.3	人物：列宁、斯大林、叶利钦、普京、保尔、普希金。
军事	4.4	熊	4.1	特殊形象：皮货、马车、莫斯科红场、白桦林

提到俄罗斯，你能想到什么？

表 F-12　中国年轻消费群体对美国的国家认知

2015 年				2000 年
大学生	提及率（%）	白领	提及率（%）	霸道的超级大国
奥巴马	12.3	自由	38.7	国民素描：正面——乐观、高效率。反面——自私、冷血、唯利是图。文化：历史——没有历史和文化。流行：好莱坞、百老汇和迪士尼。饮食：快餐、到处都是的麦当劳。政治：霸道的国际警察、狂妄自大；民主、自由；军事实力强大、航空母舰、北约；老跟中国过不去、轰炸中国大使馆、台湾问题。经济：经济繁荣、国力富强、股票市场发达；电脑软件业领先世界、微软公司。人物：比尔·盖茨、克林顿、莱温斯基。特色事物：星条旗、鹰、山姆大叔、牛仔、白宫、金门大桥、自由女神。其他：犯罪率高、社会治安混乱、枪击事件、总统性丑闻
自由女神像	9.8	自由女神像	14.5	
NBA	8.9	美国大片	9.7	
科技发达	8.9	纽约	6.5	
自由	8.5	超级大国	6.0	
苹果	7.9	好莱坞	5.6	
好莱坞	7.9	美剧	5.6	
一流大学	5.7	奥巴马	5.2	
华尔街	5.7	NBA	5.2	
白宫	5.4	科技发达	4.8	
枪械制造	5.1	白宫	4.0	

（提到美国，你能想到什么？）

表 F-13　中国年轻消费群体对日本的国家认知

2015 年				2000 年
大学生	提及率（%）	白领	提及率（%）	没有地位的富翁
樱花	28.2	樱花	25.0	国民素描：正面——客气、有礼貌、礼仪多、精明、讲信用、女性温柔、拼搏实干、工作狂、工作效率高；反面——矮个子、大男子主义、变态色情、小气、自负又自卑、虚伪、偏狭、奸诈、野蛮。历史：鬼子、南京大屠杀、沾满鲜血的双手、战犯、靖国神社、军国主义。代表文化：武士道、剖腹自杀、忍者、天皇、相扑、和服、茶道、重视教育、中西交融。流行：娱乐圈、流行音乐、流行服饰、偶像剧场、卡通形象。饮食：日本料理、生鱼片、寿司。经济：电器、轿车、电子技术、企业文化。自然：地理——小、岛国。特色事物：樱花、富士山、太阳旗、新干线、扇子。其他：被美国文化强奸的东亚国家；一个成功的民族，但永远不可能成为世界强国；没有地位的富翁
动漫	27.2	富士山	14.5	
富士山	13.9	动漫	11.3	
成人片	9.5	成人片	8.9	
抗日战争	7.6	城市干净	6.9	
和服	7.3	寿司	6.5	
安倍晋三	7.0	和服	6.5	
汽车	6.6	汽车	6.0	
寿司	5.7	温泉	5.6	
电子产品	4.7	变态	5.6	
岛国	4.4	抗战	5.2	
钓鱼岛	4.1	电子产品	4.8	
科技大国	3.2	电器	4.0	
		化妆品	4.0	

（提到日本，你能想到什么？）

表 F-14　中国年轻消费群体对韩国的国家认知

	2015 年			2000 年
	大学生	提及率（%）	白领	提及率（%）	自强自爱的民族
提到韩国，你能想到什么？	整容行业	34.0	韩剧	34.3	国民素描：正面——有礼貌，和谐友好；敬业，认真勤勉；民族自豪感，自立自强，坚强，不忘却历史，爱国，支持国货，团结。反面——火爆脾气，死板，傲慢，保守。 中性——小眼睛，尚武。 文化：流行——流行音乐（HOT酷龙），家庭电视剧，领导中国服饰潮流，奇装异服，大裤脚，厚鞋底，染发，前卫。 饮食：泡菜，烧烤，冷面，大酱，麻辣火锅。 人物：金大中，车范根，李昌镐。 特色事物：朝鲜族民族服饰，跆拳道，高丽参
	韩剧	31.8	整容行业	32.3	
	泡菜	28.9	泡菜	31.9	
	娱乐明星	19.2	棒子	9.2	
	化妆品	7.5	化妆品	8.4	
	棒子	6.6	娱乐明星	8.4	
	韩国料理	5.0	烤肉	6.0	
	欧巴	4.1	汽车	5.2	
	三星	3.8	韩国料理	4.0	
	烤肉	3.1	思密达	3.6	

表 F-15　中国年轻消费群体对西班牙的国家认知

	2015 年（2000 年调查中没有西班牙）			
	大学生	提及率（%）	白领	提及率（%）
提到西班牙，你能想到什么？	斗牛	67.1	斗牛	65.4
	足球	33.2	足球	32.3
	热情	3.8	热情	6.6
	拉丁舞	3.8	西班牙海鲜饭	6.2
	西班牙语	3.5	弗拉明戈	5.4
	巴塞罗那	3.2	巴塞罗那	5.1
	早期殖民国	2.6	拉丁舞	3.5
	西甲	2.6	美女	2.7
	弗拉明戈	2.6	奔放	2.3
	大航海时代	2.2	马德里	2.3

表 F-16　中国年轻消费群体对瑞士的国家认知

	2015 年（2000 年调查中没有瑞士）			
	大学生	提及率（%）	白领	提及率（%）
提到瑞士，你能想到什么？	手表	58.4	手表	45.0
	瑞士军刀	18.7	瑞士银行	20.3
	瑞士银行	17.4	雪	20.3
	中立国	9.4	瑞士军刀	19.1
	巧克力	8.4	滑雪	17.1
	雪	7.4	中立国	14.7
	滑雪	5.8	阿尔卑斯山	8.4
	高福利社会	4.2	巧克力	6.8
	瑞士糖	3.9	自然环境优美	5.2
	阿尔卑斯山	3.2	旅游	4.8
	费德勒	3.2	富有	3.2

表 F-17　中国年轻消费群体对瑞典的国家认知

	2015 年（2000 年调查中没有瑞典）			
	大学生	提及率（%）	白领	提及率（%）
提到瑞典，你能想到什么？	高福利国家	11.8	宜家家居	18.2
	伊布拉希莫维奇	6.3	寒冷	10.7
	北欧国家	5.4	雪山	8.9
	北极光	5.0	高福利国家	8.4
	诺贝尔奖	4.5	北欧国家	6.1
	斯德哥尔摩	4.5	斯德哥尔摩	5.6
	滑雪	4.5	汽车	5.6
	寒冷	4.1	伊布拉希莫维奇	4.7
	手表	3.6	维京海盗	4.2
	雪山	3.6	家居用品	3.7
	环境优美	3.6	肉丸	3.7
	瑞士	3.6		
	宜家家居	3.6		

第二部分　产品认知与品牌认知

1．填答情况概述

表 F–18　中国年轻消费者对不同国家的产品联想填答率（％）

	德国	荷兰	英国	西班牙	法国	瑞士	意大利	瑞典	俄罗斯	美国	日本	韩国
大学生	90.06	65.22	67.08	45.34	84.16	79.19	65.84	30.75	68.63	79.81	85.71	86.65
白领	93.89	87.02	86.26	67.56	89.69	90.84	82.06	50.76	82.82	83.21	87.79	87.40
2000 年	36.50	45.30	16.50		60.50		45.50		52.80	40.50	52.00	41.00

表 F–19　中国年轻消费者对不同国家的品牌联想填答率（％）

	德国	荷兰	英国	西班牙	法国	瑞士	意大利	瑞典	俄罗斯	美国	日本	韩国
大学生	86.96	36.02	56.83	29.50	77.02	64.29	40.99	22.98	12.11	90.68	89.44	82.92
白领	97.71	76.34	88.93	55.73	89.31	89.31	49.24	62.98	29.39	91.22	91.98	90.46
2000 年	76.30	29.30	17.50		75.00		23.00		10.80	85.50	92.50	78.00

表 F–20　中国年轻消费者对不同国家的品牌联想总数（个）

年份	德国	荷兰	英国	西班牙	法国	瑞士	意大利	瑞典	俄罗斯	美国	日本	韩国
2015	87	48	144	56	120	80	74	33	45	183	142	97
2000	18	6	13		31		17		5	46	32	11

2. 各国的国家联想与品牌联想

表 F-21 德国的产品联想

	2015 年				2000 年	
	大学生	提及率（%）	白领	提及率（%）	大学生	提及率（%）
提到德国，您能想到哪些产品/服务？	汽车	81.4	汽车	84.2	车	21.5
	啤酒	26.2	啤酒	25.6	美酒、葡萄酒、啤酒	8.8
	电器	7.8	电器	11.0	电器、机械、电子精密仪器	5.3
	机械类产品	7.2	机械类产品	8.1	家电	1.8
	电子产品	4.1	足球	7.7	手机	1.3
	足球	3.1	刀具	6.5	美食、香肠	1.0
	香肠	3.1	家用电器	6.1	时装、香水、化妆品	0.5
	刀具	2.8	厨具	6.1	洗涤用品、洗衣粉	0.3
	工业	2.8	电子产品	4.5		
	精密仪器	2.4	奶粉	4.5		

表 F-22 德国的品牌联想

	2015 年				2000 年	
	大学生	提及率（%）	白领	提及率（%）	大学生	提及率（%）
提到德国，您能想到哪些品牌？	奔驰	60.3	奔驰	50.8	奔驰	32.8
	大众	33.2	宝马	40.6	大众	22.8
	宝马	30.3	大众	38.3	西门子	19.5
	西门子	25.6	西门子	33.2	宝马	12.3
	奥迪	11.6	奥迪	18.0	阿迪达斯	5.0
	阿迪达斯	8.3	双立人	12.1	德国汉高	2.8
	保时捷	4.3	阿迪达斯	5.1	彪马	1.0
	双立人	3.2	博世	4.7	奥迪	0.8
	博世	2.5	拜耳	3.9	蓝带	0.8
	飞利浦	1.8	莱卡	2.7	妮维雅	0.5

表 F-23 荷兰的产品联想

	2015 年				2000 年	
	大学生	提及率（%）	白领	提及率（%）	大学生	提及率（%）
提到荷兰，您能想到哪些产品/服务？	奶制品	28.6	奶粉	19.7	花、郁金香	22.8
	郁金香	15.7	色情业	17.5	畜牧产品	13.5
	花卉	12.9	郁金香	14.9	风车	5.8
	风车	10.5	花卉	10.1	家电	3.8
	旅游业	9.5	足球	10.1	木鞋	3.3
	色情业	7.6	风车	7.5	石油	0.8
	风能利用	5.7	牛奶	6.1	玻璃制品	0.5
	荷兰豆	3.3	乳制品	6.1		
	壳牌石油	2.9	旅游业	6.1		
	大麻合法	2.9	石油	3.9		

表 F-24 荷兰的品牌联想

	2015 年				2000 年	
	大学生	提及率（%）	白领	提及率（%）	大学生	提及率（%）
提到荷兰，您能想到哪些品牌？	飞利浦	53.5	飞利浦	34.0	飞利浦	19.0
	壳牌	19.8	壳牌	14.5	壳牌	6.8
	喜力	15.1	牛栏	11.5	子母	2.0
	多美滋	9.3	喜力	6.0	诺基亚	1.3
	联合利华	4.7	美素佳儿	6.0	联合利华	1.3
	TNT	3.5	多美滋	5.5	喜力	0.7
	诺基亚	3.5	荷兰皇家航空	4.5		
	埃克森美孚	2.3	梵克雅宝	1.0		
	ING	2.3	荷兰银行	1.0		
	python	2.3	Miffy	1.0		

表 F-25　英国的产品联想

提到英国，您能想到哪些产品/服务？	2015 年				2000 年	
	大学生	提及率（%）	白领	提及率（%）	大学生	提及率（%）
	汽车	13.9	服装	17.7	牛肉及奶制品	3.5
	旅游业	11.6	汽车	13.7	皮包、皮鞋、服饰	2.3
	英剧	10.2	足球	11.5	老式汽车	2.3
	高等教育	10.2	高等教育	9.3	酒	1.5
	服装	8.8	金融业	5.3	食品、老头糖	1.3
	护肤/化妆品	6.0	英剧	4.9	电影	1.3
	足球	5.6	护肤/化妆品	4.9	船舶	1.0
	留学教育	5.1	英式管家	4.9	教育、大学	0.8
	大学	3.2	旅游业	4.4	书籍、大英百科全书、报纸	0.5
	红茶	2.8	大学	4.4	能源、煤、钢铁	0.5
	奢侈品	2.8	留学	4.4	烟、茶	0.3
	英超联赛	2.8	红茶	3.1	雨具	0.3
	时装	2.8	皮包	3.1	大本钟	0.3

表 F-26　英国的品牌联想

提到英国，您能想到哪些品牌？	2015 年				2000 年	
	大学生	提及率（%）	白领	提及率（%）	大学生	提及率（%）
	Burberry	23.5	Burberry	44.6	劳斯莱斯	16.0
	劳斯莱斯	16.4	劳斯莱斯	15.0	茵宝	1.8
	路虎	9.3	The body shop	6.9	壳牌	1.3
	宾利	9.3	剑桥	6.9	安宝	1.0
	剑桥	7.1	路虎	6.4	卫康	0.8
	牛津	6.6	牛津	6.0	联合利华	0.8
	BBC	4.4	宾利	5.6	登喜路	0.5
	The body shop	4.4	捷豹	5.2	寿百乐（香烟）	0.5
	捷豹	4.4	曼联俱乐部	3.9	路虎	0.5
	莲花汽车	3.3	阿斯顿马丁	3.9	莲花、BP、甲壳虫	0.3

表 F-27　西班牙的产品联想（2015 年）

	大学生	提及率（%）	白领	提及率（%）
提到西班牙，您能想到哪些产品/服务？	服装	17.8	足球	19.2
	旅游业	17.8	旅游业	18.7
	足球	15.8	服装	14.7
	斗牛比赛	11.6	橄榄油	9.6
	橄榄油	6.8	斗牛比赛	9.6
	葡萄酒	6.2	葡萄酒	7.3
	食品	4.8	海鲜饭	7.3
	餐饮业	3.4	火腿	7.3
	鞋	2.7	皮具	4.5
	西甲	2.7	食品	4.0
	海鲜饭	2.7	西甲	1.4

表 F-28　西班牙的品牌联想（2015 年）

	大学生	提及率（%）	白领	提及率（%）
提到西班牙，您能想到哪些品牌？	ZARA	58.8	ZARA	49.3
	高乐高	17.6	皇马	14.4
	MANGO	9.4	LOEWE	12.3
	皇马	9.4	MANGO	8.9
	巴萨	8.3	巴萨	7.6
	SIMON	5.9	高乐高	6.8
	LOEWE	4.7	SIMON	2.7
	西甲	3.5	米盖尔	2.1
	H.M	3.5	西甲	1.4
	buff	2.4	oliver	1.4
	名仕	2.4	斗牛	1.4
	N/A	2.4	LOTTUSSE	1.4

表 F-29　法国的产品联想

	2015 年				2000 年	
	大学生	提及率（%）	白领	提及率（%）	大学生	提及率（%）
提到法国，您能想到哪些产品/服务？	香水	52.0	香水	36.2	香水、化妆品	38.8
	服装	24.7	服装	27.7	服装	19.5
	化妆、护肤品	17.0	奢侈品	20.9	酒、香槟	15.0
	旅游业	15.1	葡萄酒	20.4	食品、奶酪	1.8
	葡萄酒	13.3	化妆、护肤品	17.4	核电站	1.0
	奢侈品	12.5	汽车	13.6	车、飞机	1.0
	餐饮	6.6	旅游业	10.6	艺术品	0.8
	名牌包	6.3	名牌包	10.2	画具	0.3
	电影	3.0	餐饮	7.7	花	0.3
	汽车	2.2	时尚产业	3.0	烟	0.3
	时装周	1.8	飞机	3.0	卫星	0.3

表 F-30　法国的品牌联想

	2015 年				2000 年	
	大学生	提及率（%）	白领	提及率（%）	大学生	提及率（%）
提到法国，您能想到哪些品牌？	香奈儿	63.7	香奈儿	44.4	香奈儿	8.8
	路易威登	22.2	路易威登	37.6	迪奥	5.5
	迪奥	21.0	迪奥	23.9	雪铁龙	3.8
	兰蔻	14.1	兰蔻	15.8	圣罗兰	3.0
	古驰	6.5	标致	15.0	空中客车	2.0
	雪铁龙	4.0	雪铁龙	12.4	雷诺	1.8
	爱马仕	3.6	爱马仕	8.5	梦特娇	1.8
	标致	2.8	空客	6.4	人头马	1.3
	纪梵希	2.4	雷诺	6.0	欧莱雅	1.0
	空客	2.4	拉斐	4.7	薇姿	1.0
	欧莱雅	2.4	卡地亚	4.3	阿尔卡特	1.0

表 F-31　瑞士的产品联想（2015 年）

	大学生	提及率（%）	白领	提及率（%）
提到瑞士，您能想到哪些产品/服务？	手表	74.5	手表	69.7
	军刀	31.8	军刀	39.9
	银行业	18.0	银行业	25.2
	巧克力	9.8	巧克力	12.6
	滑雪	4.7	度假	11.8
	度假	4.7	滑雪	10.1
	金融业	3.9	金融业	7.1
	瑞士糖	3.1	食品	2.1
	食品	1.6	箱包	2.1
	电子产品	1.6	护肤/化妆品	2.1
	精密仪器	1.6	精密仪器	1.7

表 F-32　瑞士的品牌联想（2015 年）

	大学生	提及率（%）	白领	提及率（%）
提到瑞士，您能想到哪些品牌？	劳力士	47.8	劳力士	39.2
	斯沃琪	18.5	瑞士军刀	19.1
	欧米茄	15.6	江诗丹顿	16.7
	瑞士军刀	10.2	欧米茄	15.8
	浪琴	9.3	浪琴	12.0
	雀巢	5.9	瑞士银行	11.0
	瑞士银行	5.9	百达翡丽	10.5
	天梭	4.9	天梭	8.6
	江诗丹顿	4.4	斯沃琪	7.7
	百达翡丽	3.9	万国表	4.3
	雷达	3.9	雷达	4.3
	卡西欧	2.9	瑞士莲	4.3

表 F-33　意大利的产品联想

	2015 年			2000 年	
大学生	提及率（%）	白领	提及率（%）	大学生	提及率（%）
提到意大利，您能想到哪些产品/服务？ 高级服装	25.9	高级服装	36.7	食品	23.3
意大利面	21.7	意大利面	18.1	时装	14.3
旅游业	16.5	旅游业	15.5	皮草	7.0
食品	12.3	珠宝	15.0	汽车	1.8
汽车	10.4	葡萄酒	14.2	玻璃制品	1.5
比萨	8.0	汽车	13.7	小提琴	0.8
珠宝	7.5	箱包	12.8	电器	0.3
风景	6.6	奢侈品	12.8	家居	0.3
奢侈品	6.1	食品	10.2		
箱包	5.7	风景	10.2		
葡萄酒	5.7	比萨	9.3		
高端/私人定制	4.7	酒	8.0		

表 F-34　意大利的品牌联想

	2015 年			2000 年	
大学生	提及率（%）	白领	提及率（%）	大学生	提及率（%）
提到意大利，您能想到哪些品牌？ 法拉利	27.3	普拉达	26.2	法拉利	8.5
古驰	22.0	古驰	19.2	菲亚特	4.8
普拉达	21.2	FERRARI	17.7	帕玛拉特	2.5
阿玛尼	16.7	阿玛尼	17.7	皮尔·卡丹	2.5
兰博基尼	9.8	范思哲	12.3	范思哲	2.3
范思哲	8.3	BV	8.5	迪阿多娜	1.3
卡帕	6.1	卡帕	6.9	阿玛尼	1.3
Dolce & Gabbana	5.3	菲亚特	6.9	必胜客	1.0
LV	5.3	兰博基尼	6.2	老人头	0.8
爱马仕	3.8	Dolce & Gabbana	5.4	纪梵希	0.5
Fendi/芬迪	3.8			华伦天奴	0.5

表 F-35　瑞典的产品联想（2015 年）

	大学生	提及率（%）	白领	提及率（%）
提到瑞典，您能想到哪些产品/服务？	家居产品	15.2	家居产品	39.8
	汽车	15.2	汽车	23.3
	旅游业	13.1	服务	14.3
	服务	11.1	旅游业	6.0
	服装	10.1	服装	4.5
	手表	8.1	电子通信	4.5
	滑雪场	5.1	肉丸	4.5
	诺贝尔奖	5.1	手表	3.0
	社会保障制度	3.0	手机	3.0
	银行业	3.0	滑雪场	2.3

表 F-36　瑞典的品牌联想（2015 年）

	大学生	提及率（%）	白领	提及率（%）
提到瑞典，您能想到哪些品牌？	宜家	53.8	宜家	61.2
	H & M	43.1	沃尔沃	33.9
	沃尔沃	35.4	H & M	12.7
	爱立信	6.2	爱立信	7.9
	斯沃琪	3.1	ABB	3.6
	北极狐	3.1	萨博	3.6
	柯尼赛格	1.5	哈苏	2.4
	诺基亚	1.5	绝对伏特加	2.4
	欧米伽	1.5	伊莱克斯	2.4
	可爱多冰激凌	1.5	利乐	1.8

表 F-37 俄罗斯的产品联想

	2015 年				2000 年	
	大学生	提及率（%）	白领	提及率（%）	大学生	提及率（%）
提到俄罗斯，您能想到哪些产品/服务？	石油	23.1	伏特加	35.5	烈性酒	24.8
	伏特加	19.9	石油	20.7	军工业	15.3
	军工	18.1	军工	16.1	重工业	7.8
	天然气	14.9	酒业	14.7	食品	7.8
	俄罗斯套娃	12.7	飞机	10.6	皮货	2.0
	酒业	9.0	面包	9.7	精密仪器	1.0
	飞机	5.4	俄罗斯套娃	9.2	能源	0.5
	旅游业	5.4	大列巴面包	8.8	电器	0.5
	苏 27	4.1	天然气	6.9	马车	0.5
	巧克力	3.2	军工手表	6.0	军工业、武器、坦克、核武器	0.3
	面包	3.2	烈酒	5.5		

表 F-38 俄罗斯的品牌联想

	2015 年				2000 年	
	大学生	提及率（%）	大学生	提及率（%）	大学生	提及率（%）
提到俄罗斯，您能想到哪些品牌？	Yotaphone	28.2	米格	21.3	苏霍伊米格	4.5
	卡巴斯基	12.8	拉达/LADA	16.4	AK 武器系列	2.5
	米格	10.3	卡巴斯基	16.4	苏—27	2.3
	苏霍伊	7.7	苏霍伊	14.8	拉达	1.3
	俄罗斯石油	5.1	俄罗斯石油	8.2		
	拉达	2.6	Yotaphone	4.9		
			绝对伏特加	4.9		

282

表 F-39　美国的产品联想

提到美国，您能想到哪些产品/服务？	2015 年				2000 年	
	大学生	提及率（%）	大学生	提及率（%）	大学生	提及率（%）
	电子高科技产品	34.6	汽车	44.0	电脑及相关产品	22.0
	苹果手机	28.8	电影产业	13.8	快餐、食品、饮料	8.3
	汽车	23.0	苹果手机	12.8	运输工具	7.5
	电影产业	15.2	电子产品	12.4	电影娱乐	4.5
	服装	9.3	服装	11.0	武器、军事装备	3.5
	金融业	8.9	快餐	9.2	服饰、鞋、运动器械	3.3
	快餐	8.2	化妆品	9.2	电器	2.3
	旅游业	6.2	金融业	6.4	音乐	1.0
	教育	6.2	电脑	5.5	农产品	0.5
	枪械制造	5.1	飞机	5.5	烟	0.5
	雪茄	5.1	箱包	5.0	胶卷	0.3

表 F-40　美国的品牌联想

提到美国，您能想到哪些品牌？	2015 年				2000 年	
	大学生	提及率（%）	白领	提及率（%）	大学生	提及率（%）
	苹果 \ iphone	59.2	苹果/iphone	38.9	微软	37.8
	微软	18.2	福特	20.5	耐克	18.5
	耐克	15.4	麦当劳	14.6	可口可乐	17.5
	福特	13.4	微软	12.1	IBM	13.8
	麦当劳	10.3	通用	11.3	麦当劳	8.3
	肯德基	8.9	耐克	10.9	福特	7.5
	谷歌	8.2	肯德基	8.8	通用	6.3
	通用	6.8	寇驰	8.8	摩托罗拉	4.3
	阿迪达斯	6.8	谷歌	7.1	奔腾	4.0
	好莱坞	5.8	波音	6.3	肯德基	3.3
	IBM	4.8	好莱坞	5.9	宝洁	2.3
	NBA	3.8	可口可乐	5.9	锐步	2.0
	可口可乐	3.1	IBM	4.1	百事可乐	1.5
	雅诗兰黛	2.7	迪士尼	4.1	柯达	1.3

表 F-41　日本的产品联想

提到日本，您能想到哪些产品/服务？	2015 年				2000 年	
	大学生	提及率（%）	白领	提及率（%）	大学生	提及率（%）
	汽车	42.0	汽车	47.0	电器	35.5
	动漫及周边	30.4	电子产品	19.6	汽车	12.8
	电器、电子产品	25.4	护肤品	19.1	料理	7.0
	相机	16.3	相机	14.8	精密仪器	3.5
	旅游业	10.9	动漫及周边	13.5	和服、木拖鞋、人偶	2.3
	AV/成人影片	8.7	电器	11.3	樱花	1.5
	寿司	8.3	食品	11.3	茶道	1.0
	食品	8.3	AV/成人影片	9.6	酒、清酒	0.8
	护肤品	7.2	寿司	8.3	色情电影、歌舞伎	0.8
	手机	4.7	家电	7.4	高速火车	0.5
	服装	4.3	旅游业	7.0	漫画、卡通	0.5
	温泉	3.62	服装	1.7	胶卷	0.3

表 F-42　日本的品牌联想

提到日本，您能想到哪些品牌？	2015 年				2000 年	
	大学生	提及率（%）	白领	提及率（%）	白领	提及率（%）
	索尼	43.4	索尼	52.9	索尼	53.8
	丰田	30.6	丰田	43.3	松下	38.0
	松下	25.0	松下	24.6	东芝	19.0
	本田	22.2	本田	22.9	丰田	15.5
	佳能	16.0	佳能	17.1	本田	8.5
	三菱	10.1	无印良品	10.0	三菱	6.5
	无印良品	8.3	资生堂	9.6	爱华	5.5
	优衣库	7.6	尼康	8.3	日立	3.8
	东芝	7.6	东风日产	6.7	资生堂	3.3
	日产	6.9	三菱	6.3	富士	1.5
	资生堂	6.6	优衣库	4.6	任天堂	1.5
	尼康	6.3	花王	4.2	佳能	1.3
	卡西欧	5.2	东芝	1.3	三洋	1.0

表 F–43　韩国的产品联想

	2015 年				2000 年	
	大学生	提及率（%）	白领	提及率（%）	大学生	提及率（%）
提到韩国，您能想到哪些产品/服务？	整容、化妆品	66.8	整容、化妆品	58.5	料理	14.3
	手机	28.9	汽车	29.7	汽车	10.3
	韩剧	22.0	手机	21.4	家电	8.3
	电子竞技	13.7	韩剧	15.7	服饰、化妆品	5.8
	泡菜	12.6	泡菜	15.3	显示器	4.0
	汽车	10.1	服装	12.2	高丽参	1.8
	服装	7.9	食品	9.2	家电	1.8
	旅游业	7.2	电子竞技	8.3	钢铁、重工业	0.8
	娱乐产业	6.9	旅游业	7.4		
	食品	5.8	电子产品	7.0		
	影视	3.6	电器	5.2		

表 F–44　韩国的品牌联想

	2015 年				2000 年	
	大学生	提及率（%）	白领	提及率（%）	大学生	提及率（%）
提到韩国，您能想到哪些品牌？	三星	74.2	三星	69.7	三星	47.0
	LG	37.5%	现代	45.0%	大宇	28.3%
	现代	16.9%	LG	30.3%	现代	15.5%
	悦诗风吟	7.1%	雪花秀	10.1%	LG	15.5%
	兰芝	6.0%	兰芝	9.7%	蝶妆	1.3%
	SM 娱乐集团	4.1%	起亚	7.6%	多多	0.8%
	菲诗小铺	4.1%	大宇	5.9%	高丽堂	0.5%
	爱丽小屋	3.7%	后	4.6%	起亚	0.5%
	SBS 电视台	3.4%	SK	2.9%		
	起亚	2.6%	悦诗风吟	2.1%		

3. 年轻消费者对各国产品的各项指标评分

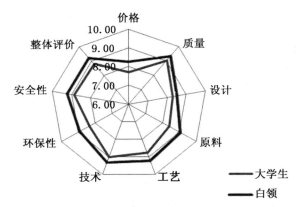

图 F-1　年轻消费者对德国的产品/服务各项指标评分

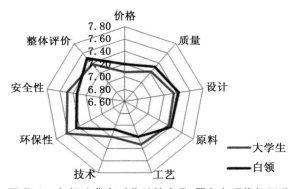

图 F-2　年轻消费者对荷兰的产品/服务各项指标评分

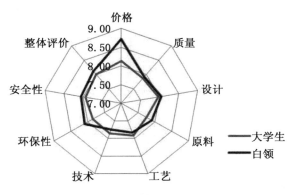

图 F-3　年轻消费者对英国的产品/服务各项指标评分

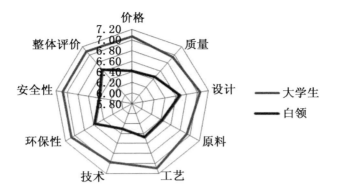

图 F-4　年轻消费者对西班牙的产品／服务各项指标评分

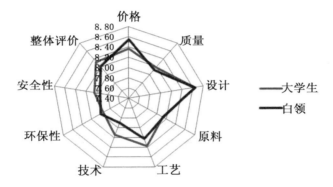

图 F-5　年轻消费者对法国的产品／服务各项指标评分

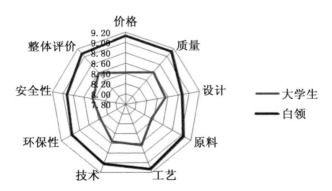

图 F-6　年轻消费者对瑞士的产品／服务各项指标评分

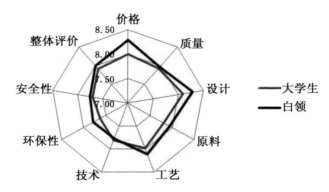

图 F-7　年轻消费者对意大利的产品/服务各项指标评分

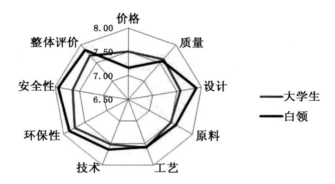

图 F-8　年轻消费者对瑞典的产品/服务各项指标评分

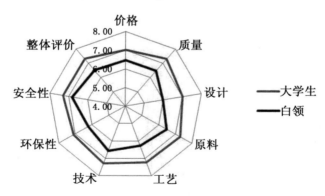

图 F-9　年轻消费者对俄罗斯的产品/服务各项指标评分

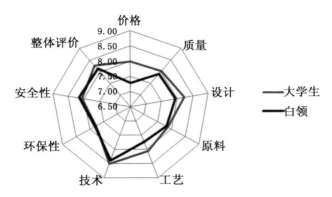

图 F-10　年轻消费者对美国的产品/服务各项指标评分

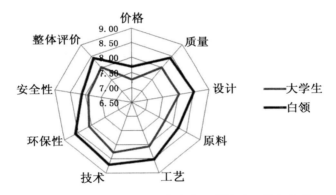

图 F-11　年轻消费者对日本的产品/服务各项指标评分

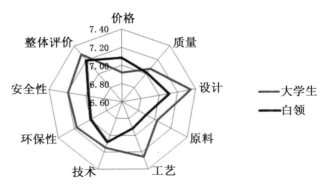

图 F-12　年轻消费者对韩国的产品/服务各项指标评分

4. 年轻消费者对品牌的来源国识别（单位：频率%）

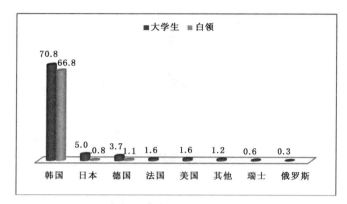

图 F-13　年轻消费者对 LG 的品牌来源国识别

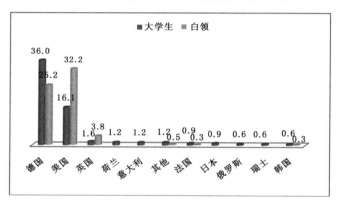

图 F-14　年轻消费者对百威的品牌来源国识别

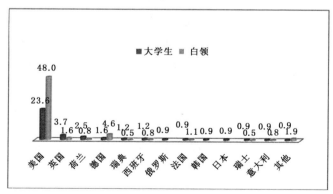

图 F-15　年轻消费者对 UPS 的品牌来源国识别

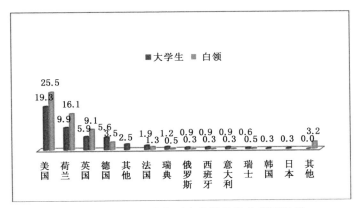

图 F-16　年轻消费者对壳牌的品牌来源国识别

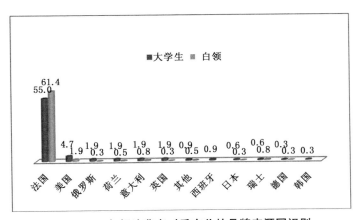

图 F-17　年轻消费者对香奈儿的品牌来源国识别

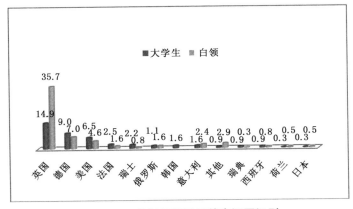

图 F-18　劳斯莱斯的品牌来源国识别

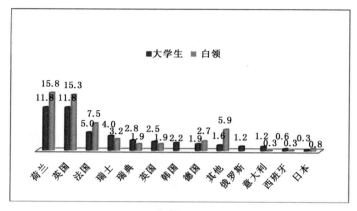

图 F-19　年轻消费者对多美滋的品牌来源国识别

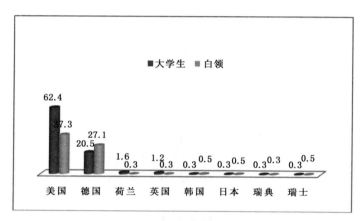

图 F-20　年轻消费者对阿迪达斯的品牌来源国识别

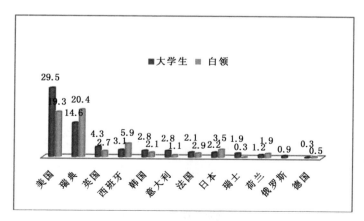

图 F-21　年轻消费者对 H&M 的品牌来源国识别

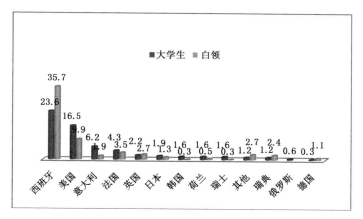

图 F-22　年轻消费者对 ZARA 的品牌来源国识别

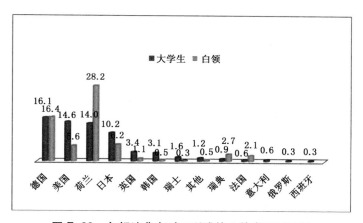

图 F-23　年轻消费者对飞利浦的品牌来源国识别

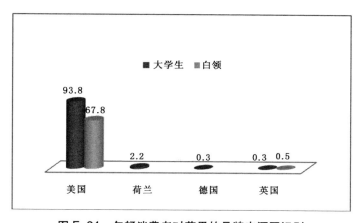

图 F-24　年轻消费者对苹果的品牌来源国识别

第三部分 中国年轻消费者的信息获取渠道

表 F-45 年轻消费者信息获取渠道占比（%）

	大学生	有效百分比	白领	有效百分比
信息获取渠道	互联网	65.9	互联网	54.1
	朋友推荐	15.5	朋友推荐	27.9
	实体店	6.1	电视	6.1
	电视	5.7	实体店	4.9
	杂志	3.7	杂志	3.3
	报纸	1.7	其他	2.5
	其他	1.4	广播	0.4
	合计	100.0	报纸	0.4

表 F-46 年轻消费者网络渠道占比（%）

	大学生	百分比	白领	百分比
网络渠道	微信	17.0	微博、新浪微博	14.7
	新浪微博	9.9	百度、搜索（搜索引擎）	8.5
	从朋友那里得知	8.8	微信	5.2
	百度、搜索（搜索引擎）	5.8	淘宝	5.2
	淘宝	5.8	凤凰、网易、腾讯、新浪等门户	2.4
	CCTV	4.7	腾讯新闻	2.4
	新浪	4.7	网页	2.4
	朋友圈	2.9	网络	2.4

第四部分　样本情况统计

1. 大学生

表 F-47　大学生性别分布情况

性别分布		频率	有效百分比（%）
大学生	男	159	49.5
	女	161	50.2
	合计	321	100.0

表 F-48　大学生年级分布情况

年级分布		频率	有效百分比（%）
大学生	大一	51	15.8
	大二	87	27.0
	大三	101	31.4
	大四	83	25.8
	合计	322	100.0

表 F-49　大学生专业分布情况

专业分布		频率	有效百分比（%）
大学生	哲学类	1	0.3
	理学类	19	5.9
	工学类	99	30.8
	文学类	67	20.9
	医学类	5	1.6
	经济学类	55	17.1
	法学类	39	12.1
	教育学类	3	0.9
	历史学类	1	0.3
	理学类	32	10.0
	合计	321	100.0

表 F-50　大学生平均月消费分布情况

平均月消费分布		频率	有效百分比（%）
大学生	500 元以下	15	4.7
	501～1000 元	61	19.1
	1001～2000 元	186	58.1
	2001～5000 元	56	17.5
	5001～8000 元	1	0.3
	8001 元以上	1	0.3
	合计	320	100.0

2. 白领

表 F-51　白领性别分布情况

性别分布		频率	有效百分比（%）
白领	男	110	42.3
	女	150	57.7
	合计	260	100.0

表 F-52　白领年龄分布情况

年龄分布		频率	有效百分比（%）
白领	25 岁及以下	18	6.95
	26～30 岁	66	25.48
	31～35 岁	134	51.74
	36～40 岁	41	15.83
	合计	259	100.0

表 F–53　白领职业分布情况

职业分布		频率	有效百分比（%）
白领	国家机关人员	10	3.9
	事业单位人员	75	29.0
	国有企业人员	50	19.3
	外商独资企业人员	27	10.4
	合资企业人员	17	6.6
	民营企业人员	46	17.8
	自由职业/个体	14	5.4
	无职业者	7	2.7
	其他	13	5.0
	合计	259	100.0

表 F–54　白领个人月收入分布情况

个人月收入分布		频率	有效百分比（%）
白领	5 000 元以下	49	19.0
	5 001 ~ 10 000 元	100	38.8
	10 001 ~ 15 000 元	56	21.7
	15 001 ~ 50 000 元	48	18.6
	50 001 元以上	5	1.9
	合计	258	100.0

后记 BORDERLESS
CONSUMPTION

从 2014 月 12 月开始设计问卷、实施调查，到 2015 年 10 月在荷兰 USE 国际学术会议上发布调查数据，再到 2016 年对消费行为和跨国品牌传播案例的持续性研究，历时近两年，本书最终在 2016 年 8 月完成初稿。

课题最初的目的是希望通过调查，了解中国年轻消费者对于跨境品牌的认知，透视当下消费者消费观念的变化。随着后续研究工作的持续进行，我们认为，当下中国消费者，无论是在消费决策的环境、流程还是习惯方面都发生了巨大的变化，而与上一代甚至十几年前的消费者相比，当前消费者更成熟、更理智却又更感性、更自我的消费观念让传统的品牌营销方式显得力不从心。互联网时代的品牌营销，不仅要遵守互联网时代的传播法则，借助互联网的传播规律，更要关注消费者内心的变化，以此来指引品牌营销的方向。

调查中，我们获得了一些比较基础的描述性数据。结合对当下中国消费趋势的观察，结合互联网传播格局的变化，如何利用数据对企业品牌营销造成影响，是本书的核心也是难点问题。为此，我们将企业与消费者对同一问题的关注进行两个角度的结合，以实证调查数据配合案例研究，从企业和消费者角度分别进行印证，最终形成本书。

感谢张树庭老师对整本书宏观方向的把控和对进度的督促，他严谨的治学态度和对于细节的极致追求是我们获得进步的动力。他用自己的课题经费对项目进行支持，才使本书最终得以完成。本书虽然还远没有达到张老师的要求，却坚定了我们在这个研究方向上继续努力的决心。作为一本集合众人智慧的书籍，中国传媒大学中欧品牌研究中心、BBI 商务品牌战略研究所的各位老师对于本书内容一次次的探讨、推翻和重来，让项目得以不断前行，最终形成今天的架构。感谢郑苏晖老师、张亚萍老师参与本书的一次次探讨并提出多项合理化建议。感谢所有研究生的辛勤付出，你们认真的修改和调整让书稿臻于完善，很荣幸与你们一同成长和进步。

最后，感谢中国市场出版社宋涛编辑的认真工作与辛勤付出。